国家社科基金课题研究成果（项目批准号：14BTY048）

博士生导师学术文库

A Library of Academics by
Ph.D.Supervisors

中国近现代思想家
与教育家体育观研究

李启迪 等 著

光明日报出版社

图书在版编目（CIP）数据

中国近现代思想家与教育家体育观研究 / 李启迪等
著 . -- 北京：光明日报出版社，2022.12
ISBN 978 - 7 - 5194 - 7056 - 2

Ⅰ.①中… Ⅱ.①李… Ⅲ.①思想家—体育理论—研
究—中国—近现代②教育家—体育理论—研究—中国—近
现代 Ⅳ.①G80

中国版本图书馆 CIP 数据核字（2022）第 253521 号

中国近现代思想家与教育家体育观研究
ZHONGGUO JINXIANDAI SIXIANGJIA YU JIAOYUJIA TIYUGUAN YANJIU

著　者：李启迪　等

责任编辑：刘兴华　　　　　　　　责任校对：宋　悦　李　兵
封面设计：一站出版网　　　　　　责任印制：曹　净

出版发行：光明日报出版社
地　　址：北京市西城区永安路 106 号，100050
电　　话：010-63169890（咨询），010-63131930（邮购）
传　　真：010-63131930
网　　址：http：//book. gmw. cn
E - mail：gmrbcbs@ gmw. cn
法律顾问：北京市兰台律师事务所龚柳方律师
印　　刷：三河市华东印刷有限公司
装　　订：三河市华东印刷有限公司
本书如有破损、缺页、装订错误，请与本社联系调换，电话：010-63131930
开　　本：170mm×240mm
字　　数：270 千字　　　　　　　印　　张：15.5
版　　次：2023 年 8 月第 1 版　　　印　　次：2023 年 8 月第 1 次印刷
书　　号：ISBN 978 - 7 - 5194 - 7056 - 2
定　　价：95.00 元

前　言

英国哲人培根有言："读史使人明智……知识能塑造人的性格。"中国著名政治家李世民曾说："以铜为镜，可以正衣冠；以古为镜，可以明兴替；以人为镜，可以知得失。"因此，回顾历史，有助于古为今用。但梳理历史，并非在故纸堆中翻陈，研究历史，需要运用智慧鉴别真伪，去伪存真。

近代以来，中国体育与学校体育的发展在很大程度上受到了国内外著名思想家与教育家的理论及其思想的影响，如夸美纽斯、福禄培尔、杜威、蒙台梭利、卢梭、严复、蔡元培、梁启超、张伯苓、陶行知、毛泽东、杨贤江等，他们均为时代代表与精英，是不同历史时期新思想与新文化的启蒙者与拓荒者。其中，我国众多的著名思想家与教育家是中国最早接受和介绍西方近代教育和体育思想人物，对近现代中国体育与学校体育的发展起到了重要的推动作用，并为中国特色体育思想的形成与发展提供了宝贵的理论源泉。虽然他们的体育观也存在一定的时代局限性，但其中所蕴含的真知灼见，对当前与未来中国体育与学校体育的发展仍具有重要的借鉴价值和现实意义。

本书通过一定的遴选，选取了 20 位影响力较大的中国近现代思想家与教育家作为研究对象，在前人研究的基础上，对他们的体育观进行了系统梳理，并结合我国当下体育与学校体育发展的现状与困境，提出了借鉴与启示，为中国体育与学校体育的改革与发展提供理论参考与实践路径。本书内容铺陈的次序主要按 20 位思想家与教育家出生的先后顺序进行排列，主要内容涉及了 20 位中国近现代思想家与教育家的生平简述、前人研究简述、体育观的核心内涵探寻、当代启示揭示等方面。部分研究生参加了本书的研究工作，具体情况如下：第六章、第十八章（袁诗哲撰写），第十一章（施鑫撰写），第十五章（李婉君撰写），第十九章（兰双撰写），最后由李启迪、邵伟德教授统稿，还有部分硕博研究生参与了修改工作，在此深表感谢！书中有不当与不妥之处，敬请读者斧正。

作者于浙江师范大学

2022 年 9 月 8 日

目　录
CONTENTS

绪　论

一、研究背景

近代以来，中国思想家与教育家的教育理论是中国教育理论的主要来源，而体育是教育的一个重要组成部分。中国思想家与教育家的教育理论本身包含了体育的内容，因此，研究近代以来中国思想家与教育家的体育观，对中国体育与学校体育理论具有重要的理论价值与实践意义。

本研究的侧重点在于近代以来中国思想家与教育家的体育观及其对中国体育与学校体育的启示。其思路有二：一是从中国思想家与教育家的体育观引申到中国体育与学校体育理论与实践过程中，有着一系列的中介环节，其中包含对中国思想家与教育家教育理论的正确理解；二是对某些教育理论之特质判断，需要结合当时特定文化背景加以深入考察与分析。

从近代以来中国思想家与教育家体育观对中国体育与学校体育学科建设的意义视角而言，具有促进中国体育与学校体育学科现代化发展的作用。提炼近代以来中国思想家与教育家体育观，总结中国思想家与教育家体育观对中国体育与学校体育的借鉴与启示，有助于为学校体育改革与发展提供理论参考与历史借鉴。

新时代，我国体育与学校体育改革正处于重要时期，需要吸收各种先进的理论与思想，其中包括中国近现代著名思想家与教育家的体育观，这些理论与思想有助于促进中国体育与学校体育的改革与发展。因前期研究不足，所以有必要进行细化与深入研究。

二、研究目的

近代以来，中国体育与学校体育的发展在很大程度上受到了梁启超、蔡元培、陶行知、毛泽东等中国近现代著名思想家与教育家的影响，其体育观不仅对西方体育教育的引进和中国近现代学校体育的形成起到了重大作用，而且对我国体育与学校体育当前与未来的发展具有重要的理论价值和现实意义。

其具体价值与意义主要体现在以下三个方面。

第一，有助于对中国近现代著名思想家与教育家的体育观进行系统的梳理研究。

以往相关的研究成果较为零散，缺乏系统的整理与研究。本项目将较为全面地梳理与总结中国近现代20位影响深远的著名思想家与教育家的体育观及其启示，形成较为系统的研究成果，为我国体育与学校体育学科提供理论基础。

第二，有助于探究我国体育与学校体育思想发展历程的基本特征。

由于中国学校体育思想最早受西方体育教育思想的影响较大，同时又通过中国近现代著名思想家与教育家的引介，并与中华优秀传统文化与社会观念等撞击、融合而产生了具有中国特色的学校体育思想。可以说，中国近现代著名思想家与教育家起到了承上启下的作用。因此，系统研究中国近现代著名思想家与教育家的体育观，有助于了解中外体育思想交流进程及我国学校体育思想产生、演变、发展的基本特点。

第三，有助于吸收中国近现代著名思想家与教育家体育观的精华。

新时代体育课程改革为我国体育与学校体育的发展开辟了前所未有的道路，树立了"以学生发展为中心"的理念，取得了可喜成果，同时也暴露出不少关于理论与实践问题。因此，回顾历史各个时期中国近现代著名思想家与教育家体育观的精华，有助于从中吸取营养，为我国体育与学校体育改革提供新思路、新方法、新理论，促进我国体育与学校体育的良性运行与健康发展。

三、研究思路

本项目拟合理运用历史学、教育学、体育学等多学科理论，通过文献梳理、专家访谈，在综合借鉴以往研究成果的基础上，结合历史背景与现实状况，主要从中国近现代著名思想家与教育家体育观的核心内容与深刻内涵及其借鉴与启示等几个方面进行研究，丰富相关学科理论，为促进中国体育与学校体育的良性运行与健康发展提供借鉴。

中国近现代著名思想家与教育家的体育观主要来源于哲学、社会学、教育学等思想，因此，我们在总结与提炼他们的体育观时，一方面应采取实事求是的态度，尽量阅读其原著、手稿、讲稿等一手资料，并以整体观、系统观、辩证观等方法论总结相应的体育观。另外需要结合当前中国体育与学校体育深化改革的背景与形势，深入探究中国近现代著名思想家与教育家的体育观对当前与未来中国学校体育发展的借鉴与启示。

中国近现代著名思想家与教育家体育观的形成是他们不断认识教育、认识体育、参与体育的反复实践过程。由于他们看待体育教育的立场、角度、方法等存在差异，并且每一阶段他们所处的社会环境不同，就会出现各种各样的体育观，并呈现百家争鸣的状态。总结他们的体育观有助于"跳出体育看体育"，以崭新的视角推动我国学校体育的发展。

四、研究内容

本书主要涉及了中国近现代 20 位著名思想家与教育家的生平、前人研究基础、体育观的核心要旨与当代启示。其中 20 位著名思想家与教育家的具体情况如下：

（一）严复（1854—1921）

（二）康有为（1858—1927）

（三）谭嗣同（1865—1898）

（四）孙中山（1866—1925）

（五）蔡元培（1868—1940）

（六）章炳麟（1869—1936）

（七）梁启超（1873—1929）

（八）张伯苓（1876—1951）

（九）王国维（1877—1927）

（十）陈独秀（1879—1942）

（十一）徐一冰（1881—1922）

（十二）马约翰（1882—1966）

（十三）马寅初（1882—1982）

（十四）蒋梦麟（1886—1964）

（十五）梅贻琦（1889—1962）

（十六）胡适（1891—1962）

（十七）陶行知（1891—1946）

（十八）吴蕴瑞（1892—1976）

（十九）毛泽东（1893—1976）

（二十）杨贤江（1895—1931）

五、研究方法

（1）文献资料法：广泛收集中国 20 位思想家与教育家的原著、相关的研究书籍、报刊、学术期刊资料，并对其进行整理、分析。

（2）专家访谈法：确定 20 位国内思想史、教育史、学校体育知名专家，采用面对面访谈或电话访谈进行深度访谈。

（3）历史研究法：通过对相关史料的收集、整理与分析，分析中国近现代著名思想家与教育家体育观形成的历史背景与基本规律。

（4）文本分析法：从文本的表层逐步深入到思想家与教育家的内心精神世界，从而提炼那些不能为普通阅读所把握的深层意义。具体方法包括文化研究法与互文法。

第一章

血气体力之强是国家强弱存亡的先决条件：严复体育观

一、严复简介

严复（1854—1921），福建侯官（今福州）人，近代著名启蒙思想家、教育家与翻译家。毕业于英国皇家海军学院，1912年京师大学堂更名为北京大学，任首任校长，曾担任过国内多家学校校长，如上海复旦公学、安庆高等师范学堂等。严复是中国近代史上较早向西方寻找真理的中国人。

严复吸收了英国生物学家赫胥黎的《天演论》思想，结合了中国国情，提出了"物竞天择，适者生存""时代必进，后胜于今"的中国"救亡图存"的先进理论，为中国清末时期的出路提供了思路。他在《原强》一书中认为，衡量一个国家的强弱存亡，应从三个基本条件进行考察：一是民众的血气体力，二是民众的聪明智虑，三是民众的德行仁义。在严复的众多理论思想中，"教育救国论"可谓是他最突出思想之一。

严复的主要著作有天演论序《原强》《辟韩》《救亡决论》《论世变之亟》，并较多地翻译了外国名人著作。

二、严复体育观前期研究评述

输入"严复+体育"篇名，查阅中国学术期刊网（中国知网），获得与严复有关的体育文章共20篇，其中体育类核心期刊文章8篇。阅读其中的相关文献与观点，对本研究具有一定参考价值的观点主要有以下内容。

汪浩寰认为："严复首倡三育思想、主张运动强身、重视妇女运动与中西合一、体用一致的四个体育观点。"[1] 王毅认为："严复提倡自由平等的思想观念和物竞天择的思维方式，推行学校体育，提倡女子体育，推进国民素质教育，

---

[1] 汪浩寰. 严复体育思想研究 [D]. 长沙：湖南师范大学，2013.

倡导军国民教育思想下的'力、智、德'三育并重的体育思想，促进了中国近代体育的发展。"① 张成云等认为："严复的'鼓民力'体育思想，开创了中国体育的新纪元，开启了体育研究之先河，促进了近代学校体育的形成。"② 盛克庆认为："严复提倡体育第一与教育救国。"③ 李力研认为："在严复的鼓动下，一大批优秀知识分子个个激扬文字，诉诸'武''力'。"④ 李力研认为："'鼓民力'就是鼓吹体育的重要、体质的重要、力的重要。"⑤ 刘秉果认为："三育并重身体是基础、体育的社会效应。"⑥ 谭华认为："首倡三育思想，强训三育并重，主张运动强身，重视妇女体育，给予体育以很高的社会地位。"⑦

综上所述，笔者认为，前期研究内容涉及范围较广，为本研究提供了一定的基础，但纵观以上研究成果发现，主要存在以下几个方面的问题：一是从严复个人的史料研究表明，严复主要是一个政治家、教育家与翻译家，他虽然在其著作中有不少陈述体育的内容，但不能称其为"体育家"，因此，对于严复体育方面的认识应界定为体育观，不能称其为"体育思想"；二是严复体育观缺乏核心内容，是三育并重还是民生思想，是教育救国还是运动强身等，缺乏统一的认识；三是严复体育观的来源不是十分清晰。基于以上认识，我们有必要对其进行深化研究与综合研究。

三、严复体育观核心要旨

（一）提倡民生思想的三要素：民智、民力、民德

严复"三民"思想——"民力""民智"与"民德"，主要源于英国思想家斯宾塞的社会有机体论。斯宾塞在1861年出版的《教育论——智育德育和体育》一书中指出智育、德育和体育的关系，严复认为，斯宾塞教育思想的核心是："溶智慧、练体力、厉德行。"⑧

---

① 王毅. 严复体育思想探析 [J]. 渭南师范学院学报，2013 (6)：87-89.
② 张成云，瞿静. 严复体育思想研究 [J]. 体育文化导刊，2008 (4)：105-107.
③ 盛克庆. 体育，促进生命力的教育：从严复的"体育第一"到当今的"过度教育" [J]. 体育科学，2005 (1)：83-86.
④ 李力研. "尚力思潮"第一人：严复（续）：中国近代第一个体育思想家 [J]. 天津体育学院学报，1992 (1)：13-19.
⑤ 李力研. "尚力思潮"第一人：严复：中国近代第一个体育思想家 [J]. 天津体育学院学报，1991 (6)：11-17.
⑥ 刘秉果. 严复体育思想评述 [J]. 体育与科学，1991 (2)：17-18.
⑦ 谭华. 严复体育思想述评 [J]. 成都体育学院学报，1986 (3)：24-26，36.
⑧ 黄瑞霖. 严复思想与中国现代化 [M]. 福州：海峡文艺出版社，2008：45.

严复了解世界五洲的历史，尤其是在当时发达国家兴盛的缘由，"收大权、练军实，如俄国所为是已"。因此，我们国家要想救亡图强，必须"标本兼治""不为其标，则无以救目前之溃败；不为其本，则虽治其标，而不久亦将自废"。① 当然，最重要的就是其中的"本"，解决了最实质的问题，其他的问题就迎刃而解了。对于当时的中国来说，"至于其本，则亦于民智、民力、民德三者加之意而已"。②

严复认为，民生的三大要点，也是中国强弱存亡的关键，就是"血气体力之强、聪明智虑之强、德行仁义之强"③。西方发达国家也是通过这三点来评断一个民族的强弱，如果中国没有这三者，那么国民素质就没有什么优势可言，我们的国威也就不能得以展现。

在国家的政策和政令方面，严复主张采取的措施就是"是以今日要政，统于三端：一曰鼓民力，二曰开民智，三曰新民德"。④ 虽然有主次之分，但是三者必须全面推进，无论是丢弃哪一种，结果都是全盘皆输。"唯是使三者诚进，则其治标而标立；三者不进，则其标虽治，终亦无功；此舍本言标者之所以为无当也"。⑤

严复不仅在政令上提倡"鼓民力、开民智、新民德"，而且积极提倡全体国民共同实践，落实到民众，因为严复认为国家与民众的关系是相互依存、不可分割的，"徒力不足以为强且盛也，则以智。徒力与智，犹未足以为强且盛也，则以德。是三者备，而后可以为真国民"。⑥ 此时的中国已经完全沦为半殖民地半封建社会，民族危机进一步加深，大众国民的现状更是令人担忧。严复认为，就算是有一两个有识之士提出良好的政策，但是如果不同时推进民众，最终还是会失败，"是故虽有善政，莫之能行。善政如草木，置基地而能发生滋大者，必其天地人三者与之合也，否则立槁而已"。⑦

对于如何"鼓民力"，这个问题直接涉及了体育之事。严复认为，从远古时期开始，我国的教育家都极力地推崇体育健康教育思想。到了近代鸦片战争以后，中国社会、军队腐败虚弱、不堪一击。"严氏所言'保种进化'的哲学内涵

---

① 严复.原强［M］//王栻.严复集：第1册.北京：中华书局，1986：14.
② 严复.原强［M］//王栻.严复集：第1册.北京：中华书局，1986：14.
③ 严复.原强修订稿［M］//王栻.严复集：第1册.北京：中华书局，1986：18.
④ 严复.原强修订稿［M］//王栻.严复集：第1册.北京：中华书局，1986：27.
⑤ 严复.原强修订稿［M］//王栻.严复集：第1册.北京：中华书局，1986：27.
⑥ 严复.书《百科全书》［M］//王栻.严复集：第2册.北京：中华书局，1986：252-253.
⑦ 严复.原强［M］//王栻.严复集：第1册.北京：中华书局，1986：13.

包含了两层意思：第一层，'种'是指种族，即中华民族。第二层意思是说'保种进化'。"① "保种"即寓意中华民族体质的健强和民族的强盛才能适应激烈的竞争社会。一个具有强健体魄而富有竞争力的民族，是符合物竞天择、适者生存和优胜劣汰的法则的。②

当时的中国已是千疮百孔。对此，严复提出"鼓民力、开民智、新民德"的观点，其中前提和基础就是"鼓民力"。所谓"鼓民力"，就是增强国民的体质，特别强调女子也应该如此，培养强壮的体魄。并且从我国圣贤人到国外教育家及教育制度，都加以"鼓民力"的示例。

严复从历史和当时社会现状等不同角度分析了体育、健康的重要性，大力提倡发展体育，主张革除裹脚的陋习。他认为妇女也应自强，练就健康的身体，只有健康的妇女才能生育强壮的后代。由于当时国外侵略者把鸦片带到中国，导致中国民众身体羸弱，因此，严复提出禁止吸食鸦片，增强国民的身体素质。要使国民有强健的身体，使国家富强，必以国民的身体健康为基础。"然则鼓民力奈何？今者论一国富强之效，而以其民之手足体力为之基，此自功名之士观之，似为甚迂而无当。"③

除了对国家民众体育健康教育的推崇以外，严复还从一个父亲、一家长辈的角度，来劝诫身边的人，一定要注重身体健康。在给他甥女的信中，就提到了自己儿子治病求医的情况，并且总结了他自己对卫生保健方面的见解。"吾儿此番可谓冒险求医，所愿一刮之后，化病体为康强，使吾稍释悬系。惟是体气之事，不宜仅恃医药，恃医药者，医药将有时而穷。惟此后谨于起居饮食之间，期之以渐，勿谓害小而为之，害不积不足以伤生；勿谓益小而不为，益不集无由以致健；勿嗜爽口之食，必节必精；勿从目前之欲，而贻来日之病。卫生之道，如是而已。"④ 并且，在严复最后的遗嘱中，他不忘叮嘱家人及后代，谨记国家存亡、勤奋学思以及身体健康。"须知中国不灭，旧法可损益，必不可叛；须知人要乐生，以身体健康为第一要义；须勤于所业，知光阴时日机会之不复更来；须勤思，而加条理；须学问，增知能，知做人分量，不易圆满；事遇群己对待之时，须念己轻群重，更切毋造孽。"⑤

① 李斌，郭成杰，吕利平. 中国近代体育哲学的奠基人：严复［J］. 中国体育科技，2006（3）：30-32.
② 陈独秀. 安徽爱国会演说［N］. 苏报，1903-05-26.
③ 严复. 原强修订稿［A］//王栻. 严复集：第1册. 北京：中华书局，1986：27.
④ 严复. 与甥女何纫兰书［M］//王栻. 严复集：第3册. 北京：中华书局，1986：843.
⑤ 严复. 遗嘱［M］//王栻. 严复集：第2册. 北京：中华书局，1986：360.

（二）注重体育、德育、智育并重，德育为先

严复第一次提出了培养年轻一代的基本教育内容，即体育、智育、德育。这也是他对中国近代教育最大贡献之一，严复的"三育"主张源于斯宾塞和他的专著《教育论——智育、德育和体育》一书。

严复认为："是以将教育者，其事常分三宗：曰体育，曰智育，曰德育。三者并重，顾主教育者，则必审所当之时势而为之重轻。是故居今而言，不佞以为智育重于体育，而德育尤重于智育。诸公乍吟此语，恐且以吾言为迂，不佞请细为分晰，诸公将自见其理之无以易也。"①

他解释说："何以言智育重于体育耶？中国号四万万人，以民数言，殆居全球五分之一，夫国不忧其寡弱。至于个人体育之事，其不知卫生者，虽由于积习，而亦坐其人之无所知，故自践危途，曰戕其生而不觉。智育既深，凡为人父母者，莫不明保（赤）<持>卫生之理，其根基自厚，是以言智育而体育之事固已举矣。且即令未至，中国二十余行省，风气不齐，南人虽弱，北人自强，犹足相救。但竞争之场，徒云强硕，尚未足耳。诸公不见近者俄日之战乎？夫体干长大，殆无过于俄人。而吾之岛邻，则天下所称之侏儒者也。顾至于战，则胜家终在此而不在彼，是亦可以思其理矣。不佞此言，非云不重体育。夫苦攻勤动，以进国人于尚武之风，正吾国今日之所亟。故往日尝谓，中国文场可废，而武科宜留，亦犹此旨。但三者筹其缓急，觉无智育，则体育万万不逮事耳！"②

同时，严复指出了体育之重要性，他说："百年来生理学大明，乃知心虽神明，其权操诸形气，则大讲体育之事。故洛克谓：'教育目的，在能以康强之体，贮精湛之心。'斯宾塞亦云：'不讲体育而徒事娇心，无异一气机然，其笋缄关键极精，而气箱薄弱不任事也。'孟子曰：'持其志，无暴其气。'而宋儒亦以气禀之拘，与人欲之蔽，同为明德之累，皆此义也。不佞今夕所谈，趋重智、德二育。体育虽重，于此一及，不更及矣。然欲为娇心之学，则当知心如形体，有支部可言，有思理，有感情"。③

在学校教育方面，严复积极提倡德智体全面发展，在给心远学校写的校歌

---

① 严复. 论教育与国家之关系［M］//王栻. 严复集：第1册. 北京：中华书局，1986：167.

② 严复. 论教育与国家之关系［M］//王栻. 严复集：第1册. 北京：中华书局，1986：167.

③ 严复. 论今日教育应以物理科学为当务之急［M］//王栻. 严复集：第2册. 北京：中华书局，1986：279.

中提道:"我曹爱国起求学,德体智育须交修"。①

(三)编制科学合理的、体育在内的学校课程

严复很早就看到了我国的教育制度存在的一个缺陷,就是"有识之士,深维世变,见夫士气不振,官常不肃,学业不修,政事不举,一一均由于所学之非②"。严复看到了当时一些略有成就的人存在的缺陷,这些都是因为所学的知识与政事不相关的缘故。因此,平复主张"天下之官,必与学校之学相应,而后以专门之学任专门之事,而治毕举焉。斯言也。一唱而百和。凡为有志,莫不然之。虽然,以此论矫当世之论则可耳,若果见诸施行,则流弊之大,无殊今日③"。自古以来,中国的教育内容就是诗词歌赋式的,改变这种现状的关键就是进行教育改革。由于当时的社会背景,侵略者给中国带来了灾难,同时也带来了科学,因此,严复认为应该选择有实际功效的科学作为教育内容,故,严复在制定京师大学堂译书局章程时,就摒弃了传统中国式的教育内容,进而选择了西方科学的教育学科内容,共有三十八种,其中包括地舆、西文、律令、布算、商功、几何、代数、三角、浑弧、静力、动力、气质力、流质力、热力、光学、声学、电磁、化学、名学、天文、地气、理财、遵生、地质、人身、解剖、人种、植物状、动物状、图测、机器、农学、列图史略、公法、帐录、庶工如造纸、照象、时表诸工艺、德育、教育术、体育术。④ 不难看出,其中大部分都是我们现代学校教育的内容,只是有的名称改了,或是把几项做了整合。严复在章程中的教学分科已经是现代学校教育课程设置的雏形。

严复作为中国推崇西学的第一人,并没有被西方先进、高级的教育成果所吸引,没有一味地崇洋媚外,严复认为,在学习西方先进科学的教育思想的同时,保持中国特有的传统教学内容,分清主体与辅助,不能忽视中国的国粹,忘记本性。"然而事有至难。夫吾国教育所不可不改图者,以旧有之经义辞赋,议者以为无所用也。德行道义,一切形上之学,此吾所归求之而有余;犹功利机巧兵商工虞之事,吾国失官久矣,是必求之于彼而后能。此体用主辅之谈,所以日腾于士大夫之口也。然学固不可以徒得,是必有讲业解惑之师资,又必

① 严复. 与熊纯如书(心远校歌)[M]//王栻. 严复集:第3册. 北京:中华书局,1986:689.
② 严复. 论治学治事宜分二途[M]//王栻. 严复集:第1册. 北京:中华书局,1986:89.
③ 严复. 论治学治事宜分二途[M]//王栻. 严复集:第1册. 北京:中华书局,1986:89.
④ 严复. 京师大学堂译书局章程[M]//王栻. 严复集:第1册. 北京:中华书局,1986:127.

有觇毕揣摩之编简，是二者将皆求之于外乎？则文字语言，又为山之一篑，而不可阙矣。循此说也，又虑鞮寄象胥之业，古先圣王所视为至贱者，浸假乃偏于党庠术序之中，而吾之典籍文章，所谓支那之国粹者，举以扫地。此亡国沦种之先驱也，义恶乎可？"① 这足以见严复超绝非凡的学识。而大部分人，包括我们现代人在内，都忽略了中国的优秀传统文化，更何况在当时中国任何方面都受人鄙夷的战争年代。严复说："夫读经固非为人之事，其于孔子，更无加损，乃因吾人教育国民不如是，将无人格，转而他求，则亡国性。无人格谓之非人，无国性谓之非中国人，故曰经书不可不读也。若夫形、数、质、力诸科学，与夫今日世界之常识，以其待用之殷，不可不治，吾辈岂不知之？四子五经，字数有限，假其立之课程，支配小、中、大三学年之中，未见中材子弟，坐此而遂困也。"② 这一既推崇西学又主张保存国学的教育思想在中国的历史上绝对是造端倡始，为我们现代科学的教育制度发展奠定了基础。

严复在主张国民体质健康教育的同时，又提倡在学校教育中增设体育理论学科。他说："夫如是，其于学庶几备矣。然而尚未尽也，必事生理之学，其统名曰拜欧劳介，而分之则用体用学、官骸学是也。"③ 其中，提到"生理学""体用学""官骸学"等，都是我们现代学校体育教育中不可或缺的理论课程，也是从古今中外的名人圣贤的思想中得到的启发，坚定了严复提倡体育教育的决心。"百年来生理学大明，乃知心虽神明，其权操诸形气，则大讲体育之事。故洛克谓：'教育目的，在能以康强之体，贮精湛之心。'斯宾塞亦云：'不讲体育而徒事娇心，无异一气机然，其笋缄关键极精，而气箱薄弱不任事也。'孟子曰：'持其志，无暴其气。'而宋儒亦以气禀之拘，与人欲之蔽，同为明德之累，皆此义也"。④ 严复也是首推体育理论教育的教育家。

（四）提倡女子体育教育

从严复青年时期留学的亲身体会，到对赫胥黎、亚当·斯密、斯宾塞、孟德斯鸠等大家思想的推崇，他的政治思想、经济思想以及教育思想都是源自国外。其中严复十分推崇解放女性、自由女性等思想，想把挣扎了数千年的中国女性从封建社会的牢笼里解救出来。"故使国中之妇女自强，为国政至深之根

① 严复.英文汉诂卮言 ［M］//王栻.严复集：第 1 册.北京：中华书局，1986：152－153.
② 严复.读经当积极提倡 ［M］//王栻.严复集：第二册.北京：中华书局，1986：332.
③ 严复.西学门径功用 ［M］//王栻.严复集：第 1 册.北京：中华书局，1986：95.
④ 严复.论今日教育应以物理科学为当务之急 ［M］//王栻.严复集：第 2 册.北京：中华书局，1986：279.

本；而妇女之所以能自强者，必宜与以可强之权，与不得不强之势。禁缠足、立学堂固矣，然媒妁之道不变，买妾之例不除，则妇女仍无自立之日也。"① 严复认为，中国女性是促进整个民族素质提升以及国家兴盛的重要部分。除此之外，他还"兴女学""今日既兴女学，效法泰西，然犹不使之增广见闻，则有学堂与无学堂等。不见村学究之日事（呻）唔，而一无所用乎？读书而不阅世，直如此耳。今倘有人，独排众议，自立一会，发明妇人应出门之故，庶几风气渐开矣。若谓既无限制，难保无越礼之事。则且无论西人，即以中国论之，大家妇女，其防闲出矣，岂绝无越礼之事乎？小家妇女，其防闲又疏矣，岂尽人皆越礼乎？则此言不足辨也。"② 严复提出了很多解放女性的措施，包括禁止缠足、支持女性独立、提倡婚姻自由等。由此，严复在创立上海女学堂这一过程中，这些措施发挥了很大的作用，其中就有关于女学堂的开校宗旨，"今将开校宗旨略疏如下：一、此校目的，要裁成头等女师数百人；二、校地设在上海附近，以其为南北中点，且教员易觅；三、此校重汉文、科学、卫生、美术，而西文则兼习；四、此校管理员用女，教员用男。西学则用西妇，或用本国女子。管理员权最重；五、此校两年预备，而三年正斋；六、学生选未嫁者，其身家必须细查清白。其已嫁者，设立小小专班，别定规则；七、学生程度须有识字根底，又学费月约十元，不住宿者减半。"③

在长期封建社会里，中国妇女一直处于受歧视被压迫的境地，从思想根源上追溯，男尊女卑的思想，可谓悠然古矣。孔子认为妇女"难养""近之则不逊，远之则怨"（《论语·微子》）。《周易》把男子喻为天（"乾"），把妇女喻为地（"坤"），从哲学上肯定了男女不平等的合理性。后来班昭撰《女诫》，宋若华撰《女论语》，都是麻木妇女思想的鸦片。直到19世纪末，随着封建社会的延续，男尊女卑仍然是占统治地位的思想之一。严复深有感慨地说："盖妇人之不见天日苦久矣。"

在《原强》一文中，严复还特别谈到了儿童发育与妇女身体健康的关系问题，"母健而后儿肥。"④ 这里不难看出严复对体育和卫生重要性的认识。

① 严复.论沪上创兴女学堂事 ［M］//王栻.严复集：第 2 册.北京：中华书局，1986：469.
② 严复.论沪上创兴女学堂事 ［M］//王栻.严复集：第 2 册.北京：中华书局，1986：469.
③ 严复.与甥女何纫兰书 ［M］//王栻.严复集：第 3 册.北京：中华书局，1986：833.
④ 张志建.严复学术思想研究 ［M］.北京：商务印书馆国际有限公司，1995：138.

四、严复体育观当代启示

（一）严复从民生角度论体育对于当前解决青少年学生体质问题具有重要意义

严复根据当时中国已是"民力已荼、民智已卑、民德已薄"、大清国陷入内外交困的境地，提出了"鼓民力、开民智、新民德"的观点，严复认为，民生的三大要点，也是中国强弱存亡的关键，就是"血气体力之强、聪明智虑之强、德行仁义之强"①，并认为，西方发达国家也是通过这三点来评断一个民族的强弱，如果中国没有这三者，那么国民素质就没有什么优势可言，我们的国威也不能得以展现。

青少年学生体质问题并不既是个人之事、家庭之事、学校之事，又是国家之事。因此，从民生的角度认识体育是一个宏观远大的视角，是一个把学生个人与学校、社会、国家直接联系的视角，这对于当前形势具有重要的指导意义。所谓防微杜渐，不能因为事小而不为，青少年学生体质问题看起来是某些学生身体问题，但这是关乎国家兴亡的大事，我们必须认真对待，特别是青少年学生体质逐年得不到实质性的提升，并直接影响到了国家征兵工作、国民体质健康水平等方面，因此，我们必须要有一个宏观远大的视角，未雨绸缪，才能提升中华民族的国力、民力，并在世界各国竞争中占据优势。

（二）严复从进化论视角把体育与人种相连的观点仍具新意

对于民生的三大要素，与体育直接相关的是"民力"，那么如何"鼓民力"呢？"严氏认为，以往的历史经验告诉人们，社会有道德、政教、保种三者，保种进化是天演法则中最重要的。严氏所言'保种进化'的哲学内涵包含了两层意思：第一层，'种'是指种族，即中华民族；第二层意思是说'保种进化'。"②

严复从进化论角度出发，认为物种保存是物竞天择、适者生存和优胜劣汰的结果，人也是物种中的高等物种，人的进化也应符合这个规律。而体育则是防止人类本能退化、人种倒退的一种最好的手段，因为体育能够直接发展人类的奔跑能力、攀爬能力、体能等各种本能。因此，从进化论角度认识体育有助于我们进一步认识体育对人类的价值与贡献，并从代代相传的视角关注青少年儿童学生的体能发展，有效促进学生的体质健康。

---

① 严复.原强修订稿［M］//王栻.严复集：第1册.北京：中华书局，1986：18.

② 李斌，郭成杰，吕利平.中国近代体育哲学的奠基人：严复［J］.中国体育科技，2006（3）：30-32.

（三）严复提倡"三育并重、德育为先"观对于当今学校教育具有启发价值

严复的"三育并重"教育观也是源于斯宾塞的《教育论——智育、德育和体育》一书，他说："是以将教育者，其事常分三宗：曰体育，曰智育，曰德育。三者并重，顾主教育者，则必审所当之时势而为之重轻。"①

对于三育之间的关系，严复认为德育是最重要的，"何以言德育重于智育耶?"严复说："至于德育，凡所以为教化风俗者，其进于古者几何，虽彼中夸诞之夫，不敢以是自许也。惟器之精，不独利为善者也，而为恶者尤利用之。……故世界天演，虽极离奇，而不孝、不慈、负君、卖友一切无义男子之所为，终为复载所不容，神人所共疾，此则百世不惑者也。不佞目睹今日之人心风俗，窃谓此乃社会最为危岌之时，故与诸公为此惊心动魄之谈，不胜太愿，愿诸公急起而救此将散之舟筏。惟此之关系国家最大。故曰德育尤重智育也。"②

严复的以上观点说明，道德教育并不是个人的事，而是关乎民族、国家的大事，人的道德如果存在问题，那么这个国家就不会兴旺发达。然而，良好社会道德的养成主要还是要靠教育，特别是对青少年儿童的教育尤为重要。体育是学校教育的一个具体学科，它也同样具有强大的德育功能。因此，学校体育在落实运动技能学习、提升身体健康水平的同时，必须实施运动育人方针，这样才能培养出既有一个健康的身体，又有高尚道德的社会需要的人才。

（四）严复倡导"增设体育理论知识学科"对当下体育课程设置具有一定的启示

严复摒弃了传统中国式的教育内容，根据西方教育学科的分类，增设了共三十八种课程内容，其中包括人身、解剖、人种、体育术等与体育相关的内容。③ 同时，严复认为在学校教育中应该增设体育理论学科。他说："夫如是，其于学庶几备矣。然而尚未尽也，必事生理之学，其统名曰拜欧劳介，而分之则用体用学、官骸学是也。"④ 其中，提到"生理学""体用学"等，都是我们现代学校体育教育中不可或缺的理论课程。

---

① 严复. 论教育与国家之关系 [M] //王栻. 严复集：第 1 册. 北京：中华书局，1986：167.

② 严复. 论教育与国家之关系 [M] //王栻. 严复集：第 1 册 [M]. 北京：中华书局，1986：167-169.

③ 严复. 京师大学堂译书局章程 [M] //王栻. 严复集：第 1 册 [M]. 北京：中华书局，1986：127.

④ 严复. 西学门径功用 [M] //王栻. 严复集：第 1 册. 北京：中华书局，1986：95.

　　首先，对于这些课程内容，目前我国体育专业教育课程体系中已基本具备，如解剖学、生理学、运动生物力学等，这些课程内容是从事体育专业人士或体育教师必须了解和掌握的知识，它有助于体育专业人士运用体育科学知识解决在体育教学过程中出现的各种问题与难题；其次，在中小学体育教育中，这些知识对于青少年儿童而言也具有重要的作用。以往我们过于注重运动技术教学，忽视了对于青少年学生体育健康理论知识的传授，从而导致了青少年学生在生理学知识、解剖学知识的缺失，如对于突如其来的生长发育束手无策、对于第二性特征的出现感到恐慌等。这些生理学知识到底是卫生学老师还是体育老师的传授责任由于没有在学校加以定性，从而产生了有关这些知识传授的盲区。基于学校缺乏生理卫生教师的现状，笔者认为，体育教师可承担这方面的责任，但是，在体育与健康课程改革十余年之后的今天，学校体育有关体育健康知识传授的内容、途径、方法、手段、考核等问题都还没有真正落实，这是当前急需解决的一个重要难题。

五、结语

　　综上所述，严复体育观主要体现在四个方面，提倡民生思想的三要素，即民智、民力、民德；注重体育、德育、智育并重，德育为先；编制科学合理的、体育在内的学校课程；提倡女子体育教育。其中，核心内容是他的民生思想。民生思想三要素中的"民力"包含了体育内容，而实现"民力"目标的主要途径是通过教育。他所倡导的德体智三育并重的观点与"民智、民力、民德"相对接，其中三者之间的关系是德育最先，智育次之，体育最后。而体育又是德育、智育之基础。学校体育为了实现"民力"目标，要改革课程体系，增设体育理论知识学科，并结合当时背景，重视女子教育与体育。严复以上体育观对于当下学校体育改革启示主要有：严复从民生角度论体育对于当前解决青少年学生体质问题具有重要意义，严复从进化论视角把体育与人种相连的观点仍然具有新意，严复提倡"三育并重、德育为先"观对于当今学校教育具有启发价值，严复倡导"增设体育理论学科知识"对当下体育课程设置具有一定的启示。

　　当然，由于时代的限制，严复的教育观也体现了一定的局限性，如严复运用进化论论述了生物界生存竞争、自然选择等规律无疑是正确的，但他将其直接运用到人类社会之中却是有待商榷的；又如，对于三育的关系，严复提出的三育并重观是正确的，但他在德、智关系问题上又存在一定的错误，他认为一个人以才气为主，道德居次，"对外能强，对内能治"谁就能统一中国，就可以做皇帝，这显然是理想主义。

第二章

养体开智以外，以德育为重：康有为体育观

一、康有为简介

康有为（1858—1927），生于广东省南海区，是中国近代史上伟大的革命家、政治家、思想家、教育家。儿童时期他就表现了过人的才智，被乡里誉为"神童"。1876年至1878年期间，康有为从师朱次琦，学习传统儒学。1879年，康有为对佛学产生了兴趣，去到西樵山潜心学习佛、道之书。1895年至1898年康有为领导维新运动，全面进行变法改革。1898年至1913年，由于变法运动失败，慈禧太后下令追杀变法志士，康有为出逃16年。1914年回到上海，1927年3月3日逝于青岛寓所。康有为毕生都为了国家的富强而不懈努力，是一名真正的爱国志士。他是戊戌变法的领导者，倡导通过变法来使国家富强。他的著作主要包括《新学伪经考》《孔子改制考》《万木草堂口说》《长兴学记》《大同书》等。

康有为的思想涉及面非常广泛，主要分布在政治、教育这两大方面。康有为的政治思想主要表现在戊戌变法前后的一些奏折和书籍中，他主张通过变法使国家富强。在西方列强不断侵占国家的领土、国家主权不断丧失的背景下，康有为根据西方国家富强经验和国家所存在的问题大胆地提出了变法。中日甲午战争清政府惨败后他联合1800多名举人公车上书，在书中他坚决反对《马关条约》，请求"拒和""迁都""练兵""变法"，第一次向光绪皇帝提出了变法的主张和措施。在接下来的几次上书中他首先提到了变法的必要性和紧迫性，然后就如何富国提出了一系列的办法和措施。在经济方面他提出：①以商救国，变自然经济为商品经济；②提倡物质救国，走工业化道路；③强调理财的重要性，把理财作为立国之本。在科技方面他提出：①广泛建立各种专业学校，大量培养专门人才；②翻译西方先进科技书籍；③发展资本主义工商业，加快经济发展。此外，在《日本变政考》中康有为提到要向日本学习，日本是离我们最近的，语言上也比较容易理解，要学习日本富强的方法。

二、康有为体育观前期研究评述

输入"康有为+体育"篇名，查阅中国学术期刊网（中国知网），获得康有为有关体育方面的研究文献 12 篇，其中核心期刊论文 4 篇。对本研究具有一定借鉴意义的观点有以下内容。

何叙对康有为体育思想的研究主要包括以下四个方面："（1）康有为学校体育思想形成的历史背景是康有为的救国强民的变法运动；（2）首创德、智、体三育并重，注意学生素质教育；（3）根据不同年龄阶段教育的特点确定体育的地位与内容，发挥体育在全面发展教育中的地位；（4）倡导女学，推荐女才。"① 蒋维震指出："康有为体育思想的成因分析，分为社会背景和文化成因两方面；康有为体育思想的内容及特征，内容包含了练兵以强天下势的军事体育思想；德智体三育并重，注重学生素质教育的教训模式；大同理想化的社会体育思想。"② 蒙祖兵认为："康有为的体育思想是其教育思想的重要组成部分，从康有为提倡尚武精神，富国强兵军事体育思想和学校体育思想以及女子体育思想等方面。"③ 苏肖晴认为："康有为的体育思想表现在强民救国思想，培养全面人才、三育并重的思想、对妇女体育兴起所作做的贡献。"④ 魏彪提出："康有为提出了德、智、体三育并重的思想，把体育提到了相当重要的地位。康有为学校体育思想提出的背景，康有为尤重兵操，规定每间一日有体操，且多习德国的兵操。"⑤

综上所述，笔者认为他人前期研究为本研究提供了一定的研究基础，但其中也暴露出以下几个方面的问题：一是对康有为体育观的提炼不够，即缺乏一定的主线，观点较为分散；二是对康有为体育观形成的社会背景研究不够深入；三是对康有为体育观的时代局限性研究不够，导致难以判断康有为体育观的借鉴意义。

三、康有为体育观核心要旨

基于以上思考，本研究认为康有为体育观的主线是"军国民体育"，其他观

---

① 何叙.康有为的学校体育思想［J］.体育科学，2004（3）：64-66.

② 蒋维震.康有为体育思想研究［D］.长沙：湖南师范大学，2011.

③ 蒙祖兵.康有为体育思想略论［J］.成都大学学报（社会科学版），2009（4）：103-104.

④ 苏肖晴.康有为的体育思想及其成因［J］.体育文史，1988（6）：49-52.

⑤ 魏彪.康有为的体育主张［J］.体育文史，2000（11）：19.

点由此展开：德、智、体三育并重，根据年龄特点进行分阶段式的体育观，主张男女教育平等。

（一）倡导了"军国民体育"观

康有为在上清帝第一书、第三书和《请开学校》奏折当中明确提出：废八股，变科举，兴学校，广开军事学堂，培养军事人才。在上书（"公车上书"，1895 年都察院）中，康有为从爱国的立场出发，强烈主张"拒和、迁都、变法"，建议皇帝"下诏鼓天下之气，迁都定天下之本，练兵强天下之势，变法成天下之治。"康有为在第三次上书光绪帝中提出变法具体步骤，谓自强雪耻之策有四：富国、养民、教士、练兵。康有为十分重视军式体育，在奏折中他建议：所有的官兵应学习西方的军式体操，开办军式学堂；所有男丁在成年之前必须参加军式教育，在十八岁到四十岁之间的青年人在平时农耕之余，要继续参加军式培训，建设一个全民皆兵的国家。

康有为教育思想的主要来源是"救亡图存"。在康有为之前也有一些人在不同程度或范围里提出类似的观点和主张。郑观应也主张，要想国家富强，必须重视培育人才，兴办新式学校。郑观应认为，外国资本主义之所以富强，就在于它们"强于学，非强于人"，只有仿照外国"士有格致之学，工商有制造之学，农有种植之学，商有商务之学"的办学方法，才能做到文化教育事业昌盛，人才辈出。

在上书中康有为多次提到要改变以往旧式的兵士操练方法，主张学习德、日兵式体操，广泛开设军事学堂。在当时的国情下要推行一项举措是非常不容易的，康有为认识到如何才能让国民的身体强壮起来、国家富强起来应该是政府最关注的，所以他在上书中不断提到要开设军事学堂。而体育和军事的关系是十分密切的，把体育思想融入军事思想中能更好地推广体育。在学校中做体操、学习军事知识也能更好地促进国家军事力量的强大。在军事体操中康有为还提倡用枪代替以前的弓箭，他认为既要继承中国古代的优良传统，又要根据社会的发展相应地做出调整。早在《教学通义》中康有为就提出："至于今日，射遂为极无用之物。然推古人之意，不在器而在义也。射之义在武备，今之武备在枪炮，则今之射即烧枪也。射为'六艺'之一，天下男子所共学，今亦以枪为'六艺'之一，天下共学之可也。师古人之意，不师其器也。"① 从上面两段话中康有为明确地提出了自己的观点，他认为古时以骑射为主的兵士操练方法已经过时，应与时俱进，将学习的内容由骑射改为枪炮。在万木草堂办学期

---

① 康有为. 康有为全集：第 3 集 [M] . 上海：上海古籍出版社，1987：252.

间，康有为在课程中设置了体操课，而体操课的内容是射击、体操和兵式体操。康有为安排每两天上一节体育课，康有为还专设"干城科学长"，负责带领学生每隔一天做一次体操。除两天上一次体育课外，还组织学生到市内公园等风景优美的地方游览、散步，假期则组织学生游历等。他认为游览、游历不仅可以增长学生见闻，增强学生体魄和愉快学生心境，而且也使师生之间的交往和切磋更密切，康有为的这些做法在当时教育界都是最新鲜的。①

（二）主张学生"德、智、体"诸方面全面发展

康有为在《长兴学记》一书中提到，万木草堂"以音乐，舞蹈，体操和军事体操训练为体育学科"。从学纲上来看，康有为明确提出了他的观点：既要重视文化知识，又要重视思想道德；既要注意使用技能，又要注意传统文化；既要强调外在的礼仪规范，又要强调内心情感修养；既要强调文化素养，又要强调武备。在广州开办万木草堂，据他的学生梁启超回忆说："其为教也，智育居十分之七，德育居十分之三，而体育亦特重矣。"② 从梁启超的这句话中可以看出康有为的教育观，他认为智育要比德育重要，而体育相对于智育和德育来讲也特别重要。此外，康有为十分注意学生能力的培养，尤其是学生的自学能力。康有为要求他的学生除了要看中国古书外，还要学习西书，如声、光、电等科学方面的书籍。他还要求学生把上课时记的笔记和疑问记在自己的课本上，每半个月上交一次。康有为根据功课簿上反映的问题，为学生进行讲解。为了锻炼学生的写作能力，康有为还让一些年长的学生帮助他写书。在课程安排上，康有为安排每两天一次体育课，体育课的内容包含了射击、体操和兵式体操。在课余，康有为还安排"干城科学长"带领学生做体操。从课程的内容和时间的安排上来看，康有为的学校体育思想充分体现了劳逸结合的思想，他认为强健的身体是进行学习和改革的前提，中国人之所以老是打败仗就是因为身体太弱了。

（三）根据年龄特点进行分阶段式教育的体育观

在《大同书》中康有为就教育提出了一套较为完整的身体教育观。如在"小学院"期间，康有为认为，"凡人自 6 岁即离婴幼院而入于此，至 10 岁而止。"书中写道："此院司理及教者皆为女子，号曰女傅。所有用女子而不用男子者，以女子静细慈和，爱抚婴儿，而有耐性，有恒心，有弄心。"③ 康有为认

---

① 钟贤培．康有为思想研究［M］．北京：高等教育出版社，1988：194.

② 康有为．康南海自编年谱［M］．北京：中华书局，2012：44.

③ 康有为．大同书［M］．北京：中国人民大学出版社，2010：179.

为从 6 岁到 10 岁是儿童进入小学院学习的阶段。小学院里的所有司理和老师都必须是女子。在这里，康有为再一次提到了女子对于儿童教育的优势。在小学院阶段就有明确的培养计划，书中写道："大概是时专以体育为主，而智育次之，令功课稍少而游嬉较多，以动荡其血气，发扬其身体，而又须时刻监督，勿贡非儿。"① 康有为认为，在小学院阶段，对儿童的教育首先是体育，其次是智育。游玩嬉戏要多，功课相对要少，主要以发展儿童身体为主要目的。

在"中学院"期间，康有为认为，"凡人自 11 岁即离小学而入此学，至 15 岁而出学。此时纯为学龄，一生之学根本于是。"在此阶段是学习的重要时期，书中写道："入此学时，……但身体稚弱，故体育、智育以外，又以德育为重，可以学礼习乐矣;②" "入此学时，脑气未充，身体尚弱，不能专事于智思，故德性当令养之益习，知识当令导之益开，有节有度以养其正可也。"③ 康有为认为，中学院是关乎学生一生的学习关键期，从 11 岁到 15 岁是学习的年龄。此外，他认为这一阶段的学生身体还很稚弱，所以除了体育和智育之外，还要重视德育，可以学习礼乐。

在"大学院"期间，康有为认为，"凡人自 16 岁离中学入此，至 20 岁而出学，生人之学于是终焉。"在大学院期间对学生提出了比较高的要求，书中写道："盖自十五岁前，于普通之学皆已通晓，至此时则脑髓已充，神思已足，身体已长，筋骸已成，志趣已立，有自立自由之意，不待束缚，不事防检，精粗高下，惟志所之，聪敏钝塞，惟人自受。"④ 康有为认为，从 16 岁到 20 岁是大学阶段，也是学生自出生后上学的最后阶段。康有为认为在 15 岁之前学生已经通晓一些普通的知识，到此时，智力、思维、身体都已发育，学生个人的志向趣味也已经定下来，拥有自己的思想，不受束缚。以后有怎样的发展就要看有多大的志向，不管是聪明还是迟钝，都已经定下来了。

（四）主张男女教育平等

康有为提倡女子教育和师范教育，这在中国近代教育史上也是居于先进的行列的。

对于约占人口半数的妇女教育问题，康有为十分关注。他破除了数千年来男尊女卑的陈腐观念，大力提倡女学。他指出："拓中国以二百兆之女子，曾无一学校以教之，则不学者居其半，是吾有民而弃之也。"因此，他主张办女子学

---

① 康有为．大同书［M］．北京：中国人民大学出版社，2010：179-180.
② 康有为．大同书［M］．北京：中国人民大学出版社，2010：181.
③ 康有为．大同书［M］．北京：中国人民大学出版社，2010：182.
④ 康有为．大同书［M］．北京：中国人民大学出版社，2010：183-184.

校，使妇女有受教育的机会。

后来在《大同书》中他更明确地提倡男女平等自由。他说："女子有独立权，一切与男子无异，翻宜先设女学，章程皆与男子学校同。"

康有为早年就主张女子放足以重健康。1898年（光绪二十四年）他在《请禁妇女裹足折》中痛陈裹足恶俗的弊端，为妇女放足而呐喊："梯女子何罪，而自童幼加以刖刑，终身痛楚，一成不变，此真万国所无。"他强烈要求："其已裹者，一律宽解，如有违者蓋重罚其父母。"在上奏清帝第一书时康有为就请求光绪皇帝废除妇女裹足这一陋习。他认识到裹足对女性的危害非常大，裹足不仅束缚了妇女的身体，而且严重的是束缚了她们的思想。在《康子内外篇》中他就极力反对社会中存在的严重的男女不平等现象，表达了自己对社会平等的追求。他说："臣下跪服威而不敢言，……吾谓百年之后必变三者：君不专，臣不卑，男女轻重同，良贱齐一。"① 康有为认为女子受教育程度是评价一个国家文明程度的标志。他不仅提倡大家不要裹足，而且还身先士卒，1883年，他的大女儿同薇到了裹足的年龄，但他坚持不让自己的女儿裹足，之后又不让自己的二女儿同壁及侄女缠足。除了自己带头不让女儿裹足之外，他和其弟弟还创办了"粤中不缠足会"。除了提倡男女平等之外，他还倡导女学，培养女才，他认为男女生下来就是平等的，都有接受教育的机会，而且他还在《致居斋主人论谈女学学校》中提到了女学的重要性，他写道："襁褓之婴，孩提之童，亲母之日多，亲父之日少，亲母之性多，亲父之性少。……皆母得而引导焉，制授焉，勉励焉，节制焉！"②

康有为不但大力提倡开办女子学校，而且在课程安排上也和一般男子学堂一样，以德、智、体全面发展作为教育宗旨，要求学生要经常进行体育锻炼。康有为不仅在思想和言语上提倡女学，而且直接参与到实践活动中。他参与了中国第一所女子学堂——上海经正女学堂的筹建工作。虽然他没有直接提到女子体育，但男女平等的教育为此后女子体育发展提供了依据与基础。

四、康有为体育观当代启示

（一）强调学校体育的社会功能

学校体育的本质功能在于强化学生的体能、促进学生的体质健康，这已是

---

① 康有为. 康有为全集：第1集 [M]. 上海：上海古籍出版社，1987：190.
② 全国妇联运史研究室. 中国妇女运动历史资料（1840—1918）[M]. 北京：中国妇女出版社，1991：83.

共识，但是，如果学校体育仅仅局限于此，就会导致学校体育价值的狭隘化，因为学校体育是与社会系统密切相关的。

康有为教育思想的主要来源是"救亡图存"。因此，康有为把教育与国家兴亡结合起来，他提出变法即国家雪耻的具体步骤是"富国、养民、教士、练兵"。这就是说教育最终目的在于使得每一个国民有一个健强的体魄，建设一个"全民皆兵"的国家，保家卫国，抵御外寇的侵入。虽然康有为的军国民体育观是与当时的历史背景紧密相关，具有一定的时代局限性，但他坚持把当时的体操（体育）作为新学制的重要教育内容，并把体操与国家兴亡、富国强民联系在一起，这充分说明了学校体育的价值并非仅仅提高学生的体质健康水平，而是把学校体育的价值上升到社会的价值。

结合当下的学校体育，康有为的体育观仍然具有一定的借鉴意义。由于历史、教育与社会的种种原因，长期以来青少年学生体质呈下滑的趋势，这不仅是没有真正体现学校体育的价值，还影响了"国家富强"。可想而知，学生的体质直接涉及了今后每一个公民的体质，若每一个公民缺失了健康的体质，何谈国家的富强。同时，更为重要的是当下征兵工作受到了极大的影响，学生的近视眼率、肥胖率不断提高、身高素质不断下降等，这些问题的大量存在如何使我国从体育强国走向体育大国，如何实现国家的富强。因此，我们必须要放弃一些狭隘的体育观，把学校体育的价值从单纯的健身价值提升为国家、社会服务价值，实现体育强国、体育富国的目标。

（二）根据不同年龄层次安排不同的体育教育

康有为认为6岁到10岁的儿童在德智体教育方面的内容是"以体育为主，而智育次之，令功课稍少而游嬉较多，以动荡其血气，发扬其身体，而又须时刻监督，勿贡非儿"①；11岁至15岁的少年在德智体教育方面的内容是"身体稚弱，故体育、智育以外，又以德育为重，可以学礼习乐矣"；16岁至20岁的学生在德智体教育方面的内容是"脑髓已充，神思已足，身体已长，筋骸已成，志趣已立，有自立自由之意，不待束缚，不事防检，精粗高下，惟志所之，聪敏钝塞，惟人自受。"以上阐述说明了康有为对不同时期的学生应有不同的教育内容：六岁到十岁以发展身体为重，十一岁到十五岁除了体育、智育外，还应以德育为重；而十六岁至二十岁则是三育并重、突出个性发展。

结合当下的学校教育，我们不得不进行深刻的反思，应试教育非常严重，特别是儿童，背负了学习沉重的负担，除了学科知识的学习外，还要进行各种

---

① 何叙. 康有为的学校体育思想［J］. 体育科学，2004（3）：15.

课外知识、智力的培养，如学奥数、学作文、背诗词等，另外还有一些是素养教育，如学舞蹈、学钢琴、学古筝等，唯独很少人学体育、练身体，造成以上现象的原因自然很多，既有学而优则仕的传统观念，又有鄙视体育的传统世袭。

康有为的不同时期的体育观给了我们一个清晰的认识，这对于我们的学校教育与学校体育给了一个明确的方向，德智体三育中，不同的年龄阶段具有不同的重视程度：六岁至十岁的儿童阶段要更加注重身体的发展；十一岁至十五岁的学生在注重体育、智育发展的同时，还应以德育为重；十六岁至二十岁则是三育并重、突出个性发展。

（三）关注"女子体育"的发展

康有为提倡女子教育和师范教育在中国近代教育史上居于先进行列，虽然对于现在教育而言，女子教育已得到足够的重视，但结合当下的学校体育，我们依然存在一些问题，那就是男子体育与女子体育没有同等的对待。

康有为从大量的生理学方面的知识阐述了男女在生理上的差异，并强调女子教育的重要性与必要性，实现男女教育平等的目的。由于男女性别的差异，生理上、心理上的确会有一定的差别，这也导致了男女生运动项目差异性的自然选项：男生喜欢一些对抗性强、较为激烈、运动强度大的运动项目。而女生则喜欢一些柔韧性、低运动强度、安静类的运动项目。这种自然的选择虽然与男女生生理心理差异有关，但教育有自身的规律，虽然我们需要尊重这种自然的选择，但如果我们不加以引导，就会把这种差异越拉越大，这对于女子体育的发展是极为不利的。因此，我们要在关注此类差异性的同时，还应特别注重女子教育、女子体育的特殊性，形成一门"女子体育"学科，研究女子体育的特点、规律、方法、手段、评价等，这样才能促进女子体育的发展，女子体育才不会在男子体育的发展中被淹没、被淡化、被边缘化，最终解决我国"体质羸弱、体型病态"的旧式女子的问题。

五、结语

综上所述，康有为的体育观主要表现在：倡导了"军国民体育"观，主张学生"德、智、体"诸方面全面发展，根据年龄特点进行分阶段式的体育观，主张男女教育平等。其中，"军国民体育"观是康有为体育观的核心内容，通过军国民教育与体育，促进学生"德、智、体"全面发展，以培养社会急需的人才，同时在体育教育中应根据年龄特点进行分阶段式进行，并主张男女教育平等化。以上观点对于当下的学校体育的启示为：强调学校体育的社会功能，根据不同年龄层次安排不同的体育教育，关注"女子体育"的特殊化发展。

　　当然，康有为教育观也具有一定的局限性。作为一名救国救难的革命家，康有为竭尽所能地推广教育，他把军事体操带进学堂，希望通过学堂的操练增强国民的体质，来抵制列强的欺凌。这一点我们都能认同，而且很佩服他的所作所为。但是他把军事体操等同于体操课，这一点他对体操课的理解是错误的。因为，当时的体操课就等同于现在的体育课，体育课的本质功能就是增强体质，促进学生身体健康，而军事体操的本质是操练学生，为军事战争做准备，这一点违背了学校体育的本体价值。因此，他的军国民体育带有明显的历史局限性。

第三章

君子之学，恒其动也：谭嗣同体育观

一、谭嗣同简介

谭嗣同（1865—1898），湖南浏阳人，出生于北京宣武城南，是中国近代著名思想家、政治家、诗人、维新派领袖之一。谭嗣同与梁启超、康有为等民主进步知识分子共同发起"公车上书"并说服光绪帝实行"戊戌变法"，变法失败后以血正道史称"戊戌六君子"，近代著名的政治家、思想家。19世纪是中西方文化思想交汇的高峰期，许多进步人士积极学习西方的政治制度和文化思想，谭嗣同醉心于西方的民主思想学习，并继承中国古代优秀的文化精髓，形成了独特的哲学思想，为近代中国资产阶级民主主义革命开创了理论先河。

谭嗣同引入"以太"的概念说明事物的产生、发展和灭亡，规定"以太"是物质世界的原本且"不生不灭"，论证世界的物质性和运动性。谭嗣同反对传统的"性善"和"性恶"的人性论，"性——以太之用"，强调人具有自然属性，不存在先天的"性善"与"性恶"之分。谭嗣同认为应该清除"三纲五常""明天理，灭人欲"等封建理论，反对统治者的统御之术"忠孝廉洁"，提倡男女平等，认为"贞节""缠足"等理学观念荒唐至极，追求"仁—通—平等"观点。谭嗣同在武术上勤学苦练，对剑术、刀术、拳术、骑马、射箭样样精通，特别是一手剑法出神入化。同时，其反对中国传统体育中"持静"的体育观点，批判老子的"言静而戒动"的观点，尊崇墨子，主张"君子之学，恒其动也"。

二、谭嗣同体育观前期研究评述

输入"谭嗣同+体育"篇名，查阅中国学术期刊网（中国知网），获得有关体育的文献5篇。仔细阅读文献后，对本研究具有一定启发价值的观点有以下内容。

李胜前认为，"谭嗣同体育思想主要的五个观点和三个特征：'侠义'思想，主'动'思想，'平等'思想，'育才'思想，救国思想；三个特征是：政治性和革命性，教育性和科学性，继承性和开放性"①。赵书文等认为："谭嗣同的体育思想主要体现在对传统尚武任侠的继承，积极提倡任侠精神；对养生延年思想的发展，提出养生延年以为国家多做贡献的新观念；以及突破柔静、无为思想束缚，提出'动'的观念，主动辟静，以振奋民族精神；他从佛学、资产阶级'自由、平等'的角度，主张男女平等，反对妇女缠足；谭嗣同的体育思想对近代中国体育发展产生了较大影响。"② 孙佳等认为："谭嗣同受墨家思想影响，有强身健体的精神意识；谭嗣同极力反对妇女缠足，倡导男女平等；谭嗣同在人们的日常生活中，主张多动少静；谭嗣同所处的历史环境使得他的体育强国思想得到认可。"③ 谢吉春认为："谭嗣同的体育思想主要是：'侠义'的体育思想，主'动'的体育思想，'平等'的体育思想，'育才'的体育思想。"④

综上所述，笔者认为，谭嗣同并非体育家，其有关对体育的论述只能称为"体育观"，并没有形成他的体育思想；另外，有关谭嗣同体育观的前期他人研究大都借鉴其哲学和政治思想论述，尤其以体育的政治功能为核心，论述时引经据典，思路清晰，分析合理全面，其思想的成因、特征及局限性都有详细的论述，全面合理。但研究论文较少，观点类似，没有新颖之处，从谭嗣同文集或语录中提炼的体育观较少，涉及谭嗣同体育观的文献基本没有，有待进一步研究。

三、谭嗣同体育观核心要旨

（一）提出了"主动"的体育观

谭嗣同主张"动"的思想来源于他的哲学观，谭嗣同认为世界万物是"生灭不息"的，主张运动的普遍性。这种观点的形成是继承了历史上辩证法传统，他曾表述自己这种思想的渊源说："且吾言地球之变，非吾之言，而《易》之言

① 李胜前.谭嗣同体育思想研究［D］.长沙：湖南大学，2009.
② 赵书文，律海涛.谭嗣同体育思想及其现代价值［J］.牡丹江大学学报，2010（5）：8-10.
③ 孙佳，刘雪.浅论谭嗣同的体育强国思想［J］.赤峰学院学报（自然科学版），2014（11）：86-87.
④ 谢吉春.试析谭嗣同的体育思想精髓及对后人的启示［J］.青年文学家，2013（12）：119.

也。……王船山邃于《易》，于有雷之卦，说必加精，明而益微。至'屯'之所以满盈也，'豫'之所以奋也，'大壮'之所以壮也，'无妄'之所以无妄也，'复'之所以见天心也，'震'之所以不丧匕鬯而再则泥也，罔不由于动。"①

谭嗣同对动与静的关系也有深入了解，他说："更精而言之，动即静，静即动。"并举例说："体貌颜色，日日代变，晨起而观，人无一日同也。骨肉之亲，聚处数十年，不觉其异，然回忆数十年前之情景，宛若两人也。"②

谭嗣同自幼鄙薄科举，对科试内容不感兴趣，认为八股文是"凿空说经""无当生人之用"③，他甚而在时文制艺的课本上，愤怒地写了"岂有此理"四个大字。

2000年的封建理论倡导的是"万般皆下品，唯有读书高"，使得文弱风气蔓延，鸦片战争致使小农经济破损，物资匮乏，鸦片横行，近现代的中国体育几乎空白，国民体质羸弱。鸦片战争后，有识之士开始学习西方先进的体育思想，从洋务运动到戊戌变法，西方体育思想的引进和推广是始终不变的战略。

谭嗣同认为，中国都需要主"动"的新思想来冲击和鼓动，因此，他首先在哲学上建立了一套主"动"的思想理论体系，为社会制度之变动的实施奠定理论基础。"日新乌乎本？曰：以太之动机而已矣""天行健，自动也。天鼓万物，鼓其动也。辅相裁成，奉天动也"等。谭嗣同在《仁学》中以"以太"之动说论证了世界的运动性，并进一步论述了客观世界只有在运动中才得以奋进，在更新中得以繁荣。谭嗣同非常欣赏西方主"动"性竞技体育的强身健体功能和社会价值，并从"动"的哲学观点认识到了它的这些功能和作用。"李耳之术之乱中国也，柔静其易知矣。若夫力足以杀，尽地球含生之类，胥天地鬼神以沦陷于不仁，而卒无一人能少知其非者，则曰'俭'。"④

体育思想革新是谭嗣同维新的重要内容之一，他倡导传统武学，把"君子之学，恒其动也"的哲学思想贯穿体育教育之中。因此，他效仿西方国家，开展学校体育教育和民众体育锻炼，并把传统武学作为体育教育内容之一。⑤

（二）崇尚"武侠"精神

在中国古代非正统思想的著作中，谭嗣同对《墨子》兴趣尤甚，受其影响也大。在《仁学·自叙》中说："墨有两派，一曰'任侠'，吾所谓仁也……一

① 仁学·十九［M］//谭嗣同令垡.北京：中华书局，1983：20.
② 赵澜.谭嗣同仁学人生观研究［M］.厦门：厦门大学出版社，2011：66.
③ 仲叔四书义·自叙.［M］//谭嗣同全集.北京：中华书局，1981：17.
④ 谭嗣同.谭嗣同全集［M］.北京：生活·读书·新知三联书店出版社，1954：54.
⑤ 李胜前，张子沙.谭嗣同体育思想研究［D］.长沙：湖南大学，2009.

曰'格致'，吾所谓学也。"① 这说明，《墨子》在两方面影响了谭嗣同，或说谭嗣同在两方面继承了墨家的"任侠"思想，即指"墨子兼爱，摩顶放踵，利天下为之"的思想。②

1883 年（光绪九年）春，谭嗣同在他父亲的官邸憩园中研读《墨子》，对墨翟的为人和思想都产生了极大的兴趣。墨子观念中的"崇勇尚武"思想在谭嗣同的内心深处引起了强烈的共鸣。在墨家与儒家思想中，有一个很大的不同是有关君子观的差异。儒家提倡和塑造的是谦谦君子，而墨子眼中的君子则是英勇尚武的威武君子。墨子在他的《经上》中对"勇"和"仁"都给出了解释，认为"勇"就是人敢于作为的意志，而"仁"就是宁肯损伤自己也要有益于自己认为应该做的事。墨子和他的门下都是敢作敢为，能够为自己认为正义的事业赴汤蹈火、万死不辞的人。

因此，谭嗣同非常欣赏《墨子》中的仟侠思想，《庄子》中庄子那扶摇直上九万里的自由思想和击水三千、遨游霄汉的雄伟气魄，更是激起了谭嗣同的冲天豪气。洒脱不羁的谭嗣同时常与一群师兄弟一起戏谑斗酒，谈古论今、针砭时弊，抒经邦之豪情，发治国之宏愿。他们也时常在长城内外，奔逐驰骋。谭嗣同在大漠期间，大漠的空旷，开阔了他的胸襟；大漠的风沙，造就了他豪放的气质和性格；大漠的艰苦，磨炼了他坚强的意志。谭嗣同表现的豪放和坚强毫无疑问同西北辽阔的环境以及强悍的民风有关，也同谭嗣同早期接触到的侠义之士以及对他们行为的认可和羡慕有关。谭嗣同佩服那些不受各种权力、世俗、道德、秩序甚至时间和空间限制束缚的侠义之士，能够按照自己的是非标准行侠仗义，去实践和努力实现民众心目中的公正。谭嗣同在内心深处也渴望着自己能够在超越地域和穿越年代中，锄强扶弱，快意恩仇，伸张人间正义。他的内心冲动和对侠义行为的价值判断在辽阔的环境和强悍的民风中逐渐形成了仁侠思想。③

谭嗣同从小就爱动不爱静，他和自己的二哥谭嗣襄都对武术有着浓厚的兴趣。事实上，谭嗣同的祖上是以武功而闻名于世的。《谭氏家谱》中记载，明朝的 200 多年间，谭氏家族武功卓著，因武功而被封侯、封伯的共有 10 人之多。先祖的赫赫武功及各种英雄事迹总被谭氏后人津津乐道。到清代以后，居住于湖南浏阳梅花巷的谭嗣同家族这一支才开始了由武向文的转向。谭嗣同和哥哥

---

① 仁学·自叙［M］//谭嗣同全集.北京：中华书局，1982：289.

② 孟子·尽心上［M］//四书五经.北京：中国书店出版社，1985：105.

③ 王儒年.大家精要［M］.昆明：云南教育出版社，2009：123.

谭嗣襄时常从父辈那里听到祖上的赫赫武功，深为他们感到骄傲。

还在北京读书的时候，谭嗣同兄弟二人时常外出游逛，结交各类人物。在此过程中，谭嗣同结识了大刀王五和通臂猿胡七，这两位武功高强的江湖人物，成为谭嗣同亦师亦友的至交，他们不仅教授谭嗣同武术，还对他的思想产生了重要的影响。

在胡七和王五之间，谭嗣同与王五的交往更近也更频繁。因为最初谭嗣同结识胡七后，准备跟随他学习双刀，但胡七认为，双刀不如单刀好，单刀容易学也容易学精，而且单刀的用处比双刀多，又便于携带，就把谭嗣同介绍给了擅长单刀的王五。

在同大刀王五交往的过程中，谭嗣同不仅跟随王五学习技击之术，还时常听王五给他讲述绿林掌故以及自己冒险的经历。对于王五所从事的锄强扶弱的事情，谭嗣同十分钦佩。在 20 多年的时间里，谭嗣同这个官宦子弟一直与被很多士大夫所不齿的绿林出身的王五保持着密切的关系。王五的行为和观念可以说在很大程度上影响了谭嗣同。但倘若只是从王五那些耳听口传的经历中就完全确立起仁侠精神也许还不够，是谭嗣同自己的亲眼所见和亲身经历以及先贤的仁侠学说，才让谭嗣同产生了根深蒂固的任侠思想。

谭嗣同不仅在思想上崇尚任侠，而且在自己的行为中也实践着仁侠精神。平日里谭嗣同一直坚持练功习武，以此来强健自己的体魄，淬炼自己的勇气。谭嗣同的老师欧阳中鹄的孙子欧阳予倩在回忆谭嗣同时说过："他于文事之暇，喜欢技击，会骑马，会舞剑。我曾见他蹲在地上，叫两个人紧握他的辫根，一翻身站起来，那两个人都跌一跤。"更为重要的是，在谭嗣同的仁侠思想中，含有强烈的献身精神，他时刻准备着为自己认为应该做的事情去牺牲。戊戌变法中，谭嗣同拒绝潜逃，从容就死，很大部分是因为受到仁侠思想的影响。他觉得变法是值得用鲜血和生命去奉献的事情。①

谭嗣同兼习武艺，是一个豪气冲天的大丈夫。谭嗣同年仅 13 岁时就写过这样一副对联——"唯将侠气留天地，别有狂名自古今"，表示自己要将侠气留在天地之间，在历史上存下狂名。才 13 岁啊，就写下了这样有气魄的对联，真是了不得。所以人们称他"少年盛气，凌厉无前"。谭嗣同还自小习武，精通剑术、拳术，擅长骑马射箭。所以史书上记载："嗣同颇喜技击，身手敏捷，尤其乐于纵马驰骋，颇似少年豪侠。"谭嗣同一生最向往的生活方式就是——"带剑行游，悲歌叱咤"，就是向往着腰中带着剑，慷慨高歌，漫游天下。后来他干脆

---

①　王儒年 . 大家精要 ［M］. 昆明：云南教育出版社，2009：12.

给自己取了一个号，叫"壮飞"，意思是自己要壮飞于天地之间。①

（三）主张"人人平等"教育观

封建社会等级森严，"三纲五常"使人处于压迫与被压迫、剥削与被剥削的不平等人际关系中，以"礼教"为核心的封建君主专制统治发展到清朝已经登峰造极，上下、内外、男女不平等，各处皆不通。

谭嗣同在《仁学》中构建了"仁—通—平等"的哲学命题。在这个公式中，他规定"以太"是世界的本原，"仁"是支配事物发展的外显规则，而"仁"又以"通"为第一义，"通之象为平等""通"就是平等，"通"的核心则体现为"上下通""中外通""男女内外通"。

"仁以通为第一义，以太也，电也，心力也，皆指出所以通之具。通之义，以'道通为一'为最浑括。通有四义：中外通，多取其义于《春秋》，以太平世远近大小若，一故也；上下通，男女内外通，多取其义于《易》，以阳下阴吉、阴下阳吝、泰否之类故也；人我通，多取其义于佛经，以'无人相，无我相'故也。通之象为平等。通则必尊灵魂，平等则体魄可为灵魂。灵魂，智慧之属也，体魄，业识之属也。仁为天地万物之源，故唯心，故唯识。"② 其实质是要求国与国之间、人与人之间、男与女之间都要自由交往、平等沟通，没有等级和地位、大小与强弱之分，整个世界处于平等之中，"仁—通—平等"的本质就是"世界大同"。谭嗣同要实现民主、平等的理想就必须利用各种手段推翻封建专制，变不平等为平等。

"三从四德""贞节""从一而终""夫为妻纲"等封建礼教和习俗，是在身体和精神上对妇女进行压迫和摧残的工具，封建社会对妇女专用的纲常伦理是不平等人际关系的最真实写照。谭嗣同对"穿耳""缠足"等这些摧残妇女的封建陋习更深恶痛绝。特别是对"缠足"这一使妇女从正常身体成为残废的恶习，谭嗣同进行更加无情的抨击，认为其"至暴至乱无理之法也"。他认为"缠足"不废，国将亡、种将灭，后患无穷，必须把广大妇女从"缠足"的痛苦中解放出来，所以他在湖南创办了女子"不缠足会"。谭嗣同主张男女平等，极力革除歧视和压迫妇女的一切封建观念和习俗，因此，他极力开展妇女体育运动，其目的不仅是把女子从身心摧残中解放出来，还妇女独立的人格和完整的身体，还是为了实现其民主的政治主张，妇女体育运动的开展是其民主政治主张的具体实行。为实现世界的平等、人与人之间的平等，谭嗣同引进西方体育思想，

---

① 郑焱著. 碧血丹心［M］. 北京：新华出版社，2008：27.
② 谭嗣同. 谭嗣同全集［M］. 北京：生活·读书·新知三联书店出版社，1954.

在学堂开设体操课程，并组织"延年会"，规定"每日 6 时 30 分起，练习体操一次"等，想通过具体的实行逐渐地消除等级差别，趋向平等。

（四）提倡"尚武"精神，保家卫国

谭嗣同特别酷爱读西方科学书籍，好像这是他的一种天性。正是从西方科学书籍介绍的天体运行、地球自转、生物衍生、地质变迁等自然现象中，谭嗣同后来悟出了物竞天择、优胜劣汰的进化原理，引发了"今之时，东西争雄，中国日弱而下，西人日强而上"的感慨，为维新变法思想的萌生奠定了思想基础。①

谭嗣同认为，那时中国已是国难当头，要免于亡国、亡种必须奋起图强。图强只能是自强，"中国谋自强，益不容缓。"他强调："自强者，强自而已矣。……名之曰'自强'，则其责在己而不在人。"他分析说："今夫自强之策，其为世俗常谈者，吾弗暇论；论其至要，亦维求诸己而已矣。行之则王，否则亡。中国自有中国之盛衰，不因外国而后有治乱。刃交矢集，是谓外患。患外者，富贵少而贫贱多。鱼烂瓜溃，是谓内患。患内者，贫贱轻而富贵重。"②

中国屡受列强欺凌，不全是因为中国的大刀长矛打不过西方列强的船坚炮利，民族身心素质的差异是其中的重要原因，洋务派着重强兵并没有解决提高民族素质这一根本的问题。以康有为为首的维新派在寻找中国贫弱的原因时则从较深层面上意识到国民教育的重要性，因此他们把国民教育当作重大的社会问题来解决。

谭嗣同认为中国要由弱变强、免遭列强欺凌，首要任务就是要实行社会变革，而进行教育改良培养维新实用人才则是重中之重。谭嗣同效仿西方教育思想，在教育改良中他把学校体育教育纳入教育的范畴，依据"德、智、体"三育并重的教育维新主张，开设体操课程，推行西式体育教学，重视体育锻炼，关注学生的身体健康，并鼓励民众参加体育锻炼。谭嗣同提出把传统武学列入教育之中，提倡"尚武"精神，企图通过"尚武"的教育，向国民灌输"武勇"意识，提高民族意志和斗志力，从而使中国摆脱贫弱、受人欺侮的命运。时务学堂的办学宗旨就是："保国、御侮、创新""提倡新学，鼓吹维新"、培养"学通中外，体用兼赅"的新人才。③

---

①　郑焱. 碧血丹心［M］. 北京：新华出版社，2000：23.

②　赵澜. 谭嗣同仁学人生观研究［M］. 厦门：厦门大学出版社，2011：228.

③　谭嗣同. 谭嗣同全集［M］. 北京：生活·读书·新知三联书店出版社，1954：42.

四、谭嗣同体育观当代启示

（一）谭嗣同的"动静"哲学观对当下教育的重要启示

谭嗣同的"动静"哲学观来源于他的世界观，他认为世界万物是"生灭不息"的，主张运动的普遍性，这种观点的形成是继承了历史上辩证法传统，认为"静"是相对的，"动"是永恒的，因此，"动"是事物发展的本质，人体的运动也是遵循这个规律。谭嗣同对长期以来主静的理学进行了抨击，认为国民体质孱弱与此有关，因此，他积极倡导西方体育、尚武精神，力图通过主动的体育精神增强国民体质。

结合学校体育领域，2000多年来所倡导的传统的"学而优则仕"主静观念依然在当下的国民意识中残留着，他们总是排斥主"动"的体育，从小要求学生学习各种科目，形成了学不完的题海，长此以往，学生在这种只静不动的学习环境下势必会产生体质不断衰弱的现象，加之科学技术的发展、人类认知方式的改变、人体运动的缺乏，使得人类身体遭遇前所未有的摧残。因此，重新认识体育，并从动静哲学观高度理解体育是非常有必要也是有意义的，从人的一生而言，从生到死本身就是一个运动过程，此消彼长、阴盛阳衰、月缺月圆是自然运动的必然规律；从人生的一个阶段而言，存在一定的规律，儿童期新陈代谢旺盛，此时应鼓励学生参与各种室外的体育运动，到了中老年，"运动"的时间、强度、量等就需要相对减少，这就是养生，这也是科学的动静观。

（二）倡导"仁侠精神"的教育意义

谭嗣同把"仁侠精神"很好地贯彻到了实践之中。他一直坚持练功习武，以此来强健自己的体魄，淬炼自己的勇气。他喜欢技击、会骑马、会舞剑，还自小习武，精通剑术、拳术。谭嗣同的这种"仁侠精神"与武术功底来自他传统世家。另外谭嗣同还把这种精神上升到教育层面，他崇尚墨子《经上》的"勇"和"仁"，认为"勇"就是人敢于作为的意志，而"仁"就是宁肯损伤自己也要有益于自己认为应该做的事。这种武仁精神的教育观对于当下教育具有重要的意义：练武不仅在于强身健体，还在于锻炼人的意志，不做损人利己的事。

对照当下的社会，这种助人为乐、拔刀相助、锄强扶弱的仁侠精神相对少了，这与武术教育也有一定的关联，虽然当今社会是法治社会，但还有一些社会不法分子的存在，如果社会之中多一些如谭嗣同所言的具备仁侠精神的人，少一些虽身怀武功但坐视不理的人，那么我们的社会就会更加和谐与健康。

（三）强化体育健身的社会功能

谭嗣同非常痛恨等级森严的封建社会，他认为"三纲五常"使人处于压迫与被压迫、剥削与被剥削的不平等人际关系中，以"礼教"为核心的封建君主专制统治发展到清朝已经登峰造极。同时，他认为 2000 年的封建理论倡导的是"万般皆下品，唯有读书高"，使得文弱风气蔓延，鸦片战争更使小农经济破损物资匮乏，国民体质羸弱。因此，他主张学习西方先进的思想，积极倡导社会改革活动。谭嗣同认为，那时中国已是国难当头，要免于亡国、亡种必须奋起图强，图强只能是自强。因此，谭嗣同效仿西方教育思想，主张"德、智、体"三育并重的教育维新，开设体操课程，推行西方体育，重视民众的身体健康。

结合当今的学校体育，我们不仅要把学校体育作为发展学生身心健康的重要手段，还要把它与社会的关系、国家的关系理顺，这样才能发挥学校体育外围因素的作用与功能，更好地促进学校体育的发展，改变当下学生体质不断下滑、未来国民体质不断下降的现象，提高国力、增强国民体质。

五、结语

综上所述，在前人前期研究的基础上，通过阅读谭嗣同的原著与研究文献，笔者认为，谭嗣同的体育观核心在于其的"主动"的体育观，其他的体育观皆由此展开："动"之目的在于崇尚人人平等的"仁侠"尚武精神，尚武精神的目的在于国家昌盛，主张人人平等的体育等。结合当前学校体育，其借鉴意义在于：谭嗣同的"动静"哲学观对当下教育的重要启示，倡导"武侠精神"的教育意义，强化体育健身的社会功能。

当然，谭嗣同体育观也存在一定的局限性，如把体育的政治功能过分放大、全盘否认静态体育等。

第四章

三育并重、体育为先：孙中山体育观

一、孙中山简介

孙中山（1866—1925），广东中山市人，参加革命后，其名改为孙中山，是中国伟大的民主主义革命家和思想家。孙中山青少年时期接受的是资产阶级的教育，他于 1905 年创办同盟会，是中国国民党创始人，近代中国资产阶级革命派的领袖人物，三民主义的倡导者，他领导人民推翻了封建帝制建立共和国，以武装斗争推翻了清王朝，结束了延续 2000 多年的封建专制制度。1911 年，辛亥革命后被推举为中华民国临时大总统。1940 年 4 月，国民政府通令全国，尊称其为"中华民国国父"。

孙中山一生发表了许多关于教育的著作，其中代表作有《三民主义》《建国方略》《孙文学说》《民权初步》《中山全书》《总理全集》《孙中山全集》《精武本纪·序》等，孙中山一生中酷爱体育，除了通过他的著作和演讲倡导体育运动以外，他一生也是体育运动的忠实实践者。

二、孙中山体育观前期研究评述

输入"孙中山+体育"篇名，查阅了中国学术期刊网（中国知网）资料，获得孙中山有关体育的研究论文 17 篇，其中核心期刊论文 3 篇。阅读以上文献，对本研究具有一定借鉴价值的文献及其观点主要有以下内容。

张娟认为："孙中山先生对中国传统武术的重视，提出了强种保国、注重发挥体育团体作用的体育理念。"[1] 郭玲伶认为："孙中山对体育的倡导首先从振奋民气、兴国强种开始。为了用武力推翻清政府，他们大力提倡军事体育。他

---

① 张娟. 孙中山的体育理念：读《精武本纪·序》[J]. 体育学刊，2009（3）：4.

们所倡导的体育，促进了民众体育的发展。"① 刘云朝认为："孙中山的体育思想：强国保种、提倡军事体育，重视传统体育、学习现代体育，亲身实践。持之以恒的体育思想表现出了爱国主义、民生性、先进性和实践性的时代特点。"② 陈亮认为："孙中山先生关注民众的健康，积极倡导体育运动，提出强种、保国的体育思想，体现了健体以'强种'的民族忧患意识，表达了健体以'保国'的民族生存思考，抒发了健体以'振兴中华'的民族发展理想。"③

综上所述，笔者认为，孙中山作为一名伟大的领导人物，对当时社会发展有着巨大的推动作用，甚至是对当今的社会和现代的学校体育教育，他的一些观点仍然具有重要的借鉴价值。但纵观前期研究文献，主要的问题是：重复性研究较多，涉及学校体育的研究较少；有些研究角度单一，以及缺乏理论深度；有些研究刊发的杂志层次较低（其中核心期刊只有 2 篇）。基于以上现象，我们认为，深化研究孙中山的体育观具有重要的意义。

三、孙中山体育观核心要旨

（一）提倡"德智体"三育并重、体育为先的观念

受儒家文化的影响，国人在很长时期内对体育重视不够。又由于经受长达半个世纪鸦片战争的影响以及帝国主义的侵略，国民体质羸弱，民风不振，经济、政治、文化等被国外势力封锁。孙中山先生忧国忧民，明确提出了"德智体"三育并重，体育为先的观念。

外国学者指出："1884 年，孙中山从香港回到翠亨村的时候，当地翻天覆地的变化让他感到惊讶：满族的压迫抑制和敲诈勒索。当多数人仍在旧的信仰和实践中的时候。这已经激起了他想推翻王朝的想法。1885 年，清政府在中法战争中失败签订的一系列条约更是激起了孙中山想推翻清政府的斗志。1894 年 10月，孙中山上书李鸿章，他要求改革但是遭到了拒绝。"④

"1905 年创建了中国同盟会，同盟会的宗旨是：驱除鞑虏，恢复中华，创立民国，平均地权。1894 年 11 月，在日军攻陷旅顺屠杀中国平民时，孙中山在美

---

① 郭玲伶. 孙中山、陶成章体育思想与体育实践论析［J］. 绍兴文理学院学报（哲学社会科学版），2008（3）：28-30.

② 刘云朝，刘丽，曾丽君. 论孙中山的体育思想与实践［J］. 体育成人教育学刊，2012（4）：50-52.

③ 陈亮. 孙中山体育思想刍议［J］. 南方论刊，2012（9）：30-33.

④ BHANUPHOL HORAYANGURA. Dr. Sun Yat-sen：A Century After the 1911 Revolution. Society/life：China Today. October 2011：49.

国檀香山成立了以华侨为主体的兴中会，其宗旨是：'专为振兴中华、维持国体起见。'"①

其中，孙中山鲜明指出了体育强国的重要性，它是驱除鞑虏的先决条件，拥有强健的体魄才能够占有先决优势，再加上智慧的应用，才能够顺利取得胜利。也就是说在"德智体"三育并重的基础上，要优先重点发展体育。

孙中山从救亡图存的角度来考虑，体育应该是当时的迫切任务。孙中山说："盖以振起未来体育之技击术为务，于强种保国有莫大关系。推而广之，则吾民族所以致力于世界平和之一基础。"②要想拯救国家，体育的技击术为主要的任务，体育与国家的兴盛和恢复有莫大关系。要想救国，必须先得自强，自强的第一步就是得增强国民体质，摆脱这一贫瘠的现象，才能够抵御外敌的侵略，担当保家卫国的责任。

1912年3月，孙中山强调："欲图国力之坚强，必先图国民体力之发达。"③要想使国家的政治、军事能力强盛，使我们拥有强大的力量与外敌抗衡，首先要增强国家人民的体质、身体的力量，也就是促进体育的发展。

另外，孙中山指出"体育为民族健康之本，应视为教育之先，努力倡导，身体健壮，脑精自足，知识自可提高"，体育教育为民族强健的根本因素，是教育的首要任务，我们国家应该加强体育教育的倡导，练好体育，增强体质，只要身体健康了，脑力的发展自然就有了，因为体育锻炼在完成肢体动作的时候，需要我们的神经中枢去支配，每一个动作都需要脑筋做出快速而准确的判断，需要很灵活的大脑来完成。所以说，只有身体锻炼好了，脑筋自然就很灵活了，学习知识的能力也就能够很快提高了。

1923年10月20日，孙中山在欢迎基督教团体全国青年联合会上发表演说《要以人格救国》："青年会的宗旨，注重体育、智育、德育三项，改良人格来救国。"④孙中山倡导"德智体"三育并重，并且用他的实践经验明确地告诉我们体育教育的重要性，他认为青年就应该要"德""智""体"三者结合发展，培养完善的人格，只有拥有了完善的人格才能有精力、体力和智力来拯救国家。所以说只有"德智体"三者的教育全面发展才能够培养健全人格，才能够提高整体国人的素质，救民于水火之中。

① SUN YAT-SEN. China's Foreign Trade. 2006.7：30.
② 孙中山全集：第5卷［M］. 北京：中华书局，1981：150.
③ 孙中山全集：第2卷［M］. 北京：中华书局，1982：232.
④ 黄彦. 孙文选集：下卷［M］. 广州：广东人民出版社，2006：292.

（二）高度重视儿童体育教育，主张终身体育观

孙中山十分重视儿童教育，他认为教育应该从儿童时期开始灌输，激发儿童的天赋和能力。体育教育作为教育的重要内容之一，当然也应该从儿童时期开始为宜。

孙中山本人在儿童少年时期就非常活泼好动，在这一时期就已经显露了他对体育有着浓厚的兴趣和爱好，他很喜欢体育锻炼，喜欢参与各种体育运动，常跟家乡的孩子嬉水、游泳、练武术、踢毽子、放风筝、爬树等，并且在他小时候特别喜欢武术，他经常去他家附近的三合会设的武馆里面学习武术，并且练武十分用功刻苦。这些体育活动不仅为他以后在革命路途中塑造了强健的身体，在艰苦的革命道路上奠定了基础，而且陶冶了他的情操，为他以后的艰辛的求学之路和革命之路埋下了伏笔。

1924 年，孙中山在《中国国民党第一次全国代表大会宣言》中的《国民党之政纲》就有要求："厉行教育普及，以全力发展儿童本位的教育。"① 孙中山认为要落实儿童的教育，由于孙中山本人倡导的体育为先的理念，自然而然，体育教育也是儿童教育的首要任务。儿童时期最明显的特点就是身体的成长和骨骼的发育，所以身体强壮必然是最重要的关注点，这一时期进行良序的体育锻炼能够增强体质，促进身体的发育，因为道德和智慧都是寄托在健康身体这个实物之上的，只有从儿童时期开始重视强身，才能为后期的教育提供基础。

在重视儿童体育教育基础上，孙中山先生还倡导终身体育观念，这不仅是他思想上的觉悟，还是他一生的体育实践，在长期的革命生涯中，他之所以能够精力过人、孜孜不倦地工作，与其长期坚持体育锻炼有着密切的关系。从儿童时期，青年时期，乃至孙中山的一生，他都积极投身并坚持体育锻炼。

1880 年，在孙中山 14 岁的时候进入到美国夏威夷的奥兰尼书院求学，在这里求学的期间，他们需要进行严格的兵式体操训练，从这时候起，孙中山开始接触西方的体育，在操练的时候他刻苦认真，他不仅对该校开设的纪律严明的兵式体操颇感兴趣，而且他也特别关注和军事相关的知识。孙中山对体育锻炼有着浓厚的兴趣，加上幼年时的顽皮好动和少年时期严格的兵式体操训练，练就了坚实的身体底子，为孙中山日后的革命奔波，为担负起中国民主革命的艰巨任务打下了良好身体基础。

孙中山在救国的道路上，即使再辛苦再忙，他也始终坚持体育锻炼，从不松懈，下象棋、打球、骑马、练太极拳、爬山、游泳等都是他体育锻炼的方式，

---

① 胡钢，刘卫国，等．孙中山思想概论［M］．天津：天津人民出版社，2006：207.

他尤其喜欢登山，在广西的叠彩山、广州的白云山等地都有孙中山的足迹，他认为登山一方面可以强身健体，另一方面可以修身养性。这就是他本人一直倡导的"求自卫之道，以适生存"。由此可见，孙中山十分重视和坚持体育锻炼，通过自己一生对体育锻炼的执着追求来践行自己的体育思想，从儿童时期开始，至最后的终老，孙中山一生都热爱体育活动，把体育锻炼作为重要的任务，作为一生的课程。他更将体育锻炼作为能够拯救人们于水火之中的重要途径之一。通过体育教育健身强体，为驱除外敌、恢复中华、富国强民做出自己的贡献。

（三）弘扬中华民族传统体育

孙中山强调发展传统体育，弘扬中华武术，倡导开展民族体育运动，以促进体育与军事的协调发展。在沈先金先生的《孙中山的足迹》中第5页谈道："孙中山从小就喜欢武术，——小伙伴们称他为'孙悟空'。"①

1910年6月，由孙中山创办的同盟会，在会员陈其美、农竹等人的组织下，在上海成立了"精武体操学校"（于1916年更名为"上海精武体育会"）。他们最初建这所学校的想法是："希望十年内训练出千万名既有强健体魄，又有军事技能的青年以适应大规模革命运动和改良军事的需要。"②

1915年11月，孙中山在参加上海精武体育会"技击高级班学员毕业典礼"时明确指出："技击术为中国国粹……而中国将来必藉于技击术为强有力之后盾。"

1919年10月，为纪念"上海精武体育会"成立10周年，孙中山专为该会题写了"尚武精神"的匾额，并且孙中山为"上海精武体育会"的发起人陈铁生编著的《精武本纪》作了一篇序，在其《精武本纪·序》中阐释到："我国囊昔仅袭得他人物质文明之粗末，遂自弃其本体固有之技能，以为无用，岂非大失之计耶。"③该序中，孙中山大力倡导中国传统武术，无论我国发展情况如何，我们都不应该丢弃我们的体育技击之术，也就是中国传统体育项目武术。该序从传统武术的重要性和价值等角度阐发了国人学习武术是当务之急。

在孙中山的极力倡导和领导下刮起了一股"尚武"风潮，中国传统武术得到了空前的发展，全国掀起了办军事学校与体育学校的热潮。

孙中山认为中华武术是驱除鞑虏的"利器"。他认为民族传统体育运动有着重要的价值，"中国的拳勇技击，与西方的飞机大炮有同等作用"，孙中山坚信

---

① 沈先金. 孙中山的足迹 [M]. 南京：南京出版社，2005：5.
② 陈明杰. 精武一百年纪念 [M]. 上海：上海三联书店出版社，2010：3.
③ 孙中山. 孙中山全集：第5卷 [M]. 北京：中华书局，1981：150.

中华传统武术能够像西方大炮同样能够起到强民保国的重要作用，他把中国的传统体育与西方做比较，旨在人们要发扬中国文化，不要盲目崇拜西方，应该提倡"国术体育"。孙中山先生担忧当时国民的弱衰，充分肯定了武术的作用，发出了弘扬中华武术的呼吁，可以说，中华武术的发展，孙中山起到了强有力的推动作用。

1919 年秋，在孙中山的大力支持和倡导下，以及国粹派的呼吁下，"马良等人编订的《中华新武术》被国会批准为全国学校正式体操教材"，这本教材的出版为近代武术的发展提供了良好平台，使得武术正式进入了当时的学校体育课堂，开辟了近代体育教育体制中武术课的历程。

1928 年，民国政府专门设立了"国术馆系统"，用来整理、研究、推广中国传统武术。

不仅如此，在传播和弘扬中华民族武术或者是中华民族体育的时候，抑或我们在学习西方知识的时候，孙中山认为应该与当地的民生结合，这样才能达到事半功倍的效果。

孙中山在《与留法学生的谈话》中说道："刻苦用功、切切实实地去学……不要以能读死书求得一点知识为满足……专门科目而外……随时随地留心考察研究各国的人情、风俗习惯、社会情况以及政治实情等等。"① 他的意思是：文化的产生与当地的生活环境息息相关，我们在学习时，只有将知识与当地的文化底蕴结合在一起，才能够更清晰明了，才能更加深刻地掌握它们。不同的民族、不同的地理位置、不同的宗教信仰、不同的人口结构都有不同的文化习性。比如，在浙江省的丽水，当地的居民喜欢玩高跷，在传授体育锻炼知识的时候就应该主要讲授高跷的技巧和知识，传播民族的体育项目；新疆人喜欢跳新疆舞，就应该多将舞蹈与体育结合在一起，达到娱乐健身的目的；老年人多一点的小区，就应该注重养生与体育的结合，多开展一些太极一类的体育项目，达到强身健体的目的。

（四）主张科学发展体育，密切联系"养生"与"保健"

孙中山作为一名医学者，除了长期坚持体育锻炼外，他从医生的救死扶伤的职责角度提出了：科学发展体育，密切联系"养生"与"保健"的观点。他十分注重"养生""保健"，尤其在养生方面他很有自己独到的见解。他认为应该将体育锻炼与"养生"和"保健"结合在一起，才能更好地体现体育锻炼的价值和功能。

---

① 孙中山全集：第 5 卷［M］. 北京：中华书局，1981：165-166.

在其《建国方略》一书中，"人间之疾病，多半从饮食不节而来。通常饮食养生之大要，则不外乎有节而已。不为过量之食即为养生第一要诀也"。① 孙中山认为，不良的饮食习惯很容易引起身体的疾病，而要想身体健康，使体育锻炼的效果能够得到很好的发挥，就必须要有良好的饮食习惯。

孙中山遵循生理卫生学的原理，强调：人在饮食的时候不宜摄入的量过多，吃得过多就很容易伤害脏器，但是饮食也不能够太少，太少则不满足机体的需求，就会使人没有精神气。饮食应当以温饱为先，摄入过多或过少都对健康不利。

在《第一章：以饮食为证》中说道："中国常人所饮者为清茶，所食者为淡饭，而加以菜蔬豆腐。此等之食料，为今日卫生家所考得最有益于养生者也……倘能再从科学卫生上再做功夫，以求其知，而改良进步，则中国人种之强，必更驾乎今日也。"② 从中我们可以鲜明地看出孙中山提倡吃素食，认为常食素食具有延年益寿的功效。

事实却是如此，现代医学已经证明，而且医生也大力倡导，减少脂肪类、肉食的摄入量，合理饮食，多吃素菜能够促进肠胃的消化和吸收。

"材料乃生元之供养料及身体之建筑料"③ "中国常人所饮者为清茶，所食者为淡饭，而加以菜蔬豆腐，尤为各国一般人所望尘莫及也。"④ 中国人民传统的食材和饮食习惯是我们的一大财富，是国外人所不能比拟的，在此基础之上，我们再从科学的角度合理膳食，做出合理的改良，中国人民必将身体强健，今日的柔弱现状一定会得到鲜明的改善。

"手术者乃一时之治法，若欲病根断绝，长享康健，非遵我抵抗养生之法不可。……惟通常饮食养生之大要，则不外乎有节而已。不为过量之食即为养生第一要诀也。"⑤ 西方的手术之法，只能够缓解一时的病痛，如果想要根除病痛的折磨，根除病患，除了养生之法之外，别的方法都是不可行的，只有自己从饮食入手，控制自己的食量，注意饮食的结构，就一定能保证健康。

（五）提出了"提高体育锻炼效果"的诸多因素

孙中山认为应该加强体育的锻炼，但是怎样才能够引起人们对体育锻炼的重视，怎样才能够高效快速地发展体育呢，孙中山认为就应该从多个方面来促

---

① 孙中山. 建国方略［M］. 北京：中国长安出版社，2011：124.

② 孙中山. 建国方略［M］. 北京：中国长安出版社，2011：7.

③ 孙中山. 建国方略［M］. 北京：中国长安出版社，2011：8.

④ 孙中山选集［M］. 北京：人民出版社，1981：121.

⑤ 孙中山. 建国方略［M］. 北京：中国长安出版社，2011：10.

进体育锻炼的发展。主要有以下途径。

第一，倡导大力兴办师范院校。在建设体育院校的管理体制中，要大力新办体育师范类院校，培养优秀的体育教员。如"大通师范学堂"的课程就是以体育为中心，尤其重视军事体育，包括兵式体操、器械体操（包括天桥、平台、木马、铁环、跳远、爬山、泅水等）。为当时的社会体育和学校体育的发展培养了一批又一批的体育师资，同时广泛传播西方的兵操体育。

在《令教育部通告各省优初级师范开学文》一文中："顾欲兴办中小学校，非养成多数教员不可；欲养成多数中小学教员，非多设初优级师范学校不可。……注重师范，即能消纳中学以上学生，复可隐植将来教育之根本，是真当务之急者。"孙中山解释道，要想使中小学的教育得到普及，就必须要有足够多的教书的教员去教学，才能够使中小学生有机会授学，而这些教员也只有通过师范类高等院校来培养。师范类教学是培养教员的重要途径。当务之急就是要加强师范院校的建设，加强其管理体制的建设。要想使体育教育得到良好的发展，就必须要兴办师范类的体育教育，与民族体育结合，培养民族传统体育教员和专家；与军事结合，培养军事体育教员和专家。

"必也多设学校，使天下无不学之人，无不学之地。则智者不致失学而嬉；而愚者亦赖学以知理，不致流于颓悍，妇孺亦皆晓诗书。如是，则人才安得不盛，风俗安得不良，国家安得而不强哉！"① 孙中山认为只要大力兴办师范学校，普及中小学教育。有足够的教员、再加上充裕的学校，就能够使人人拥有接受教育的机会，掌握先进的体育教育知识，从而提高全民素养，为祖国的建设服务。

第二，加强军事和体育专科学校的建设。孙中山倡导"高等专门学校从速开办"，兴办高等体育类教育学校，以培养体育人才，增强国民体质，强国保种，为革命斗争服务。

以孙中山为首的革命派创办的体育学校有：青山军事研究所、大通师范学堂、中国体操学校、重庆体育学堂等。② 这些学校都是为了培养相关的体育专门类人才，注重军事与体育的结合，提倡尚武精神。

1905 年，光复会成员徐锡麟在浙江绍兴创办的"大通师范学堂"，之后由

---

① 孙中山全集：第 1 卷［M］．北京：中华书局，1982：58.
② 田标．革命派体育行为解读与价值评价：马克思价值哲学视角［J］．南京体育学院学报，2010（2）：4.

秋瑾主持，该学堂虽以学堂为名，同时设立体操专科，进行有组织的军事体育训练。①

第三，鼓励体育社团组织的建设。孙中山鼓励体育社团的建设，并亲自参与组建了多个体育社团组织。通过民众体育团体这个平台，组织热血青年习练军事技能，为革命斗争做准备。

1894年，孙中山在檀香山成立了"兴中会"，"兴中会"的宗旨是："振兴中华。"聘请维克托·贝克当教练，组建了华侨兵操队，每周会进行2次兵操训练。

1903年，孙中山在日本成立了"青山军事训练班"，进行兵器知识的讲解和兵操军事体育的训练等，同年，派遣李根源在东京设立"体育会"。

1907年，派遣温靖侯和谢逸桥在广东梅县开办了"松口体育会"。

除此之外革命派还组织的体育会有："丽水体育会""上海商团公会""华商体育会""商业体操会""嘉兴体育会""宁波国民尚武分会湖南野球会"，上海商团公会中的"沪学会体育"，安庆爱国会下设的"体操会"等等体育团体。至1919年10月，孙中山为《精武本纪》题写序时，"上海精武体育会"不仅在广州、厦门、佛山、汕头、汉口、南昌、南宁、天津、山东等多地设立分会，至1920年前后，还在香港、澳门、新加坡、槟榔屿、马六甲等海外华人聚居地建立精武会海外分会20余处。②

这些体育社团的组织建设是因为在组织武装革命时期，清政府规定，民间不得开办武备学堂。所以这些革命领导人就利用各种民间社团组织发展体育，进行军事体育训练。之所以能够有这么多的体育社团的建立，就是因为这些先进的知识分子和领导人意识到了体育教育的重要性。他们为革命派培养出了众多的人才，为革命准备武装力量，为中华民族振兴提供了强大的支持力量。

第四，重视体育设施的建设工作。孙中山还非常重视体育设施的建设工作。在举行第一届省运会的时候，广东省体育场的原址是练兵场，当时那里是一片废墟，没有基础的设施建设，空旷荒凉，在这块场地上操练士兵，每当选手们跑起步来就尘土飞扬，乌烟瘴气。

① 田标.革命派体育行为解读与价值评价：马克思价值哲学视角［J］.南京体育学院学报，2010（2）：4.
② 罗时铭.中国体育通史：第3卷［M］.北京：人民体育出版社，2008：138.

四、孙中山体育观当代启示

（一）孙中山的"重视儿童体育教育"观为完善学校体育教育体系提供依据

孙中山通过本人的实践，认为儿童少年时期要经常参加嬉水、游泳、练武术、踢毽子、放风筝、爬树、武术等活动，这不仅能提高儿童的身体素质，还有助于文化课的学习。

当今社会，由于人们生活水平的提高，导致青少年学生食物摄入过多，加之运动不足，因此，我们看到的肥胖孩子大量增加，这是很不好的现象。另外，家长望子成龙、望女成凤的心情非常迫切，孩子放学回家，在完成老师布置的作业以后，还要完成家长布置的各种作业，小小的年纪，如何能承担这些沉重的负担。因此，现在的儿童很小就被成人剥夺了与大自然接触的各种机会、与人交往的各种条件。以上种种，都是阻碍孩子身体发展的因素。因此，我们应该遵循孙中山先生重视儿童体育的观点，鼓励儿童从小进行体育锻炼，在年幼的时候把身体锻炼好了，等到进入到学校教育中就能把更多的精力放在学习上。

（二）孙中山的"体育与养生、保健结合"观有助于发展青少年的健康教育

孙中山从医学角度倡导了体育教育要与养生和保健相结合，这是非常科学的观点，也是值得学习与效仿的。他从医生的救死扶伤的职责角度提出了"养生"与"保健"相结合的观点。他认为应该将体育锻炼与"养生"和"保健"结合在一起，才能更好地体现体育锻炼的价值和功能。

近些年来，国家针对学校体育教育，颁布并实施了多种政策和活动，如"阳光体育运动"的开展，高校学生体质测试的工作，中学生中考需进行体育考试等这样的策略，这些活动的开展在一定程度上提高了体育在学校教育中的比重和分量。但是青少年体育还暴露了很多的问题，其中健康意识较差是一种普遍的现象，如青少年学生认为自己年轻，觉得自己身体强健，无须关注体育锻炼，或者是认为暂时没有必要关注身体。这些都是不正确的观念，这与我们的学校体育也有密切相关，因为我们过于重视运动技术的教学，忽视了身体健康教育，导致很多学生对自己身体知识的缺失，更有甚者，很多学生对自己身体的生长发育现象感到恐慌。因此，加强青少年儿童学生的身体健康知识教育是非常重要与十分迫切的。身体健康需要运动，更需要注重养生与平时的保健，让青少年学生养成一种良好的生活习惯与保健习惯是学校教育的一个重要任务。

（三）孙中山的"中国武术"观有助于强化民族传统体育在学校体育中的地位

孙中山认为中华武术是驱除鞑虏的"利器"。他认为民族传统体育运动有着重要的价值，"中国的拳勇技击，与西方飞机大炮有同等作用"，孙中山坚信中华传统武术能够像西方的大炮同样能够起到强民保国的重要作用，他把中国的传统体育与西方做比较，旨在人们要发扬中国文化，不要盲目崇拜西方。应该提倡"国术体育"。孙中山先生担忧当时国民的弱衰，充分肯定了武术的作用，发出了弘扬中华武术的呼吁，可以说，中华武术的发展，孙中山起到了强有力的推动作用。

武术更是深受国人喜爱的项目，正如孙中山先生所讲的"国术体育"，他把武术当作中国人民的国术，由此可见孙中山对武术的深刻重视，从侧面也反映了武术在中华民族历史长河中的重要作用和价值。

许多属于自己的东西正在一步步消失，发扬自己的传统，弘扬武术技能和武术的精神，发展学校体育教育中的民俗传统武术教育。

（四）孙中山"加强体育教育的途径建设"的观念为学校体育高效发展拓宽了思路

孙中山倡导通过"大力兴办师范院校""加强军事和体育专科学校的建设""鼓励体育社团组织的建设"和"重视体育设施的建设工作"这四个途径来加强体育的建设，促进体育的高效发展，以达到强民保国的目的。孙中山倡导的这四个途径对当下体育发展仍然具有十分重要的借鉴意义。

首先，学校体育社团和学校体育特色项目建设是吸收体育爱好者的重要途径。近些年在高校中，各种社团如雨后春笋般迅猛发展，各种类型的社团为丰富校园文化，为鼓励学生兴趣发展提供了很好的平台。除了学校必修的体育课程以外，高校体育可以通过加强体育社团和特色体育项目的建设鼓励学生参与到体育运动中。现在高校除了平常的课程学习以外，各种业余生活是大学生非常关注的点，体育社团有很大的发展空间。学校体育可以通过这种丰富多彩的体育娱乐项目来引起学生高度关注，并积极投入到健身的队伍中。

其次，学校体育设施的建设和完善是学生进行体育项目活动的重要支撑。高校中，有许多体育设施在体育专业学生上课的时候才被拿出来用，一些场馆还设立收费标准，原本可以作为锻炼的器械却不被允许使用，放假的时候一些学校把校门锁起来，禁止使用学校的体育场地，种种现象都阻碍了体育设施的利用效果。这种体育设施的浪费现象是当今体育设施建设中最重要的问题，阻碍着体育教育前进发展的步伐。关于这些问题，我们都应该给予深刻的重视，学校体育应该完善体育设施的建设，提高体育设施的利用率。

五、结语

孙中山作为一名爱国者，他将外国的先进教育理念引入到我国，推崇兵操体育，推动我国传统体育项目武术的发展，提升了体育在当时救国救民的重要地位；作为一名政治领导人物，他倡导女子教育的解放，推崇军事与体育的结合，既提高了学生的身体素质，又培养了学生的军事能力，增强了学生的使命感，为政治建设培养了一批军事精英，推动军事体育教育的发展；作为一名早期的留学生，他大力提倡、鼓励并以实际行动促进中、西体育文化的融合，加速了中国体育向国际化发展的进程，促进了当时体育事业的蓬勃发展；作为一名医学者，他主张卫生保健、饮食养生与体育教育的合理结合，倡导科学发展体育的观念；作为一名体育运动的爱好者，他注重儿童体育教育理念的灌输，一生酷爱多种体育运动，倡导终生体育思想观；作为一名教育倡导者，他倡导"德智体"三育并重，体育为先的发展战略，主张学校要设立全面的教学科目，学生可以根据自己的兴趣爱好选择专项，完善了人格培养策略。

综上所述，孙中山的体育观主要有：提倡"德智体"三育并重，体育为先的观念；高度重视儿童体育教育，主张终生体育观；弘扬中华民族传统体育；主张科学发展体育，密切联系"养生"与"保健"；提出了"提高体育锻炼效果"。其中，孙中山体育观的核心内容是："体育是强民保国之利器。"以上观点对中国学校体育改革的启示为：孙中山的"重视儿童体育教育"观为完善学校体育教育体系提供依据，孙中山的"体育与养生、保健结合"观有助于发展青少年的健康教育，孙中山的"中国武术"观有助于强化民族传统体育在学校体育中的地位，孙中山"加强体育教育的途径建设"的观念为学校体育高效发展拓宽了思路。

当然，由于时代与背景的不同，孙中山的体育观也存在一定局限性，如孙中山过早地在儿童教育中强加了军事体育教育思想，容易造成儿童人格的扭曲和极端主义思想等。

第五章

完全人格，首在体育：蔡元培体育观

一、蔡元培简介

蔡元培（1867—1940），字孑民，生于浙江绍兴。提倡民主与自由，提出"五育"并举的教育方针，曾任教育总长、北京大学校长、中央研究院院长等要职，是中国近代著名的教育家、革命家和政治家。

蔡元培5岁入私塾开始求学之路，学习期间博览群书，研究中国古代哲学、文学等。1892年入职翰林院，1898年目睹戊戌变法的失败，决定弃官从教，立志委身于教育界，开始服务于"新式学校"。1912年蔡元培任南京临时政府教育总长，曾赴日本、德国，深受西方教育思潮的影响，宣布新教育宗旨（提倡科学教育，以道德教育为中坚）。提倡西学中用，推动中国教育制度革新，确立中国资产阶级民主教育体制，对中国新文化教育事业发展起到巨大的推动作用。

1916年蔡元培任北大校长，不喜北京大学官僚、腐败堕落的师生学习风气，革新北大，聘任优秀学者来校任教；实行"教授治校"制度，校内实行学生自治，民主管理；男女同校，开"学术"与"自由"之风等等。这些措施对全国教育事业产生极大的影响。1927年蔡元培任全国学术及教育最高机关的大学院院长，提出"使教育科学化、劳动化、艺术化"的教育方针。蔡元培支持并积极推动新文化运动，反对尊孔，1935年、1937年积极提倡签名参加上海文化界发表的《推行手头字缘起》《我们对于推行新文字的意见》。

蔡元培于1940年3月病逝香港，毛主席给予"孑民先生，学界泰斗，人世楷模"的高度赞誉，寥寥数语概括了蔡元培尽瘁教育的一生。蔡元培的手稿、演讲词等文章供后人细细评读，其著作有《蔡元培教育名篇》《蔡元培全集》《国民修养二种》《中国人的修养》《大学精神》等，关乎道德修养、教育思想，给当今社会留下诸多宝贵的思想财富。

二、蔡元培体育观前期研究评述

输入"蔡元培+体育"篇名，查阅中国学术期刊网（中国知网），获得蔡元培与体育相关的文章 58 篇，其中核心期刊 6 篇。梳理相关文献后，笔者认为，对蔡元培先生体育思想研究具有代表性的观点有以下内容。

罗时铭、苏肖晴认为："蔡元培的体育思想中具有军国民体育思想，三育并重的体育思想，运动会具有独到的教育作用。"① 王玉立认为："妇女体育思想是蔡元培教育思想的重要组成部分，其核心是'解放妇女''男女平等'。从妇女和民族的发展与竞争的关系提倡妇女体育、从全面发展教育思想的角度认识和女子尚武思想三方面对蔡元培倡行妇女体育思想进行研究。"② 王增明认为："蔡元培的体育思想有：完全人格，首在体育；有健全之身体，始有健全的精神；军国民主义者，筋骨也，用以自卫；体育最要之事为运动。"③ 孟昭容等对蔡元培的体育教育思想进行了解读并提出："第一，蔡元培的教育观——以养成'完全人格'作为新教育的标准；第二，何为体育？体育在完全人格教育中的地位；第三，体育的实质内容及应注意的问题，反对体育竞胜；第四，倡导运动会；第五，体育重在普及；第六，体育和德育、智育的关系，以体育为本。"④ 张景、黄亚飞认为："蔡元培高举五育并举教育方针的大旗，蔡元培肯定运动会的教育意义；蔡元培注重女子体育；蔡元培主张军国民教育。两人观点既有相同之处，又存在着差异。"⑤ 李蕾、张军认为："蔡元培十分重视体育在人的发展中的作用，他在继承我国传统体育思想和汲取西方近代体育的先进理论的基础上提出了'完全人格，首在体育'的体育理论。"⑥

综上所述，笔者认为，前人对蔡元培体育教育思想的研究还是较为全面的。这些研究为我们进一步研究提供了一定的基础，但也存在一些问题：第一，经笔者对前人研究文献的统计，从数量来看对蔡元培体育思想相关研究的期刊数量不多，从质量来看发表在体育类核心期刊的文章只有 6 篇，从研究时间上看

---

① 罗时铭，苏肖晴. 蔡元培体育思想研究［J］. 体育学刊，2008（7）：28-32.

② 王玉立. 蔡元培的女子体育思想［J］. 中国体育科技，2002（3）：29-31.

③ 王增明. 试论蔡元培的体育思想［J］. 体育文史，1985（2）：2-8.

④ 孟昭容，李德昌，马世昌. 谈蔡元培体育教育思想［J］. 中国学校体育，1999（1）：54-55.

⑤ 张景，黄亚飞. 蔡元培与蒋梦麟体育思想比较研究［J］. 体育文化导刊，2010（9）：150-153.

⑥ 李蕾，张军. 蔡元培的体育教育思想及时代价值探要［J］. 南京体育学院学报，2005（3）：36-39.

自 2000 年之后对蔡元培体育思想的相关研究较为活跃，占到近 80%，仍有较大的研究空间及研究价值；第二，研究的文献不够全面、比较零散，缺乏对主要观点的提炼，研究的系统性和整体性把握不够等。因此，笔者认为有必要对"蔡元培体育观"进行深入探究。

三、蔡元培体育观

（一）提出"完全人格，首在体育"的观点

"人格"一词起源自古希腊语"persona"。"人格"一词在不同的研究领域有着不同的定义。灵魂心理学认为人格是人类独有、又是先天和后天相互作用形成、代表人类灵魂本质及个性特征的性格、品德等；社会心理学认为人格即人的个性，是在先天基础上通过社交形成和发展的人的心理特征总和。由此看来，人格是可以通过后天的学习及教育进行塑造的。蔡元培先生将"人格"教育划分为四个方面，即"体育""智育""德育""美育"，并且强调对被教育者进行"德、智、体、美"全面教育以培养健全的人格。体育是"完全人格"不可缺少的一项教育内容，并且对"健全人格"具有极其重要的教育意义。他说，"这四育（体、智、德、美）是一样重要，不可放松一项的。……以上四育，都宜时时试验演进，要一无偏枯，才可教练得儿童有健全的人格。学校教育注重学生健全的人格，故处处要使学生自动。……大概受毕普通教育，至少要获得地平线以上的人格，使四育平均发展。"①

蔡元培先生多次在公开演讲会上体现他"夫完全人格，首在体育"的体育观。蔡元培先生于 1917 年 1 月在"爱国女学校之演说"上阐述了完全人格，体育为首的重要性，他说："夫完全人格，首在体育。体育最要之事为运动。凡无人身体与精神，均含一种潜势力，随外围之环境而发达。……旧俗每为女子缠足，不许擅自出门行走，终日幽居，不使运动，久之性质自变为懦弱。……是皆不运动不发达其身体之故，卒养成懦弱性质，以减杀其自卫之能力与胆量也。……盖此等技术，不练则荒，久练益熟，获益匪浅鲜也。"② 1917 年 7 月蔡元培在浙江旅津公学讲演说："今之言心教育者以体育、智育、德育并重，其功效胜于旧教育什百。以言体育，旧时习惯，偏重勤习，而于身体之有妨碍与否，皆所不顾，且以身体与灵魂为二物。……人之智慧学术，皆由人之脑质运用之理而出，故脑力盛则智力富，身体弱则脑力衰，新教育之所以注重体操运动，

---

① 蔡元培. 蔡元培教育名篇［M］. 北京：教育科学出版社，2007：128-133.

② 蔡元培. 蔡元培教育名篇［M］. 北京：教育科学出版社，2007：55-56.

实基于此。以言智育……以言德育……"① 蔡元培作为一个对当时教育界非常有影响力的教育大家，其在各种公开场合演讲的内容都是精挑细选出来的，对于演讲内容的顺序也是经过深思熟虑的，从蔡元培先讲体育、次言智育、再言德育的演讲顺序中也可以看出蔡元培对体育教育的重视，以及体育对于培养健全人格的重要作用。

蔡元培在自己教育生涯中身体力行地践行"夫完全人格，首在体育"。蔡元培在北京大学任职校长期间，始终贯彻这一体育观点。他说，"兄弟以为大学目的有二：一为研究学问，二为培养人格。……教职员常常外出监督学生行动，使学生绝对养成高尚之人格。此外如英国之大学，均注重于体育，运动竞赛，竞渡，足球之比赛，全国注目，于运动中养成公德，虽因竞争而失败，亦所甘心。……中国版大学，过多注重于学问方面，故多采取大陆派，及后渐渐觉悟，采学问与人格并重"。② 并为培养学生的性格和品德，特制订体育教育计划"（1）每年进行各种运动技能比赛。于外界隽星比赛和其他的室外比赛，吸引了所有的北大师生，其水准可与西方相比。足球、网球、赛马、游泳、划船等活动同样令人喜爱。（2）可支援参加某些军训项目，特别是童子军运动正在兴起"。③

蔡元培在《国民修养二种》（1990年版）一书中详细阐述了体育与智育、德育的关系以及体育为本的重要性。他说"修己之道不一，而以康强其身为第一要义。身不康强，虽有美意，无自而达也。康矣强矣，而不能启其知识，练其技能……是故修己之道，体育、智育、德育三者，不可以偏废也。"④ "今子来之来，为得有所预备，故取各学校普通注重之德、智、体三育，为诸君言之。三育之重，各国学校殆莫不皆然，在中国则有名无实者犹居多数，此实大可商榷者也。今请首言体育：今之学校中，盖咸知注视体育者，但国人之惰性甚深，致学生仍不得充量以提倡。……以体育之提倡，贵乎全体四万万人中。……设尽四万人体育发达，余者仍颓唐故我，则全国体育依然列于软弱之类。"⑤

1917年5月蔡元培在南开学校全校欢迎会上说"三育之重（德、智、体），各国学校殆莫不皆然，在中国则有名无实者犹居多数，此实大可商榷者也。"⑥

① 蔡元培．蔡元培教育名篇 [M]．北京：教育科学出版社，2007：68-69.
② 蔡元培．蔡元培教育名篇 [M]．北京：教育科学出版社，2007：253-254.
③ 蔡元培．蔡元培教育名篇 [M]．北京：教育科学出版社，2007：196.
④ 蔡元培．国民修养二种 [M]．上海：上海文艺出版社，1999：2.
⑤ 蔡元培．蔡元培教育名篇 [M]．北京：教育科学出版社，2007：64-66.
⑥ 蔡元培．蔡元培教育名篇 [M]．北京：教育科学出版社，2007：64-66.

1917年7月蔡元培在浙江旅津公学讲演说"今之言心教育者以体育、智育、德育并重，其功效胜于旧教育十百。以言体育，旧时习惯，偏重勤习，而于身体之有妨碍与否，皆所不顾，且以身体与灵魂为二物。人之智慧学术，皆由灵魂出，故重视灵魂，而轻视身体。今经科学发明，人之智慧学术，皆由人之脑质运用之理而出，故脑力盛则智力富，身体弱则脑力衰，新教育之所以注重体操运动，实基于此"①。

（二）倡导"实用主义"体育观

蔡元培先生提倡"实用主义"教育主要受到美国大教育家杜威博士的影响。蔡元培先生于1912年2月在临时政府公报发表《对于新教育之意见》上评述西方的实用主义教育，提出中国需要开展实利主义教育，说"曰实利主义之教育，以人民生计为普通教育之中坚。……我国地宝不发，实业界之组织尚幼稚，人民失业者至多，而过甚贫。实利主义之教育，固亦当务之急者也"。强调"是二者（军国民主义和实利主义），所谓强兵富国之主义也"②。

蔡元培在北京青年会的讲演上谈到杜威博士的"实用主义"教育理论，建议贫儿院试试杜威博士的新主义，试行有成效后推广至其他学校。他说，"大学教育注重自然科学及实用科学……总之，今后之教育方针，自小学以至大学，均以养成职业化、增加国民生产为一贯的精神"③。蔡元培先生主张实业教育，实践实用主义教育理论，他说"吾今且复言职业教育矣。注重职业云云，吾并非主张大加改革，不过于普通教育时间内，因地制宜，酌加农、工等科；一方面多设甲、乙种实业学校，使小学、中学毕业者，步步衔接，可以志愿入校"④。主要为了让学生从学校毕业后能学以致用。

教育如此，体育运动作为一门注重身体参与的实践性课程，更应该注重将"实用主义"践行到体育教育之中，让学生学以致用并且受用终身。故此，蔡元培认为，"中古时代之教育，偏于一部分之心理，而不及生理之方面，诚为偏隘。今也，偏重生理方面，而于心理一方面均漠视之，不亦矫枉而过其正乎？健全之精神，必宿于健全之身体，……小学教育既以遵循天性、养成人格为本义，则于身、心两方面，决不可有偏废，而且不可不使为一致之调和。此则对于极端值实利主义而不可不加以补正者也"⑤。"闻本校有体育专修科，不特各

①　蔡元培. 蔡元培教育名篇［M］. 北京：教育科学出版社，2007：68-69.
②　蔡元培. 蔡元培教育名篇［M］. 北京：教育科学出版社，2007：1-2.
③　蔡元培. 蔡元培教育名篇［M］. 北京：教育科学出版社，2007：249.
④　高平叔. 蔡元培教育论著选［M］. 北京：人民教育出版社，1991：63-64.
⑤　蔡元培. 蔡元培教育名篇［M］. 北京：教育科学出版社，2007：33-34.

科完备，且于拳术尤为注意，此最足为自卫之具，望诸生努力，切勿间断。即毕业之后，身任体操教员者，固应时时练习，即担任别种事业者，亦当时时练习。盖此等技术，不练则荒，久练益熟，获益匪浅鲜也。"① 体育教育的内容应该与生活、工作相联系，寓学问于实践中。他说"夫女子入校求学，固非脱离家庭间固有之天职也。求其实用，固可相辅而行者也。美国有师范学校，教授各科，俱用实习，不用书籍。假如授裁缝时……寓学问于操作中"②。正如蔡元培所指的教育要"求其实用"，体育的学习也应该如此，不能学了多年体育却用不上体育。

（三）强调体育运动会的教育作用

认知决定行为。要有正确的体育价值观，对体育有深度的理解，才能产生积极向上的运动行为。通读蔡元培的教育著作，可发现他其对于体育运动是非常支持的，蔡元培曾于1935年呼吁浙江青年参加体育锻炼以获得健强的体魄。他说"健全的精神，宿于健全的身体……青年们！起来吧！养成体育的习惯，锻炼健全的身手，自小学以至大学，无日不参加体育活动，以养成坚实的体力，去运用思想，创造事业"③。并提出学习美国长处，即"高兴的运动"，自己运动应该怀着愉快的心情，即使是看他人运动也能从中感受到运动的快乐。蔡元培认识到运动对于人发展的好处，主张开展运动会并通过运动会的形式对人进行体育教育。体育运动可以后天弥补生理上的不足，促进运动者身心健康发展，要进行科学、全面、有计划的体育锻炼，他说"体育者，循生理上自然发达之趋势，而以有规则之人工补助之，使不致有所偏倚"④。

运动会的有序开展能够促进体育运动的普及，强壮国民身体；加强国民、校内外同学间语言的交流、感情的维系；更能够在无形中进行体育道德的教育，培养良好公德，衍生诸多教育意义。"……（1）一时的优胜，全在平日预备，可以提倡体育；（2）个人即以团体的荣誉为荣誉，可以提倡公德；（3）一团体与他团体竞胜，宁正直而败，不肯枉道以取胜，可以矫正政党间或国际间以不正当手段达到一种目的的坏习惯；（4）败的但从自己方面再求进步着想，决不怨尤胜的，可以养成公平的思想与自勉的习惯。"⑤

蔡元培先生曾说过"教育亦非全靠学校，如演讲会、阅书报室，都是教育；

---

① 蔡元培．蔡元培教育名篇［M］．北京：教育科学出版社，2007：55-56.
② 蔡元培．蔡元培教育名篇［M］．北京：教育科学出版社，2007：46-49.
③ 高平叔．蔡元培教育论著选［M］．北京：人民教育出版社，1991：663.
④ 蔡元培．蔡元培教育名篇［M］．北京：教育科学出版社，2007：34-36.
⑤ 高平叔．蔡元培教育论著选［M］．北京：人民教育出版社，1991：354.

如动物园、植物园、博物院、戏院、影戏院，都有教育的作用"①。由此可以推出体育并不只是通过体育课堂对学生进行教育，课外体育活动、运动训练、家庭体育、运动会等运动形式都是体育教育的途径。

蔡元培积极推进运动会的开展。例如，蔡元培在北京大学任校长期间为培养师生的性格、品德，制订体育教育计划，其中一项就是推进学校各种运动技能比赛："（1）每年进行各种运动技能比赛。于外界隽星比赛和其他的室外比赛，吸引了所有的北大师生，其水准可与西方相比。足球、网球、赛马、游泳、划船等活动同样令人喜爱。（2）可支援参加某些军训项目，特别是童子军运动正在兴起。"② 1921 年 8 月蔡元培在举行太平洋各国联合运动会议上详细说明"运动会的利益"，提议举行太平洋运动会："太平洋沿岸，近有远东运动会，为菲律宾、日本、中国之学生所组织。已举行数次，甚有成效。鄙意可由本会发起，举行太平洋各国运动会，第一年开会于檀香山。其后每年一次，或常在檀香山，或仿远东运动会的例，次第开户与各国。候公决。此举果行，不特太平洋各国国民之体育益增兴会，对于彼此教育界之联络，也是裨益不浅的"。③

（四）主张婴幼儿体育教育

在蔡元培先生的教育思想中，胎教、幼儿体育教育是人生教育阶段不可忽视的一部分，他说"人之受教育，当自小儿时起"④。教育应该是从有生命的那一刻开始的。中国有句古话说的是"教子婴孩"，可想，在古老的中国就有胎教一说。人类的基因代代相传，那么母体的健康、脾性等势必对孕育中的胎儿产生一定影响。但蔡元培对家庭教育存在疑虑，主张教育是专门的事业，因而针对婴幼儿的体育教育问题，蔡元培提出应该设置专门的胎教院、育婴院、幼稚园以进行系统的教育。理由有三："为父母者未必解教育之理，一也；于职务而无暇为教育子女之准备，二也；家庭之习惯，在成人行所无事，而或有害于儿童之心理，三也。"⑤

1925 年 7 月蔡元培先生特意针对婴幼儿教育问题向世界教育会联合会提案，主旨意为对其设想的胎教院与育婴院进行试验。"现在自幼稚院以至大学，教育制度渐备，而又有遗传学以为根本上改良人种之预备。然自受胎以后，至入幼稚院时期，除所设家庭教育以外，注意者尚少。拟采中国周代胎教之制，设胎

---

① 高平叔. 蔡元培教育论著选［M］. 北京：人民教育出版社，1991：452.
② 蔡元培. 蔡元培教育名篇［M］. 北京：教育科学出版社，2007：196.
③ 高平叔. 蔡元培教育论著选［M］. 北京：人民教育出版社，1991：354.
④ 蔡元培. 蔡元培教育名篇［M］. 北京：教育科学出版社，2007：19-20.
⑤ 蔡元培. 蔡元培教育名篇［M］. 北京：教育科学出版社，2007：31-32.

教院以安置孕妇。又生儿童后，母亲得携儿住于育婴院，至入幼稚院为止，院中设备，均为调养性情为主。"①

　　蔡元培对此有一系列的设想：一是建立有专门管理的胎教院、乳儿院。"胎教院的设备，如饮食、器具、花园、运动场、装饰的雕刻与图画、陈列的书报，都是有益于孕妇的身体与精神的。"②通过专门的运动管理让孕妇在孕育的过程中进行体育胎教。二是幼稚园教育。"……是以幼稚园之教育。且创立之始，大抵为三岁以上之儿童设立，而今则大都会兼一岁以上之儿童设之，其为鉴于家庭教育之不可能，而以是补充之，彰然可见也。"③三是完善小学教育。"初等小学常以一人兼学校中一切科学，如手工、图画、音乐、体操，……小学教员在社会上的位置最重要，其责任比大总统还大些。"④并提出"小学教育，授人以应有之知识技能，似已足维持现状矣"⑤。通过胎教院、乳儿院、幼稚园等对母体、婴幼儿进行体育系统的教育。

四、蔡元培体育观当代启示

（一）"完全人格、体育之首"是学校体育的重要指导思想

　　中国古代的教育包揽礼、乐、射、御、书、数六艺，其中的射、御、乐皆含有体育之意。古希腊的教育也是兼身心并重，非常重视体育，即认为体育是健康、身体之美。蔡元培一直在其演讲中反复强调体育的重要性，提出"夫完全人格，首在体育"的体育观。从蔡元培的体育观中我们不难看出，体育在教育中的重要性，体育是与"完全人格"教育紧密联系的，这对当今教育依然具有重要的启示。

　　首先，在于学校体育在学校教育中的地位，即体育在智育、德育、美育等中的地位，对于这个问题，许多教育家也同样提出过类似的观点，但为什么总是停留于口头上，在实践过程中却背道而驰，这其中定有原因。其主要的根源在于中国"重文轻武"的传统思想，历朝历代中，以文治国的思想占主导地位，因此，文弱之风盛行。自中国屡屡受到外国列强侵略之经历，中国的尚武精神才开始抬头，但传统的"重文轻武"思想依然根深蒂固，特别是新中国成立之后，中国由战事频繁国度转为发展经济为主的国度，这种现象又开始重复。因

①　高平叔．蔡元培教育论著选［M］．北京：人民教育出版社，1991：496.
②　蔡元培．蔡元培教育名篇［M］．北京：教育科学出版社，2007：89-91.
③　蔡元培．蔡元培自述［M］．北京：人民日报出版社，2011：193.
④　蔡元培．蔡元培教育名篇［M］．北京：教育科学出版社，2007：141-143.
⑤　蔡元培．蔡元培教育名篇［M］．北京：教育科学出版社，2007：14.

此，笔者认为，我们要彻底转变观念，吸收著名教育家思想的精华是一个重要路径。蔡元培提出的"完全人格"实际上是指身心全面发展的人才，其中体育占据首要地位，这不仅是当时教育的先进思想，还是我国当下教育的先进指导思想，可想而知，一个学校的校长，如果不懂体育，如果没有摆正体育在各个学科教育中的地位与位置，那么，必然走向只重视智育发展、追求升学率、不顾学生的体质健康的错误之路。

其次，重要的启示还在于正确认识体育的价值。体育不仅有利于身体的健康，还在于为"完全人格"做出的贡献。对于体育与身体健康的关系已为世人所共识，无须赘言，但对于体育为完善人格做贡献，许多世人并不知晓，因此，我们大力宣传体育的作用并不仅仅在于它促进身体发展的狭隘的作用，还在于发展人格之价值，正如蔡元培倡导"英国之大学，均注重于体育，运动竞赛，竞渡，足球之比赛，全国注目，于运动中养成公德，虽因竞争而失败，亦所甘心"。这就是体育促进身体发展之外的价值。如蔡元培认为，经常开展带有竞争性的运动会，能够促进体育运动的普及，强壮国民身体；加强国民、校内外同学间语言的交流、感情的维系；在无形中进行体育道德的教育，养成良好公德，衍生诸多教育意义。

（二）"实用主义"教育观对今体育教学的指导意义

杜威的实用主义传入中国后，在蔡元培所处的时代掀起"实用主义"教育思潮，蔡元培在国民教育中践行中国化的"实用主义"教育理念。"学问者，以方面所以应用于职业……"① 但望眼现中国之教育，"高分低能"的问题层出不穷；放眼中国之体育教育，从小就开始接触体育但能"拿得出手"的体育项目却寥寥无几。就目前的体育教育现状而言，从小学阶段开始学习体育，学到初中、高中、大学，共学了14年的体育，最后却没能真正掌握一项较为熟练的运动技能，这是非常可悲的现象。其原因很多，如教材太多、学时太少、教材编排不合理、学生缺乏学习动力、教师教学方法存在问题等，但其中教材远离实际是一个不可忽视的原因。首先，学校体育培养的是学生运动的能力，并非专业运动员，所以，我们无须精细化运动技术教学。针对学生学而无趣的问题，体育教师可以避免运动员式的教学方法，采用灵活多变的教学方法与手段，从低难度开始，循序渐进，消除学生的畏难情绪，逐渐建立学生体育学习的成就感；其次，我们在选用教材时，要避免搬抄竞技运动项目，而应该从"实用主义"教育角度出发，从学生喜爱的运动项目、生活且实用的运动项目中发现与

---

① 蔡元培. 蔡元培教育名篇［M］. 北京：教育科学出版社，2007：55-56.

挖掘学校校本教材，如小学的孩子生性活泼好动，这一阶段不需要教实际的技术，只要培养学生走、跑、跳、投、跨、爬、滚等基本运动能力，为之后的体育学习打下素质基础；最后，中学阶段让学生接触技术性、实质性的运动项目，但要与训练专业运动员的教学标准区分开来，并非教给学生某个运动项目的某项技术动作要多标准规范，而是让学生能体会到这项体育运动项目的精髓，活学活用的实用技术，激发学生产生学习兴趣，进行课外自主学习与探究。

（三）重视婴幼儿体育教育

众所周知"教育需从娃娃抓起"，体育教育亦是如此。从婴幼儿的发展规律来看，身体的发育先于智力的开发，对于这一阶段的婴幼儿体育教育不容忽视。蔡元培主张设置专门教育机构进行婴幼儿教育，这一思想对目前中国学校体育具有重要的指导意义。

从中国目前的体育教育现状来看，对婴幼儿的体育教育非常缺乏，无论是家庭教育还是幼儿园教育，对婴幼儿的体育教育重视不够、意识薄弱，更无实际行动。

我们应该重视并致力于婴幼儿体育教育事业，组织专业人士成立婴幼儿体育教育机构，对家长进行在理论和实践方面的指导与帮助。教会每个家长如何教育婴儿抬头、翻身、爬行、坐立、走路等，如何教育幼儿进行跑步、跳跨、翻滚等，在婴幼儿时期就打下良好的体育基础。每个幼儿园都需要专业的体育幼儿教师，当幼儿适龄送至幼儿园后，能够有更加专业、科学的体育教师，去引导幼儿进行体育运动，培养孩子的运动能力，建立体育运动的意识。

对于婴幼儿的体育教育，应该是适应孩子身心发育的，应该是符合儿童自然天性的，促进儿童身心健康发展。从小抓起，提高孩子的运动能力，树立运动观念，培养体育道德精神，让我们赢在起跑线上，为孕育新生的下一代而努力。

五、结语

蔡元培的教育思想独具一格、自成一体，他认为国家兴旺、国家富强的根基在于"教育"。他主张的教育是注重学生的教育，反对呆板僵化的教育。综上所述，蔡元培的体育观主要表现在："完全人格，首在体育""五育并重，体育为本"；倡导将"实用主义"教育理论践行到体育教育之中；强调体育运动会的教育作用；提倡婴幼儿体育教育等。其中，蔡元培体育观的核心内容是"完全人格"，而体育是培养"完全人格"之首、之本，在体育教育中提倡"实用主义"教育与从小进行体育教育的理念。以上观点对于当下的学校体育的启示为：

"完全人格、体育之首"是学校体育的重要指导思想，"实用主义"教育观对今体育教学的指导意义、重视婴幼儿体育教育。

　　当然，蔡元培教育思想、体育观也具有一定的局限性，如他发表的《对于教育方针之意见》一文中体现了蔡元培明显的军国民主义教育观；又如，蔡元培在《教育独立议》一文中曾指出："要把教育事业当完全交与教育家，保有独立的资格，毫不受各派政党或各派宗教的影响，"当然要把教育与政党完全分开只是理想化的状态。

第六章

唯体操足以变化气质：章炳麟体育观

一、章炳麟简介

章炳麟（1869—1936），是我国清末民初著名的民主革命者、著名的教育家。早年留学日本，面对民族危亡他积极宣扬军国民教育主张，后受美国实用主义教育家杜威的影响，转而推广实用主义教育主张，他的教育主张能够清晰反映我国近代学校教育的发展轨迹，是清末教育事业发展影响最大的教育家之一。他早年受蔡元培先生的邀请，在上海爱国学社任教，并参加中国教育会，之后又受到孙中山的热情邀请，加入了中国同盟会，创办了国学讲习所。1890年，章炳麟师从俞樾先生学习经学，5年后与康有为一起在上海创建强学会，1918年章炳麟进行各地巡游讲学，1926年任国民大学校长。

章炳麟的一生中著有多部与教育相关的著作，给我们留下了大量的精神财富。其中影响巨大的教育著作有：《訄书》（初刻本1900年）、《訄书》（重订本1904年）、《章氏丛书》（1914年）、《太炎教育谈》（1920年）、《章太炎的白话文》（1921年）、《章太炎自定年谱》（1928年）、《章氏丛书续编》（1933年）等。因此，章炳麟作为一代教育家，研究他的体育观，对于当代我国学校体育改革具有积极的借鉴价值。

二、章炳麟体育观前期研究评述

在中国学术期刊网（中国知网）上查阅章炳麟的论文，从1949年到2014年，共有828篇关于章炳麟的文献，其中硕士论文34篇，博士论文11篇。通过对以上相关资料的整理，对本研究的研究具有参考价值的论文观点主要有以下内容。

朱永新在《中国近代维新教育思想概观》中，将章炳麟的教育观归类为资产阶级教育思想，认为他的教育观对于近代中国学校体育有两项突出贡献：（1）

章炳麟主张从根本上铲除封建教育，建立新式近代教育制度；（2）促使我国形成真正意义上的资产阶级教育制度。①

郭军、张如珍在他们发表的论文《章太炎"国粹"教育思想的独特性辨析》中认为，章太炎在中国教育近代化的过程中起到了先锋作用，对保存中华优秀传统文化做出了突出贡献，主要表现在两点：（1）对传统国学的重新解读，激发国人的民族自豪感和自信心；（2）开办讲习所，总结和宣扬中国历史文化。②

刘春蕙发表的题为《为实现救国的抱负呕心沥血——章太炎的教育实践和教育思想》一文，将章炳麟的教育活动分为三种途径。一是通过开办章氏国学讲习会所，来对学生进行比较系统、有深度的国学授课；二是亲自到学校参与教学，并且经常举办专题讲演；三是通过出版书籍，在报纸上发表的刊物来宣扬自己的观点。并通过对章炳麟将近40年的教育实践活动进行总结，认为章炳麟形成的较为系统的教育思想可以总结为如下几点：一是倡导国粹教育；二是主张通过历史教育来教化民众；三是重视道德教育；四是重视教学的方法。最后列举了一些在章炳麟指导下的学生在教育上所取得的成就，进一步充分证明章炳麟的教育体系对我国教育近代化所起的作用。③

纪宏茹等发表的《简论章太炎的教育主张》一文，则是从学生主体方面提出了一些章炳麟的教育观点，并将有关章炳麟的观点列举如下：章炳麟认为教育在于开启学生的智慧，提倡注重学生个性的发展，倡导德、智、体全面发展的常识教育。在文章的最后，纪宏茹等将章炳麟的教育思想概括为：以人为本的素质教育思想。认为章炳麟所提倡的这种思想能够对学生更好地进行智育和德育，鼓励老师和学生勇于将知识用于实践，培养国人创新素质，在提高国民素质方面有着极其重要的意义。④

综上所述，以上研究所存在的问题是：首先，虽然研究章炳麟教育主张的论文较多，但其观点多集中于阐述章炳麟"国粹"教育思想和革命成就方面，对章炳麟教育思想的研究没有清晰的主线，没有将章炳麟的教育主张联系在一

① 朱永新. 中国近代维新教育思想概观 [J]. 教育科学，1994（1）：50-51.

② 郭军，张如珍. 章太炎"国粹"教育思想的独特性辨析 [J]. 兰州学刊，2008（9）：187-191.

③ 刘春蕙. 为实现救国的抱负呕心沥血：章太炎的教育实践和教育思想 [J]. 教育发展研究，2002（5）：68-71.

④ 纪宏茹，张瑞庆. 简论章太炎的教育主张 [J]. 河北大学成人教育学院学报，2008（3）：63-64.

起进行阐述，对章炳麟教育观的认识不够深入、阐述不够细致；其次，对于章炳麟体育观的研究只是在研究其他人的体育观时一笔带过，没有真正意义上的对章炳麟体育观深入研究的论文。章炳麟的教育理论除了以上的教育实践和学生主体的思想外，还有许多可以作用于体育的教育学观点，因此，笔者力求在整合章炳麟完整教育理论的基础上，对章炳麟教育理论中能够作用于中国学校体育的观点进行梳理，整理出适合体育教学发展的思想。

三、章炳麟体育观核心要旨

章炳麟教育观的核心观点是"教育主张要与时俱进"，其教育观点的提出是依据当时国家内部的积贫积弱和外部的列强环境。当时中国封建教育制度在各种方面的缺陷，如应试教育与生活实践的脱节、教学内容的陈旧、扼杀学生个性的培养方式等，各种教育体制的落后最终导致国家实力远远落后于世界其他国家。

章炳麟虽然批判封建教育制度，但却强调中国的优秀传统文化博大精深："多述明清兴废之事情，意在学也"①　"时以种族大义训迪诸生，收效甚巨"。②他主张教育的实施应当立足本国的国情，他最直接的观点就是教育应当为本国培养实用型人才，他认为爱国主义教育能够促进民族的觉醒，使人们能够清醒认识到教育的重要性，认为青年人能够通过对本国文化的学习，树立民族自信心和自豪感，在列强瓜分中国日趋激烈的竞争中激起民众的爱国之心。章炳麟的爱国心贯穿他的整个教育生涯，他对于爱国学社的建立，以及推动外国先进教育思想在中国的传播做出了巨大努力，在一定程度上改变了中国的教育制度，推动了中国革命事业的发展进程。章炳麟是一位开明的资产阶级革命学者，因此他总是用发展的眼光看待革命和教育，比如，他在中日甲午战争结束后毅然决然地加入康有为建立的强学会，投身到宣扬变法的行列中去。这个时期的章炳麟是赞成康有为和梁启超关于教育方面的改革的，比如，设立京师同文馆和翻译外国文献资料的翻译局。随着戊戌变法的失败他又投身孙中山所领导的资产阶级民主革命，希望通过革命建立一个资产阶级国家，当实用主义开始风靡全球的时候，他转而宣传实用主义。为了发展近代学校教育事业，他主要通过以下几种方式来宣传自己的教育主张：（1）开办国学讲习所，（2）著书立说、发表相关论文，（3）创立爱国学社，（4）创办报社，（5）到学校担任校长或者

---

① 汤志钧．章太炎年谱长编：上册［M］．北京：中华书局，1979：152.

② 汤志钧．章太炎年谱长编：上册［M］．北京：中华书局，1979：127.

任教等。

（一）在学校教育中积极推行"兵式体操"

我国近代学校体育的起源可以追溯到洋务运动时期，这时期我国开始着手建立以兵式体操为主要内容的军事学堂，这些军事学堂所招聘的教官主要是德国人和日本人，并且学堂的办理完全仿照外国军事学校，军事学堂只开设了一些近代军事学科，类似于现在的体育课，当时叫作"体操课"。洋务运动时期的体操课虽然以兵式体操为主，但也包括普通体操和田径运动项目。自此，新式学堂开始被大量创办，打破了我国传统学校教育中没有体育的情况。

章炳麟强调体育对于提升国家军事力量的重要性："惟体操足以变化气质。德国军制，寓兵于农，文武自将。吾党之责，不习体操何以从事武备？天岂以熊经鸟伸，空言导引哉？奔命纤死，忧患同之，是固不容少缓矣。"① 除此之外，西方国家在中国建立的教会学校，是以民间团体办学的形式作为官办教育的补充。如 1885 年在福州成立的基督教青年会组织，它引进了西方的体育活动，一些球类运动和运动规则等。西方发达国家常常会选派体育专业人才到中国任教，他们除了在自己的教会学校任教外，还经常到中国的官办学堂传授运动技能。

章炳麟曾经在 19 世纪末期加入了康有为在上海成立的强学会，鼓吹变法，他们主张建立以兵式体操为主的学校体育制度，并为此做出了一系列的努力。一是筹办京师大学堂。二是全国各地的许多教书机构都改为兼习中国文化和传统文化的综合性学校，对于地方私立的学校和民间办学等，都要求采取中西兼有的课程。至于民间祠庙，有不再祭祀的，也一律改为学堂。三是所有的中小学应读之书，仍由官书局编译、颁布尊行。四是设立农业、茶务、蚕桑、医学学堂。五是派人出国留学。除此之外，章炳麟下令把八股文考试改为考时务策论，并令开经济科，设法律、财政、外交等专门学科。戊戌变法在教育上的改革也使学校体育有了一定的发展雏形。② 章炳麟是清朝末期维新运动中出色的教育家和宣传家，这个时期他的教育主张主要围绕国家图强的方向进行，他说："足下常年有智，岂可随此波流？欲断此习，当以事类相近者移之，如围棋，蹴鞠之流事业。"③ 他认为人们随波逐流的学习风气能够从对体育运动的参与中获得改变，他认为只有国民体质的强健才是国家强大的基础。

---

① 朱维铮，姜义华．章太炎选集：注释本［M］．上海：上海人民出版社，1981：17．

② 陈新生．中国近代教育的发展与近代体育的兴起［J］．武汉体育学院学报，1997（3）：9-12．

③ 章炳麟．章炳麟论学手札［M］．北京：北京师范大学出版社，2010：64．

1903 年"癸卯学制"颁布，至此，我国的学校教育中开始有了体育，这个章程对于体操课的规定是非常细致的，规定了初等小学堂的体操课一年级是有益的运动和游戏；二年级以上的年级所采用的教学课程在游戏的基础上增加了普通体操；而高级小学堂的体操课设置是这样规定的：学生的身体各方面的发育均衡，四肢的动作协调灵敏，使他们的精神振奋，从而使他们养成积极参加团体体育活动和服从命令的习惯，宜以兵式体操为主。规定了体操课的时间为三小时，并且各年级的要求相同。当时的体育课使用的教材是：通俗体操、有益的运动以及兵式体操，对于各年级学生的要求相同。中学堂的体操课规定为：宜讲求实用，其普通体操应该首先教给学生准备活动、纠正动作、徒手的负重练习等体操，其次教学生棍子和球棒等体操活动。对于兵式体操的教学，首先教学生单人的练习、柔韧性的体操、小队的群体练习和操作器械的体操等，学习枪术和剑术、野外的军事演习和学习大概的兵法等。师范学堂的体操课这样规定：教授有益之运动与士兵训练。高等学堂的体操课分科目的不同设置、要求，提高了对体育场地的要求。从以上学制不难看出，清朝末期所开设的体操课有着明显的兵式体操倾向，体现了当时军国民体育思想。

（二）强调学校体育实用性与育人价值

如果说戊戌变法时期章炳麟的体育观是以启蒙近代学校体育的开端为目标，那么在中华民国成立以后，他的体育教育主张则倾向学校体育的实用性，更多地关注学校体育的育人价值。在第一次世界大战期间兵式体操的发展开始由盛转衰，随着德国的战败，很多人认识到军国主义教育体制下培养出来的人是帝国主义侵略的工具。此时，中国的一些具有先进思想头脑的教育者如蔡元培和章炳麟等，他们提出了一些改进学校体育的方案如：（1）加强武术；（2）力求完备体育上设备及器械；（3）开始对于民间的自由研究进行嘉奖，并积极倡导教学方法的改进；（4）注意校外活动数量的增加；（5）对体育教员设法给予优待；（6）在体操及教练的考察方面设定标准。从这些措施中我们不难发现，学校体育从兵式体操到融入国术、体育器械、重视课外体育活动、重视体操教员的培养、制定合理的操练方法等新的学校体育，一方面是外国体育制度的中国化，另一方面是深入学习西方体育制度的内涵。章炳麟体育观在这个时期更多关注的是学校体育的实用性。

章炳麟认为学校的教育应该不只是让学生掌握一门专项知识，他认为："在政府设许多学校，原只望成就几个致用的人，至于学生求学，以及教人求学，就不该专向致用一面。"① 他认为传统教育只是为了培养一些"顺民",而近代学校教育则是为了培养能够促进国家发展的实用型人才。对实用主义的介绍,他用了一个形象的比喻:他将中国的传统教育看作一个封闭的池塘,将外国的教育制度看成外部流入池塘的活水,只有外部不断有活水流入池塘,池塘才不会干涸,所以说学校只是教育的一部分。

实用主义教育传入我国是必然的,一方面,由于五四运动以及新文化运动的发展,军国民教育思想和兵式体操在学校体育中的地位逐渐衰落;另一方面,在我国的教育行政部门和大学教师中,以留美学生居多。因此,章炳麟后期所倡导的实用主义教育主张取代了教学内容枯燥的军国民主义教育主张。美国实用主义教育家杜威曾在中国进行为期 2 年的讲学,后来又来了许多宣传实用主义教育的西方学者,他们的这些实用主义教育思想正适合中国资产阶级当时的需要,对中国的教育界产生了较大的影响。在这种形势下,北洋军阀政府不得不对学校教育进行改革。于是,在 1922 年我国颁布了"壬戌学制",这个学制是采用了美国的"六三三"学制,学制中提出了人才培养的七项标准:(1)培养的人才需要适应社会的需要;(2)积极推广普通民众能够参与的教育;(3)注重学生个体的兴趣爱好的发展;(4)对于国民经济发展的重视程度加大;(5)提高了对学生有关生活方面的培养;(6)将教育的难度降低,使教育的普及性更高;(7)多考虑地方的条件限制,给地方教育的开展留有余地。这次改革的最大变化就是我国学校教育从对于日本军国民教育思想的全盘照搬,转变为对美国教学模式的取长补短式的学习,这种转变模式大大推动了我国近代学校体育事业的发展。在体育方面,正式把学校体育的"体操科"改名为"体育科",将学校体育所包含的内容范围也扩大了,规定初中增加教授卫生,而高中则增加教授生理。体操课也改成体育课,表明了我国学校体育制度逐步完善,学校体育的内容越来越丰富,体育教师的专业性越来越高。

章炳麟的体育观从兵式体操转变为实用型体育教育主张的过程,表明他作为一个清末时期开明知识分子所具有的敏锐观察力,他广泛涉猎中外书籍,所以他的教育理念能够在清末百家争鸣的改学风潮中独树一帜,这也跟他严谨的治学态度有关。相对于军国民主义,实用主义教育以更自由的方式对学生进行培养,它更加注重学生个性的发展,这种教育模式更有利于学生的成长成才。从这一变化过程中,我们不难看出章炳麟教育思想中学生处于教学主体地位的观点,他提倡学生的学习要经世济用,他对于实用主义教育思想的传播,在很

---

① 章炳麟.章太炎的白话文 [M].沈阳:辽宁教育出版社,2003:2.

大程度上推动了近代我国学校体育的发展。

（三）主张建立完备的学校教育制度

章炳麟非常建立国内完备学校教育体制的重要性，他认为"学校之制，校三而科四：一曰政治，再曰法令，三曰武备，四曰工艺。政法必兼治，备艺必分治"①。他主张学校教育分为主要的四个方向：即体育作为学校教育的重要组成部分不可或缺，他认为政治能够培养个人明辨是非的能力；法令能够培养个人令行禁止的作风；武备能够锻炼人们强健的体魄；工艺能够作为他们进入社会后择业的手段。他认为学校的改革应该从学校所教授的科目中改进，这表明了他的一种建立涵盖各种知识体系的综合性学校的主张。章炳麟肯定了当时学术界出现的争论现象，他认为："凡此五变，各从其世。"认为教育学术的变迁不再是万世一系的统治思想与各种各样离经叛道思想之间无休止的冲突，而是社会与政俗变迁的必然要求，是学术自身内在矛盾的必然发展与必然转变。他提出，评价各时代学术的地位与价值，必须看它是否适应了社会与政俗变迁的历史趋势，看它在多大程度上解决了先前思想学术的困境，看它自身存在着什么样的内在矛盾。章炳麟的这种观点为颠覆传统的学术模式提供了近代科学精神的具体途径。②

章炳麟在他的著作《章太炎的白话文》中阐述了中国传统教育的状况，他说："古人的教育法，不过是礼、乐、射、御、书、数，六种。到了孔子以后，历史、地理、哲学、政治各项，都渐渐起来，射、御两种，近来用处固然是少。乐呢，大概少理会得的。书就一向唤作小学。小学从宋朝以后，就逐渐衰落，到明朝就全没有。"③ 章炳麟认为，在封建礼教的教育下，这些学生只能懂得八股，其他什么都不知道，因此改革传统教育势在必行。在那个年代，章炳麟提出建立完备大学的观点，对当时教育界的影响是很大的，章炳麟的这种对学生进行全面培养的教育主张，开阔了学生的眼界，把近代学校教育向更高的一个层次推进，与现代学校教育中所推行的一专多能的全面教育有异曲同工之妙，由此可见章炳麟体育观的超越时代性。

（四）强调学校教育中的德育、智育、体育应受到同等重视

章炳麟批判了政府设立的学校只是侧重于传授八股文，忽略了对学生的道德教育。他认为学校里面所讲的在智育方面多，在德育方面少。他认为"德育、

① 章太炎.訄书：初刻本［M］.北京：生活·读书·新知三联书店，1998：92.
② 章炳麟.章炳麟全集［M］.上海：上海人民教育出版社，1982：144-145.
③ 章炳麟.章太炎的白话文［M］.辽宁：辽宁教育出版社，2003：21-23.

智育、体育，这三句话，原是应该并重"①。他认为学校教育应该分为三部分，即德育、智育、体育，智育是传统学校本来就有的功能，而德育和体育则是近代教育赋予学校教育的新功能，体育作为近代中国学校教育的重要组成部分，具有传统德育教育模式所不具有的特殊功效。

章炳麟认为学生参与体育活动的主要作用在于：首先，能够促进身体的生长和发育，保持身体健康；其次，能够通过参加体育活动释放自己的情感，调节自己的情绪，使学生在面对日常事务的时候能够保持一种积极的精神态度；最后，体育中的团体活动对学生在社会上生存的能力也是一种锻炼，学生在体育活动中分工明确，为了获得最后的胜利，需要他们具有担当、分享、团队协作和无私奉献的精神，这种由体育活动而产生的小团体俨然是一个小的社会。

（五）强调学校教育中师生关系的重要性

对于在教学中的师生关系，章炳麟曾说："为学无常师，左右采获，深疾守家法违实录者。"② 他认为在做学问的过程中，青年学生应当积极主动地学习新知识，面对先进的教育理念，要有勇于承认不足的勇气，不要拘泥于师门派别。章炳麟年轻的时候曾从经学大师俞樾，当他去日本游学归来后，毫不留情地批判以他的老师为代表的传统守旧派文化，最终导致他的老师与他断绝师徒关系。章炳麟的这种做法一方面反映了外来文化对传统文化的冲击，另一方面反映了封建顽固派的因循守旧。章炳麟虽然强调教学中师生关系的重要性，但他更强调不要拘泥于传统观念，要有自己的价值观，具有能够判断是非的能力。章炳麟在面对自己的学生怀疑自己观点的时候，对学生总是很宽容，这种新的教育方式，对流传了几千年的传统"填鸭式"教学方式产生了巨大冲击，最主要的表现就是当国家面对内外交困的局面时，最先站出来的就是中国的先进知识分子。

周作人曾经这样评价章炳麟："太炎先生对于阔人要发脾气，可是对青年学生却是很好，随便谈笑，同家人朋友一般。"③ 章炳麟的这种与学生建立良好教学关系的主张，同样能够应用到体育教学中，即反馈教学法。体育教师在进行技术动作教学的时候能够及时听取学生的建议，并及时修改自己在教学上的不足，而学生也能够通过与老师的交流，使自己的学习效果事半功倍，这种教学

① 章太炎. 庚戌会演说录［J］. 教育今语杂志，1910（6）：45.
② 章太炎. 东京留学生欢迎会演说辞，章太炎讲演集［M］. 石家庄：河北人民出版社，2004：8.
③ 周作人. 知堂回想录：上册［M］. 香港：三育图书有限公司，1980：252.

方式无疑是一种双赢。反观传统教学模式，严厉的教师往往能够引起学生学习的抵触情绪，而教师对学生知识的传授也只是以死记硬背为主，并不要求学生理解他们费尽千辛万苦所记的课文。传统教学模式在扼杀学生个性发展的同时，也为学生灌输一种忠君思想，这种教学方式在面对西方的坚船利炮时弊端尽显。章炳麟所提倡的这种教学方式加速了近代中国学校教育发展历程，具有重要的借鉴价值。

四、章炳麟体育观当代启示

（一）有助于转变学校教育的"重文轻武"的教学观念

章炳麟立足近代中国的国情，提出了教育救国的观念，并且身体力行，积极宣扬革命、积极在爱国学社中开展体育活动，他所做出的努力最终改变了我国近代教育的面貌。

"重文轻武"是历代教育的弊端，当今教育也不例外，在此顽固思想的影响下，学校、家长、学生三位一体，大搞应试教育。为了提高学生的文化成绩，学校压缩体育课时，使许多学校的体育课经常被其他的文化课所占用，有的学校干脆不开设体育课；家长也尽量腾挪时间，想方设法让学生投入题海之中，有的学生甚至牺牲睡眠时间。这些急功近利的做法不仅会严重影响损害学生的体质健康，还会导致学生学习效率的极速下降。

学校体育活动不仅有助于改变应试教育的现状，让学生走出应试教育高强度、高负荷的考试阴影，而且有利于让学生参与热血、积极向上、促进学生社会交往的体育活动，促进学生的身心健康发展。因此，章炳麟提出的教育救国思想不仅对教育具有深刻的指导意义，还对学校体育具有重要的启发价值：一是体育是教育的一个重要组成部分，体育直接关乎学生的体质健康，要想振兴国家，通过教育提高国民的智力、文化水平是一个主要的方面，而提高国民的体质水平也是极为重要的。特别是在当下青少年学生体质健康水平不断下滑的背景下，更要提倡学校体育，增强青少年学生的体质，这是一个未雨绸缪的长远之大计；二是学校体育不仅具有增强学生体质的作用，还具有培养品德与道德之功效，教育救国不仅需要国民的文化，还需要国民的道德与品德。因此，通过学校体育活动，可为青少年学生培养勇敢、坚韧、敢于拼搏、遵守纪律等方面的道德。

（二）有助于强化高校体育与社会教育相结合的教学模式

学校教育与社会需要脱节的问题，在我国近代学校教育刚刚建立的时候就出现过，章炳麟认为："《大学》《孝经》所讲，修己治人之道胥备。惟无勇气，仍不足以有为。"① 他认为旧学堂所教授的传统典籍，只是培养受教育者"修己治人"方面的品格，缺乏培养他们勇气的教育，即传统培养模式下对学生进行单纯的理论知识的教育，对学生的教育不涉及社会生活方面的教育。学生在学校完成学业，踏入社会以后，必然面临着适应社会的问题，如果学校没有传授学生适应社会生活的各种能力，如团队合作、分享、承担等，那么当学生踏入社会以后，他们将面临在社会上接受再次教育的情况，这就存在着学校教育与社会需求之间的差距。在当代社会，这样的情况日益严峻，大学生工作难找的情况也日渐突出，解决这种问题的根源就是将学校教育与社会教育相结合。

章炳麟认为单纯的学校教育培养出来的学生只是书呆子，学校教育的目标应当是培养社会化的人才。这对我国高校体育教学模式具有一定的启发作用。一是高校体育教材要贴近学生的需求。大学生已是比较成熟的学生群体，因此，他们的需求是理性的。作为高校体育教师，要尊重大学生的体育需求，特别是在当下大学体育实施"三自"教学模式（自选教师、自选教材、自选时间）的背景下，更要切实关注学生的兴趣爱好。二是要提倡俱乐部制、社团化的教学模式。因为大学生自主能力、社会活动较强，他们的交往往往不在于同班级学生、同学院学生，更多的在于不同学院、不同专业、不同学校之间，因此，利用大学生多元化交往的特点，进行开发式教学模式创新，不同学院、不同专业之间可以打通，让学生在自主学习为主的运动俱乐部之中获得更多的乐趣、更大的交流空间。

（三）有助于强化学校体育中教师与学生平等与互动

章炳麟自己是经历过传统教育和西方教育共同培养的，由于对西方教育方式的了解，他强烈批判了传统教育中教师高高在上和学生对老师的无条件服从的模式，汤志钧曾经这样记载道："虽以师礼事余，转向发明者多矣。"② 这段话记述的是章炳麟的一位弟子，在学成之后公然发文批判章炳麟是迂腐的守旧派，章炳麟知道这件事后，并没有太过在意，后来当这位弟子来拜访他的时候，他仍然像对待其他弟子一样对待他。由此可见，章炳麟在实施教育的同时，注重培养学生敢于怀疑的能力，他们师徒之间也并没有因为学术意见的不和而决裂。这个事件告诉我们，教师与学生之间是平等的互动，相互质疑、表达不同的见解是正常现象。

纵观当前学校教育中的师生关系，尤其是体育教学中的师生关系，章炳麟

---

① 章太炎.章太炎先生讲经学［J］.无锡国学专修学校季刊，1933（3）：1-15.
② 汤志钧.章太炎年谱长编：上册［M］.北京：中华书局，1979：473.

的这种师生平等互动教育模式的主要启示在于以下方面。一是改变体育教师传统的、权威式的、灌输式的教学态度。由于体育学科的特殊性，在体育教学过程中，体育教师往往采取的是主导式、灌输式的教学态度。新课程改革以来，传统的教学态度已有所改观，然而要真正改变学生的体育学习方式，改变体育教师传统的教学态度并非一朝一夕之事。二是尊重学生的不同意见。在传统体育教学模式背景下，学生基本没有发言权，教学目标、教学方法、教学手段、教学策略、教学评价等制定都是体育教师的事，学生根本没有权利参与协商。新课程实施以来，体育教师的权威受到了挑战，学生的兴趣爱好受到了关注，这是可喜之事，应大力提倡，特别是对于学生的各种教学反馈意见，教师更应重视，应把它们作为一种教学参考依据，吸收到体育教学设计与实施之中。三是形成师生平等关系。在体育教学过程中的教师与学生之间是平等互助的关系，体育教师不要高高在上、态度强硬，要与学生打成一片，并参与到学生的活动之中，这样，才能缩短师生之间的距离，学生才会跟老师说心里话，才能建立融洽的师生关系。

（四）有利于结合体育实践对学生进行有效的道德教育

章炳麟主张"以研究通俗教育实施方法、为普通人民灌输常识培养公德、并启发有关社会教育之各事物为宗旨""注重卫生、练生、公众道德、国家观念四主义"①。他通过对传统国学的研究，将原本深奥的传统国学用简单的话表达出来，让人们都能够理解。章炳麟明确指出学校教育的四个方面在于：卫生、体育、公德、国家观念。他主张采取学校理论教育与社会实践相结合的德育培养模式，一方面使学生在经过理论训练之后，到社会上进行实践，即学以致用；另一方面在学校教育方面，采取特殊的教育模式，组成模仿社会生活的小团体，对学生进行道德教育的模拟训练，即采取学校体育以身体锻炼为主要手段的教育方式，利用团体类体育活动对学生进行预备教育。

章炳麟重视道德问题，认为道德是一切思想的基础。他承认人的本能，但认为人只有经过后天的礼义教化，才能踏上正确的发展道路。章炳麟在承认人的自然因素与生理因素在人性形成中的作用基础上，突出强调社会环境和社会教育对人道德培养的决定性作用，他认为："学可以近变一人之行，而又能改变一个民族于百年形成的特质，这就把人的本质的改变与社会环境及社会环境的改变紧密地结合在一起。"体育活动具有培养道德的特殊功效，是其他社会活动所无法比拟的，但是，通过体育活动培养学生道德并不是空洞的，必须通过体

---

① 杨际贤. 中华百年教育家思想［M］. 北京：中国盲文出版社，1999：140.

育实践活动，让学生真正体会体育竞赛活动中遵循体育规则的重要性，并把这种体育道德迁移到社会生活中，这样培养出来的体育道德与社会道德才是稳固的。

五、结语

章炳麟是我国著名的革命者和教育家，是致力于改革我国学校教育制度的先驱。本研究结合他的相关著作与学术论文，通过梳理他生平的教育实践活动，总结出他的体育观：在学校教育中积极推行"兵式体操"，强调学校体育实用性与育人价值，主张建立完备的学校教育制度，强调学校教育中的德育、智育、体育应受到同等重视，强调学校教育中师生关系的重要性。首先，章炳麟体育观的核心内容是体育教育应当为社会服务；其次，他强调学校教育中的德育、智育、体育并重，强化体育育人价值，建立学校体育中良好师生关系等是实施体育育人的具体措施。章炳麟以上体育观对我国学校体育改革的启示为：转变学校教育的"重文轻武"的教学观念，强化高校体育与社会实践相结合的教育模式，结合社会对学生进行道德教育等。

当然，章炳麟的体育教育主张还是存在一定的局限性，如他片面地强调学校的爱国主义教育，导致学校变成单纯的军事学校；对西方教育制度的鼓吹，导致传统国学面临消亡；对国外教育制度的盲目模仿，让中国近代学校教育在发展中走了不少弯路等。

第七章

心力、胆力与体力国民尚武精神的三要素：梁启超体育观

一、梁启超简介

梁启超（1873—1929），别号饮冰室主人。出身于广东省新会县熊子乡茶坑村一个半耕半读的家庭。1895 年，为了反对签订丧权辱国的《马关条约》，与康有为发动了著名的"公车上书"，梁启超正式加入了中国早期的资产阶级维新改良运动，并成为康有为的得力助手，走上了政治活动家和思想家的道路。梁启超是我国近代资产阶级著名的改良主义政治家，启蒙宣传家和杰出的学者，也是近代向西方求进步的先进人物之一。

辛亥革命后，梁启超担任北京政府的司法总长、财政总长等职。1915 年因反对帝制而策动并参加了反袁起义。1917 年后离开政界。晚年的梁启超，其主要精力是搞学术研究和进行讲学活动，曾执教于清华大学并担任过京师图书馆馆长。

《饮冰室合集》是由中国著名政治家、思想家梁启超的书斋命名的关于近代中国政治、思想、文化、社会的重要研究史料。它由后人把梁启超的著述集中编排而成，分《文集》《专集》两部分，是当前内容最齐全、编排最系统的梁启超著述集。梁启超（1873—1929），字卓如，号任公，别号饮冰室主人。[1] 他自幼便得到良好的教育机会，12 岁中秀才，16 岁中举人。1890 年，赴京会试的失败，改变了他的整个命运。在回乡途中，梁启超阅读了包括《瀛环志略》在内的大量西文书籍，这使其大开眼界。梁启超后又结识了康有为并拜其为师，在康有为所办的万木草堂学习的 4 年时间里全面接受了康有为的维新思想。梁启超一生当中提倡强兵、强民，并强烈批判了中国主静克动的传统思想观念，主张培养文武两备的军事人才，为其维新变法。在《饮冰室合集》中有关梁启超"尚武"思想的内容较为丰富，其主要是积极主张培养德、智、体全面发展

---

① 梁启超. 饮冰室合集 ［M］. 上海：中华书局，1989：12.

的人才，尤其强调培养"具有国家思想品德、毅力，有尚武精神的国民"。本研究意在通过对《饮冰室合集》中梁启超"尚武"思想产生的背景与内涵的分析，探讨梁启超"尚武"思想对中国学校体育的当代价值，为我国学校体育的良性运行与健康发展提供理论借鉴。①

二、梁启超体育观前期研究评述

输入"梁启超+体育"篇名，查阅中国学术期刊网（中国知网）资料，获得与梁启超有关的体育研究文献18篇，其中核心期刊4篇。纵观以上文献及其观点，对本研究具有一定借鉴意义的文献与观点主要有以下内容。

何叙认为："梁启超提出德育、智育、体育为教育上缺一不可之物。他站在国家富强，民族振兴的立场，提倡尚武精神，宣传卫生保健教育，以改善民族的体质和精神面貌。"② 谭秋燕认为："梁启超的体育思想主要由四大观点组成，即'活动即生命，除却活动别无生命'的'主动'体育观、'吾望吾同胞练其筋骨，习于勇力'的尚武体育观、'德育、智育、体育三者为教育上缺一不可之物'的体育观和'欲其长生久视，则摄生之术不可不明'的养生体育观。"③ 律海涛认为："梁启超站在国家富强、民族振兴的立场，提出我国国民必须克服传统国民的劣根性，积极培养具有爱国情操、社会公德和健康体魄，敢于竞争进取的新型国民。"④ 苏竞存认为："他认为中国贫弱落后，是由于封建教育、科举制度的不良，民族素质的不好，要挽救中国，全靠培养出的新国民（新民）。中国文弱不武的原因：由于国事之一统、由于儒教的流失、由霸者之摧剥、由习俗之濡染。"⑤

综上所述，前期他人的研究为本研究提供了一定的研究基础，但同时也存在一定的问题：研究数量较少；研究层次不高；研究内容缺乏一定的主线，泛泛而谈的较多。因此，梁启超体育观的研究尚有较大的空间。

① 李启迪，姜小平，黄婷，等.《饮冰室合集》中梁启超"尚武"思想及其当代启示 [J].体育与科学，2015（02）：63-67
② 何叙，律海涛.梁启超的体育观 [J].体育文化导刊，2005（4）：64-66.
③ 谭秋燕.梁启超体育思想研究 [D].长沙：湖南大学，2011.
④ 律海涛.梁启超的新民思想与当代体育教育 [J].西南民族大学学报（人文社科版），2005（6）：12-15.
⑤ 苏竞存.梁启超的尚武思想与民族体育的醒觉 [J].体育文史，1989（6）：19.

三、梁启超体育观核心要旨

（一）从"进化论"与"周易"思想提出了"尚武"精神

"进化论"是 1859 年达尔文《物种起源》中表述的认为事物不断地从简单向复杂、从低级向高级发展演变的学说。在甲午战争之后，达尔文进化论由于严复的积极传播开始广泛影响中国，自严复译著《天演论》出版后，"物竞""争存""优胜劣败"等词，广泛流传。之后梁启超将其融进自己的思想体系中，形成了他的进化论观。

梁启超认为，"淘汰复有二种：曰'天然淘汰'，曰'人事淘汰'。"① 对于"人事淘汰"，他认为，斯巴达人因强武而获得竞争力的原因就是运用人事淘汰的方法，即丢弃或者杀戮出生婴儿中的羸弱者；对于"天然淘汰"，他认为，人类社会的同类竞争，其激烈程度超过了物种之间的竞争。因此，如果一个国家要在竞争残酷的人类社会中生存，就必须使得国民具有超强竞争力的尚武精神。②

另外，梁启超尚武精神来源于《周易》的"唯变所适"，它不仅为维新变法运动提供了哲学依据，还为其尚武精神的产生提供了理论基础，梁启超运用了《周易》卦象的变化，通过阴阳、刚柔循环转变，阐明了事物运动不息、变化不止的规律。③

（二）"尚武"精神是衡量民族强盛的重要标志

早在春秋时期，孔子授徒的学校课程中就有了"射、御"的尚武内容，但为后继者所抛弃，导致民族体质的逐渐羸弱，以致沦落为"东亚病夫"。

什么是"尚武"，按其字面理解就是"崇尚勇猛"之意。翻开世界史，我们发现"尚武精神"为各个民族的强盛发达起到了巨大的推动作用。回顾中国的发展历史，早在汉代就体现了卫青、霍去病等精英从军报国、建功立业的尚武精神，但到了宋朝，尚武之风就开始逐步衰退了。到了明朝，程朱"理学"的高度发展进一步导致了尚武精神的丧失，老百姓都成了顺民。到了清朝，因

① 梁启超的进化论世界观［N］. 光明日报，2005-5-17.
② 李启迪，姜小平，黄婷，等.《饮冰室合集》中梁启超"尚武"思想及其当代启示［J］. 体育与科学，2015（2）：63-67.
③ 李启迪，姜小平，黄婷，等.《饮冰室合集》中梁启超"尚武"思想及其当代启示［J］. 体育与科学，2015（2）：63-67.

清政府的防汉、恐汉心理，大兴"文字狱"来迫害汉族的尚武反抗精神。①

19 世纪中期，鸦片流毒中华大地，清政府不但不禁止，上层阶级反而带头吸食，致使民众体质越加羸弱，从而激起了不少有志之士忧国忧民的情绪。北洋水师战败的事实证明，军人精神的塑造远比强大的军事装备更加重要。由此，"尚武"意识在此社会背景下再一次兴起。②

梁启超流亡日本期间，日本武士道精神对他影响很深，他认为，中国人若要强盛，就应该摒弃"贱武右文"思想，树立日本的武士精神。③

梁启超受康有为恩师的影响很深，他同样十分重视学校教育的价值与意义："调理万端，皆归本于学校。"④ 他分析了当时中国人的性格，是"我责人，人亦责我；我望人，人亦望我"，⑤ 互相观望，推卸责任，人人对社会、对国家都不负责任。他认为要抵御外寇，只有培养新的国民。

综上，首先梁启超"尚武"思想形成的主要条件是"列强入侵"，其次是受"西学东渐""欧风美雨"的思潮影响，同时也因为维新变法斗争，需要一批德、智、体全面发展的新人去改良社会。因此，从历史角度看，康、梁的"尚武"思想是伴随着维新变法斗争而形成和发展的。虽然他们的维新变法未能成功，但是经他们吸取、融化和发展了的"尚武"思想，与他们的变法思想一起，给教育界和整个社会留下了深深的印迹，对我国近代体育的兴起与发展也起了启蒙作用。⑥ 梁启超很敬佩斯巴达人的尚武精神，他说："斯巴达一个弹丸小国，全国人口加在一起不到一万，竟然对内统治数十万的异族，对外挫败十余万的波斯军队，雄霸希腊，与雅典狎主齐盟！——就因为尚武。"⑦

同时，梁启超也很欣赏德意志的尚武精神，他说："德国一个新成立的国家，到今天仅仅二十年，竟然能够打败奥地利、法兰西，雄视欧洲！——就因为尚武。"⑧

---

① 李启迪，姜小平，黄婷，等.《饮冰室合集》中梁启超"尚武"思想及其当代启示
  [J].体育与科学，2015（2）：63-67.
② 李杰，李龙洙.简论梁启超的"尚武"体育思想［J］.湖北经济学院学报（人文社会
  科学版），2010（7）：21-22.
③ 李启迪，姜小平，黄婷，等.《饮冰室合集》中梁启超"尚武"思想及其当代启示
  [J].体育与科学，2015（2）：63-67.
④ 梁启超.饮冰室合集专集之四［M］.北京：中华书局，1989.
⑤ 梁启超.变法通议：学校总论［M］.北京：华夏出版社，2002.
⑥ 王俊奇.近现代二十家体育思想论稿［M］.北京：人民体育出版社，1993：75-83.
⑦ 梁启超.白话译写本：新民说［M］.昆明：云南人民出版社，2013：168.
⑧ 梁启超.白话译写本：新民说［M］.昆明：云南人民出版社，2013：169.

梁启超对日本人的尚武精神也很佩服，他说："在他们刚开始实行征兵制的时候，还有哭泣逃亡、乞求避免的人，到现在却是：争相入伍，争上战场，尚武雄风，举国一致。最近日本大力发展体育事业，定将让国民都具备军人的本领，都具有军人的精神。总之，日本区区三岛，维新成功仅二十年，竟然能够战胜我们中国，虎视眈眈，屹然称继于东洋！——就因为尚武。"①

而对于中国，他大声疾呼："我们中国却以文弱在世界上考第一名，逆来顺受，窝囊透顶，东亚病夫，病入膏肓！"② 特别是清代满人入主中原后，清政府为了更好地统治汉人，拼命推行良民政策，限制人民练武，导致整个社会尚武之风殆尽，懦弱成为当时社会的严重问题。

对于这种国民羸弱现象，梁启超认为这是历代统治者的杰作："秦始皇嬴政收缴天下兵器铸成铜人，汉景帝刘启扑灭游侠，汉高帝刘邦及明太祖朱元璋诛杀功臣，都属于采取了'锄'的办法。然而前者刚被除掉，后者就又涌现，锄不胜锄。于是统治者发明了第二个办法——'柔'。拿律令制策柔化人才，拿诗赋词章柔化人才，拿帖括楷法柔化人才，拿簿书期会柔化人才，柔化他们的才力，柔化他们的筋骨，柔化他们的言论，柔化他们的思想，柔化他们的精神。——这样一来，不用动刀动枪，天下英雄就被圈养起来，不再有丝毫叱咤慷慨的豪气。一个霸者上台，用这些办法摧荡国民；再有霸者上台，也用这些办法摧荡国民；经过历朝历代不断摧荡，国民自然成绵羊。"③

综上，梁启超认为，无论是地处欧洲的各国，还是东邻的日本，其尚武精神可嘉，并以此体现了他们民族的强大。但中国因历代统治者实行的弱民政策，导致了近代"东亚病夫"的耻辱，因此，要使得国家民族强盛，必须重塑尚武精神。④

（三）提出身体强健是优秀的"新民"必备素质之一

由于梁启超对当时国民身体羸弱的惨状痛恨不已，所以，如何培育优秀的"新民"以强大国家是梁启超亟待解决的一个重大问题。他认为，具有特色的"新民"要具有公德、国家思想、合群、毅力、尚武等品质。其中，他在其专著《新民说》中专设一章《论尚武》用以讨论"新民"所需的尚武精神，他主张"发扬其尚武之魄，鼓舞其自尊之念"，他积极推崇古希腊的斯巴达人尚武之精

---

① 梁启超．白话译写本：新民说［M］．昆明：云南人民出版社，2013：170．
② 梁启超．白话译写本：新民说［M］．昆明：云南人民出版社，2013：175．
③ 梁启超．白话译写本：新民说［M］．昆明：云南人民出版社，2013：177．
④ 李启迪，姜小平，黄婷，等．《饮冰室合集》中梁启超"尚武"思想及其当代启示［J］．体育与科学，2015（2）：63-67．

神，并号召国人"凡我同胞，各厉乃志，各竭乃力，急君父之难，待他日之用，扶国家之敝，杜强敌之谋"①。

但考虑到德国、日本等都是中国的侵略者，为了不损害中国人的自尊心，他借"古已有之"之名，再次向国民推荐与倡导他的尚武精神。并认为应从"心力""胆力""体力"三方面培养国民的尚武精神。②

对于"心力"的重要性，梁启超解释说："心力涣散，勇者也会胆怯；心力专凝，弱者也会变强。"他还举了一个例子来说明："弱妇保护自己的孩子时为啥就能摇身一变为强母呢？就因为她的精神爱恋都专注于孩子的身上，孩子遇到了危险，她当然挺身相救。出于这种母亲保护孩子的心理，即便她当时面对的是人中极为艰险可怖的局面——连壮夫健男都直往后退——她也奋勇向前，完全没有了平时树叶掉下来都怕砸破头的柔弱相。"③

对于"胆力"，他说："项羽破釜沉舟战胜秦军，韩信背水一战击败楚国，战前双方人马相差悬殊，项羽、韩信面对的难道不是一般人认为的危境？然而他们凭借胆力，最终成功。"④

对于"体力"，他认为，"体魄跟精神有密切关系，有健康强固的体魄，才能保证坚忍不屈的精神。所以古代的伟人能担负重任，开创伟业，大都具备超人的体质，能承受非常的艰苦。"他对欧洲各国积极发展的体育运动非常赞赏，他说，"除了体操以外，凡是击剑、赛马、足球、摔跤、射击、游泳、赛艇等运动，无不通过奖励提倡，力求使全国人都具备军国民的资格。过去只是一个斯巴达，现在全欧洲都成了斯巴达"。⑤

（四）"尚武"的精髓在于发展身体与人格精神

首先，梁启超认为，国家要大动，动到天翻地覆才好；个人也要动，因为动可以强身，强身有保国之功效。因为"动"对人的身体气血运行，脑筋灵魂都有很大益处。他在《说动》一文中提倡"动力"："至于人身，而血，而脑筋，而灵魂，其机械之妙，至不可思议，否则为聋聩，为麻木痿痹，而体魄之僵随之。"

其次，"尚武"的精神并不只是在于发展身体，把人们培养成为"武士、侠客、刺客"等中国武士，还在于培养一种"内在的精神"，和一种积极向上、勇

---

① 王俊奇. 近现代二十家体育思想论稿 [M]. 北京：人民体育出版社，1993：75-83.
② 梁启超. 深味解读本. 新民说 [M]. 北京：中国文史出版社，2013：202.
③ 梁启超. 白话译写本. 新民说 [M]. 昆明：云南人民出版社，2013：178.
④ 梁启超. 白话译写本. 新民说 [M]. 昆明：云南人民出版社，2013：179.
⑤ 梁启超. 白话译写本. 新民说 [M]. 昆明：云南人民出版社，2013：179

敢果断、昂扬坚持、认真顽强的生活态度，国家和民族振兴需要的正是这种内在的精神。梁启超在《中国之武士道》一文中较为详细地描述了70多个春秋、战国时期著名人物的中国武士道精神，在梁启超眼中，增强体质、提高健康水平只是"尚武精神"初期功效，终极目标是提升人的机体能力、思想素质、毅力、勇气、集体精神、斗争精神，并将培养人格精神与群体协作精神作为核心内容。因此，梁启超认为体育锻炼的价值首先在于筋骨强健，其次是因强健身体而产生的自信、自立、自尊。①

（五）体育教育是培养"新民"尚武精神的途径与方法

梁启超在较早时期就提出中国人的现代化问题，并提倡培养"新民"。那么，应如何提高"新民"素质呢？梁启超认为当然应该是教育。他认为："故言自强于今日，以开民智为第一义""亡而存之，废而举之，愚而智之，弱而强之，条理万端，皆归本于学校""智恶乎开，开于学；学恶乎立，立于教"。梁启超提倡德、智、体全面发展的教育，他认为，"德育、智育、体育三者，为教育上缺一不可之物"。② 在梁启超安排的教育内容中包括：立志、养心、治身、读书、穷理、学文、乐群、摄生、经世、传教。其中，养心、治身、摄生等均含有体育教育的内容。例如，在养心中，梁启超说："养心之功课有二：一静坐之养心；二阅历之养心。"关于治身，梁启超说："治身之功课，当每月于就寝时，用曾子三省之法，默思一日之言论行事，失检者几何，而自记之。"关于摄生，梁启超的解释是："起居饮食皆有定时，勿使过劳。"特别强调"体操之学，采习一二"③。

康、梁维新变法，主张说服皇帝宣布改制，要求兴办教育以开民智。因此主张"奋励新学，思洗前耻矣"。梁启超十分推崇康有为"若体不备，谓之不成人"的体育观。把"其为教，德育居十之七，智育居十之三，而体育亦特重焉"④ 作为教育学生的指导思想。由此可见，他对体育是何等的重视。梁启超就是这样崇其师说，在教育实践中，注重体育对培养资产阶级全面发展人才所起的作用，曾提出"故君子之于学也，藏焉，修焉，息焉，游焉，今用之，起

---

① 李启迪，姜小平，黄婷，等.《饮冰室合集》中梁启超"尚武"思想及其当代启示[J].体育与科学，2015（2）：63-67.

② 梁启超.梁启超选集[M].上海：上海人民出版社，1984：55

③ 梁启超.梁启超选集[M].上海：上海人民出版社，1984：54.

④ 梁启超.梁启超选集[M].上海：上海人民出版社，1984：57.

居饮食，皆有定时，勿使过劳，体操之学，采习一二"的教育方针。①

为了适应抵御外侮的需要，梁启超十分倡导"尚武"教育。梁启超在《新民说·尚武篇》中，极力主张效法斯巴达、俄罗斯、日本的尚武教育。他尖锐地抨击中国"重文轻武"的传统教育，认为这种教育招致了"武事废堕，民气柔靡"的严重后果，因而主张力纠时弊，发展学校的体育活动，培养学生的"尚武精神"。②

四、梁启超体育观当代启示

（一）有助于提高国民对青少年学生体质重要性

纵观中国发展史，自宋朝以来，尚武之风开始逐步泯灭，而明朝由于盛行程朱"理学"的"半日静坐、半日读书"的文弱之风，进一步丧失了尚武精神，到了清明时代，恐怖的"文字狱"更深层次迫害了汉族的尚武反抗精神。梁启超总结了中华民族丧失尚武精神的根源：一是国势之一统，二是儒教之流失，三是霸者之催荡，四是习俗之濡染。由于国民尚武精神的丧失，从而导致了国民体质衰弱，无法抵御外寇的侵略，两次鸦片战争的失败就是一个很好的举证，这些惨痛的民族教训告诫我们必须重塑民族的尚武思想，这关乎民族的兴衰。③

当下社会，我国国民体质不容乐观，特别是关乎民族未来与希望的青少年一代，其体质状况更是令人担忧。近年来，国民体质监测情况表明，青少年学生体质健康水平不断降低，特别是近视眼率、肥胖率不断攀升，这些因素甚至影响了军队的征兵工作，这是一件关乎民族存亡的大事。因此，国务院、教育部非常重视青少年学生体质健康促进工作，并历经数年的努力，中小学学生的体质下降趋势基本得到遏制，但大学生的体质健康仍然显示下降的趋势。究其原因很多，其中"重文轻武"的传统观念在当下国民的意识中依然根深蒂固，具体表现为应试教育已改革多时，却依然盛行。在这种观念与做法的强压下，学生不得不持续不断地埋头在书堆里，无法主动休息，甚至被动休息的睡眠时间也被严重挤压，这种做法远甚于程朱"理学"的"半日静坐、半日读书"，

---

① 李启迪，姜小平，黄婷，等．《饮冰室合集》中梁启超"尚武"思想及其当代启示[J]．体育与科学，2015（2）：63-67．

② 李启迪，姜小平，黄婷，等．《饮冰室合集》中梁启超"尚武"思想及其当代启示[J]．体育与科学，2015（2）：63-67．

③ 李启迪，姜小平，黄婷，等．《饮冰室合集》中梁启超"尚武"思想及其当代启示[J]．体育与科学，2015（2）：63-67．

至少"理学"做法还有"半日静坐"的休息。①

综上，笔者认为，梁启超的尚武精神在当代依然具有非常重要的借鉴价值，它不仅仅是国民个人的事，还是关乎民族存亡、国家兴衰的大事，而青少年学生是衔接中华民族未来的桥梁。因此，倡导与传播青少年学生的"尚武精神"，关注青少年学生的体质健康问题，有效促进他们的身体健康是当下与未来特等重要的任务与目标。②

（二）有助于重新审视学校体育的出发点与归宿点

纵观近代中国学校体育发展史，首先"增强学生体质"历来都是学校体育的主要目标之一，其次掌握运动技能也是重点目标，即通过运动技术教学实现学生增强体质的目标，这本身没有什么问题，因为这是体育学科的本质特征之一。但学校体育除了学习运动技术、增强体质之外，就没有其他方面的价值了吗？而这直接涉及了学校体育的出发点与归宿点。正如梁启超认为的那样，体育的核心价值更在于因强健体魄带来的自信、自立、自尊等。这是把学校体育上升为学校教育层面的论断，这个论断对于我们重新思考学校体育的出发点与归宿点具有重要的意义与价值。学校教育承载着"教书育人"的功能，然而学校教育是一个抽象的概念，不是一个实体概念，它的功能必须依赖于各个具体学科才能得以实现，因此，学校教育的功能必然要落实到学校教育的各个学科。学校体育中的"教书"就是传授运动技术，使得学生学会运动技能，而学校体育中的"育人"指的是两个层面的含义：一是育体，即增强体质；二是育心，即梁启超所指的体育锻炼所获的勇敢、顽强、战胜自我的意志品质。同时，梁启超认为这不仅是关乎个人之事，而是关系到国家民族强盛的大事，这是一种大视角、大境界，值得我们学习与借鉴。③

综上，笔者认为，我们必须开拓视野，不能仅仅把学校体育活动的出发点局限于运动技术传习、增强学生体质上，还要把它拓展到培养学生意志力、勇敢顽强的斗志、群体协作能力等方面，并把它作为终极评价指标来考查学生身心发展的全面性，这同时又是学校体育的归宿点。④

① 李启迪，姜小平，黄婷，等.《饮冰室合集》中梁启超"尚武"思想及其当代启示[J].体育与科学，2015（2）：63-67.
② 李启迪，姜小平，黄婷，等.《饮冰室合集》中梁启超"尚武"思想及其当代启示[J].体育与科学，2015（2）：63-67.
③ 李启迪，姜小平，黄婷，等.《饮冰室合集》中梁启超"尚武"思想及其当代启示[J].体育与科学，2015（2）：63-67.
④ 李启迪，姜小平，黄婷，等.《饮冰室合集》中梁启超"尚武"思想及其当代启示[J].体育与科学，2015（2）：63-67.

（三）提倡学校体育中的"三力"教育

梁启超认为，"身子坏了，人便活不成，或活得无趣，所以要给他种种体育。"并且他根据日本的教育制度，按照儿童身心发展特点，把教育分为四个时期：幼儿期、儿童期、少年期、成人期，并指出教育要顺应身心发展规律，要循序渐进。

我国古代早有身心一元和身心二元的争论，但长期以来身心分离的二元论始终占主导地位。梁启超对此提出了"体魄者与精神有切密之关系者也。有健康强固之体魄，然后有忍不屈之精神"，梁启超认为要从"心力、胆力、体力"三个方面培养国民的"尚武精神"。梁启超的"三力"教育观原本是针对整个国民教育系统而言的，但是笔者认为，这同样也适合学校体育系统，同时，该思路也是符合梁启超对体育运动解读精神的。学校体育提倡"三力"教育具有以下几个方面的意义。一是强化"体力"，发展学生的体能。二是培养"心力"，按梁启超的理解，"心力"就是人们面对困难与挫折的"勇气"，而体育活动本身就是一种竞赛活动，面对强而有力的对手，是退缩还是挑战，取决于运动员的"勇气"，而梁启超认为"心力涣散，勇者也会胆怯；心力专凝，弱者也会变强"，① 因此，对青少年学生进行"心力"教育有助于培养他们战胜困难的勇气，同样，这种勇气可以内化为人的意志品质，对于学生的学习、生活皆有帮助。三是在运动技术教学过程中发展学生的"胆力"，所谓"胆力"，按梁启超的理解是"自信"，梁启超说："人世间的一切境界，都不过是人心自造，我自己认为处境艰难，认为路途可怕，那么内心必然已经先气馁，必然勇气已经先丧失，这才给外境提供了可乘之机。要是悍然不顾，气势如虹，那么置之死地而后生，置之亡地而能存。"② 由此可见，培养学生的"胆力"（自信心），对于完成体育学习目标尤为重要，同时经常从事体育运动、顺利克服各种运动困难则有助于增强学生的自信心。③

（四）青少年学生要注意劳逸结合

梁启超很重视教育要符合儿童兴趣特点，他说："如教天文地学，就要像演戏法，童子乐知；教古今杂事，要像说鼓词，童子乐闻；还要教声乐、体操等。"同时，他告诫学生："起居饮食，皆有定时，勿使过劳。"他还建议孩子一天学习不超过 3 小时，使其不太劳累，防止造成他们产生对求学的畏难情绪，

---

① 梁启超. 白话译写本：新民说［M］. 昆明：云南人民出版社，2013：177.

② 梁启超. 白话译写本：新民说［M］. 昆明：云南人民出版社，2013：178.

③ 李启迪，姜小平，黄婷，等.《饮冰室合集》中梁启超"尚武"思想及其当代启示［J］. 体育与科学，2015（2）：63-67.

"更不妄自施教，使无伤脑气；且养其廉耻也"。

梁启超的教育思想对当下教育同样具有参考价值，我国教育体制改革那么多年，应试教育依然很严重，这不仅是学校问题，还是一个家庭问题、教育问题、社会问题，这些问题甚至直接影响到了下一代的青少年儿童的体质健康。当代的青少年儿童在应试教育中深受其害，长时期、超负荷的用脑过度不仅会导致学生体质的下降，而且使学生近视眼率大量攀升，学生身体体型畸形发展，同时还泯灭了少年儿童活泼、热情、好动的天性，阻碍了青少年儿童的健康成长。①

"健康、科学用脑"并不只是个人的事，因为学生本身缺乏一定的科学知识，但学生对于家长"有限的嘱咐"常常置若罔闻，学校班主任则反其道而行之，为了争夺个人的教学名利不惜过分使用学生的大脑，从而常常出现拖课、挤课、补课等现象，甚至在课间短短的 10 分钟也不让学生的大脑松弛一下，依然坐在教室布置所谓的"课间作业"。让学生"多用脑、用好脑"可以提高学习的成绩，但过分使用，必然物极必反，对大脑造成伤害。因此，要保证学生的身心健康，促进大脑正常健康的发育，作为教育工作者，首先，要学会掌握科学用脑的知识、内容与方法；其次，应在教学工作中制定各项科学用脑的有效制度、方法与措施，并落实到位；最后，把体育活动的休闲、减压、放松功能介入到学生科学知识的学习过程之中，这样不仅有利于学生的大脑健康发展，还可以提高学生学习效率，更有助于学生的身心健康与和谐发展，阻止青少年学生体质不断下降的趋势。

五、结语

进化论的"物竞天择、适者生存"和《周易》"唯变所适"为梁启超的"尚武"精神思想提供了理论依据。纵观梁启超的"尚武"思想，其核心内容为："尚武"精神是衡量民族强盛的重要标志，身体强健（民力）是培养"新民"尚武精神的必备素质之一，"尚武"的精髓在于发展身体和精神并维持和助长其人格精神，注重体育教育是培养具有尚武"新民"的途径与方法。梁启超"尚武"思想在当代仍具有很重要的借鉴与启示价值：有助于通过体育锻炼强化青少年学生的体能、增强国力；有助于重新审视学校体育的出发点与归宿点；强化青少年学生体能是学校体育的初步功效，提高身体锻炼之后的意志品质是

---

① 李启迪，姜小平，黄婷，等．《饮冰室合集》中梁启超"尚武"思想及其当代启示[J]．体育与科学，2015（2）：63-67.

根本；提倡学校体育中的"三力"教育，即培养青少年学生在体育活动中的勇气、自信与体力；提倡青少年学生要劳逸结合，减少各种文明病。①

当然，梁启超的思想也具有一定的局限性。如他生不逢时，他出生在中国的封建制度被瓦解之时，他的思想虽然主要来自西方文化，但他的主张仍然具有一定的封建性。同时，他过于崇尚西方文化，对中国当时真实的现状结合不足，导致了将西方文化盲目地应用到当时的中国。

---

① 李启迪，姜小平，黄婷，等．《饮冰室合集》中梁启超"尚武"思想及其当代启示 [J]．体育与科学，2015（2）：63-67.

第八章

不懂体育，不应该当校长：张伯苓体育观

一、张伯苓简介

张伯苓（1876—1951），我国著名的教育家，出身于天津一个秀才家庭。1903 年，张伯苓航海东渡，亲眼看到日本明治维新后的盛况。1904 年 5 月，张伯苓回国后遂将严、王两馆合并，成立"私立中学堂"（南开中学）。1917 年秋赴美国，入哥伦比亚大学研究教育，次年回国，着手筹办南开大学，1919 年秋正式开学。张伯苓一生致力于教育救国，先后创立了南开大学、天津南开中学等。他先后担任校长 40 余年，培养出不少人才。张伯苓曾出任中华民国南京国民政府考试院院长，是最早将奥运概念带入中国的先驱人物，被誉"中国奥运第一人"。

二、张伯苓体育观前期研究评述

输入"张伯苓+体育"篇名，查阅中国学术期刊网（中国知网），获得有关体育的研究论文 54 篇（大多为硕士论文与报告会论文），其中核心期刊文章 7 篇。对本研究具有一定参考价值的文献与观点主要有以下内容

李世宏研究指出："张伯苓的学校体育思想有着丰富的内容，明确提出德、智、体三育不可偏废，重点研究了学校体育课程的建设问题；既有对学校体育竞赛活动的认识，也非常重视学校体育的德育功能。"[1] 马国震提出："张伯苓的体育思想包含：（1）强国必先强种，强种必先强身；（2）体德之兼进、体与育并重；（3）不懂体育的，不应该当校长；（4）女子体育运动；（5）奥林匹克运动的体育主张和看法。"[2] 王景丽指出："张伯苓的学校体育思想主要有：强国必先强种，强种必先强身的思想；三育并进，体育为先的思想；寓德育、美

---

① 李世宏. 张伯苓学校体育思想研究 [J]. 体育文化导刊，2010 (7)：20-22.

② 马国震. 张伯苓体育思想及其启示 [D]. 保定：河北大学，2010.

育、兴趣教育于体育的思想；'强迫体育'的思想；人人享受体育及体育生活化的思想。"① 刘婷认为："张伯苓学校体育思想有六个方面的具体内容：（1）以'强我种族，体育为先'为核心，重视学校体育的思想；（2）寓德育、美育、兴趣教育于体育的思想；（3）重视体育教师，尊重体育人才的思想；（4）体育与卫生要紧密结合的思想；（5）立足国情与学习西方先进学校体育理念相结合的思想；（6）重视女子体育运动的思想。"② 邢纯贵认为："他一贯提倡对学生德、智、体、美四育并进，强调陶冶情操和道德修养，注重科学和能力训练，尤其重视体育。"③ 周志刚认为："张伯苓体育思想包含着一系列体育哲学的观点和方法，'健体魄，养道德，富学识'构成了张伯苓体育思想的核心价值观。"④

综上所述，笔者认为，有关张伯苓体育观的研究相对较多，可为本研究提供较好的研究基础。但纵观以上研究发现，主要存在以下问题有。一是重复性研究较多。因之前文章网络检测系统尚未建立，因此，相互抄袭现象大量存在，有关张伯苓体育观的研究也不例外。二是缺乏核心观点的提炼。有关张伯苓体育观较多，但张伯苓体育观应该有一个核心观点，这个核心是串联其他观点的逻辑起点，因此，我们需要把它提炼出来。三是对于体育思想与体育观的界定与认识不清。由于张伯苓并非体育家，他所陈述的观点只能称为"体育观"，而不是体育思想。基于上述分析，笔者认为，有必要对张伯苓体育观进行较为深入的研究。

三、张伯苓体育观

（一）提出"三育并进，体育为先、体育并重"观

首先，张伯苓认为："教育一事，非独使学生读书习字而已，尤要在造成人格，三育并进而不偏废。"⑤ 针对当时社会状况和不良的体育风气，他提出"德智体三育之中，我中国人所最缺者为体育"。⑥

张伯苓始终把体育置于与智育、德育同等重要的地位，强调"体育无论在

---

① 王景丽. 张伯苓学校体育思想及实践研究 [D]. 北京：首都体育学院，2010.
② 刘婷. 张伯苓学校体育思想研究 [D]. 武汉：华中师范大学，2011.
③ 邢纯贵. 张伯苓体育思想研究 [J]. 体育学刊，1995（2）：50-55.
④ 周志刚. 张伯苓体育价值观研究 [J]. 体育文化导刊，2013（9）：127-130.
⑤ 王文俊，等. 张伯苓教育言论选集 [M]. 天津：南开大学出版社，1984：1.
⑥ 王文俊，等. 张伯苓教育言论选集 [M]. 天津：南开大学出版社，1984：11.

学校与社会，必须德、智、体、群四育并重，不可偏于求知的智育"①，要"造成德育、智育、体育完全发达"的人才。正如 20 世纪 20 年代有人评论说："南开是提倡运动及德智并重的学校，问之任何人，当必异 1：3 称是。"②

张伯苓在美国考察期间，他曾有过这样一段感慨："提到强，便有一种联想，就是军队、军火等，其实不然，乃是关于我们个人身体的锻炼。这次在美有几个大学矿科毕业生与我谈话，他们都是在美国 Ford 车厂做工的，并且在他们大学时身体非常强壮。中国人中之矫健者，这次他们都感到体力的缺乏，身体不如外国人，工作的效率不能与外人相较。这不是个人的不健全，乃是我们的历史使然，一代一代地传下来，形成了我们危弱的身体，所以我们身体的健壮是要紧的。"③

张伯苓将国民体质的脆弱归结于历史的弊端，是由社会上重文轻武的不良风气所造成的，并非个人原因。"窃以为我中华民族之大病，约有五端，首曰'愚'，次曰'弱'。重文轻武，鄙弃劳动。因之民族体魄衰弱，民族志气消沉。"④ 由于南开学校包含了小学、中学、大学等一系列的教育阶段，可以系统地培养人才、输送人才。那么在小学阶段，张伯苓让一年级新入学的学生也进行体育锻炼。南开学校建立之初，学校就明确提出体育教育的具体方案是"力求方法普及，使各个学生机会均等""令全体学生得就各个人性情之所近者尽量自由发展"。按此教学方案，体育课在南开学校一直受到高度重视，被列为和其他文化知识课程同样重要的必修课。南开中学规定，体育测验不及格或者高中三年级以前不习满规定体育课的学生不能毕业。南开大学也明文规定，"须习满3 年规定正科体育课程者始能毕业。"体育课还有非常正规的考试，且分笔试与术科两种。笔试是考试各种运动规则，术科是考核实际运动成绩，及格标准是：田径百米最低 14 秒跑完，球类篮球一分钟进球筐 7 个，此外，跳高、跳远、标枪、俯卧撑等也拥有一定的具体数量标准。正是通过这种潜移默化的方式，南开学校逐渐培养出学生积极参加体育锻炼的热情和能力。⑤

对于如何处理体育与道德的关系，张伯苓认为："最要者学校体育不仅在技术之专长，尤重在体德之兼进、体与育并重，庶不致发生流弊。故体育道德，

---

① 梁吉生. 张伯苓教育思想研究［M］. 沈阳：辽宁教育出版社，1994：141.
② 佚名. 运动员之风气［J］. 南开周刊，1922-12-16.
③ 崔国良. 张伯苓教育论著选［M］. 北京：人民教育出版社，1997：30.
④ 崔国良. 张伯苓教育论著选［M］. 北京：人民教育出版社，1997：51.
⑤ 侯杰，秦方. 百年家族：张伯苓［M］. 石家庄：河北教育出版社，2004：172.

及运动精神，尤之致意焉。"① 张伯苓指出学校体育不仅要向学生传授体育锻炼的方法和技能，还要注重体育道德与运动精神的培养。在某次全校运动会结束之后，张伯苓针对运动会中出现的一些学生弄虚取巧、企图获胜的现象谆谆告诫道："竞争时或因好胜之心过大，而不免有不正当之举动，此最宜切戒者也。即使用不正当之法，幸能胜人，而于道德已有碍矣。"②

鉴于"运动场上无时无争，无处不闹"现象，张伯苓经常在修身班上对全体学生进行体育道德的教育，并针对运动场上出现的问题对运动员讲解运动员应有的品格。张伯苓强调："第一，不以不正当的方式侵害对方；第二，不以虚诈的方式投机取巧；第三，运动员的品格，高于比赛的胜负；第四，要有合作与公平的精神；第五，出国比赛要维护国家的体面和尊严。"③

张伯苓还引用西方名言教育运动员要正确地对待比赛的胜负："为赢易，为输难；输非难也，输而能不自馁、不尤人，斯难耳。凡成事者，中途必受折磨，须胜过此种阻力，不因失败而灰心，而后始有成功之一日。此种精神，为中国少年人所最要者，汝等共勉之。"④ 同时，他提倡一种"运动仁侠精神"，要求运动员参加比赛一定要诚实、公平，保持谦虚的待人态度，严格遵守比赛规则，服从裁判判罚，竞争中要奋勇进取，百折不挠。

张伯苓非常重视对道德、精神的培养，他将精神放在了和运动相同的地位上，认为精神应与运动并重，才不失为正确的教法。"我之教育目的在以教育之力量，使我中国现代化，使我中国民族能在世界上得到适当的地位，不致受淘汰。欲达此种目的，务须对症下药，即 A. 注重体育，锻炼坚强之国民；B. 注重科学，培养丰富之现代知识；C. 注意精神的修养。"⑤ 他经常教导学生：体育运动能使"学生养成不偏、不私、不假，事事为团体着想，肯为团体负责，努力、奋斗，甚至牺牲"的精神。此外，张伯苓认为体育运动还能培养学生胜不骄、败不馁的体育精神。他常向运动员强调指出，"一个运动员的品格，比较运动的胜利，更为要紧；正当的失败，比不正当的胜利，更有价值"。⑥

（二）强调"强国强种，体育为先"

早在北洋水师学堂学习时，"强国必先强种，强种必先强身"的思想就在张

---

①　王文俊，等. 张伯苓教育言论选集［M］. 天津：南开大学出版社，1984：244.

②　王文俊，等. 张伯苓教育言论选集［M］. 天津：南开大学出版社，1984：11.

③　梁吉生. 张伯苓教育思想研究［M］. 沈阳：辽宁教育出版社，1994：151.

④　王文俊，等. 张伯苓教育言论选集［M］. 天津：南开大学出版社，1984：12.

⑤　崔国良. 张伯苓教育论著选［M］. 北京：人民教育出版社，1997：32.

⑥　侯杰，秦方. 百年家族：张伯苓［M］. 石家庄：河北教育出版社，2004：181.

伯苓幼小的心灵深处萌芽，他深刻地感受到国民体质的强弱，对于种族的强盛、国家的强大是至关重要的。他较早地接触到西方体育，在跳远、跳高、爬桅杆等项目上名列前茅，是闻名全校的爬杆冠军；在刘公岛上，他亲眼看见了身体强健的英国士兵和体质衰弱的中国士兵所形成的强烈反差；张伯苓亲历国帜三易令他"悲愤填胸，深受刺激！念国家积弱至此，苟不自强，奚以图存，而自强之道，端在教育"。[1] 这些人生阅历让他更加坚信一个道理：强国必先强种，强种必先强身。张伯苓毅然决定放弃军事救国的梦想，献身教育事业。1898 年，张伯苓主持严氏家馆，这是张伯苓从事教育工作的开始。随着南开学校的创立、发展，体育成了他教育事业中不可分割的一个重要组成部分。张伯苓曾多次谈道：教育的目的是救国，"方法是以教育来改造中国。改造什么呢？改造她的道德，改造她的知识，改造她的体魄"。[2]

1929 年，张伯苓在美国考察教育时，他发现中国留学生在国外工厂做工时，竟然身体状况和工作效率都比不上外国人。张伯苓认为："强国必先强种，强种必先强身。国民体魄衰弱，精神萎靡。工作效率低落，服务年龄短促。原因固属多端，要以国人不重体育为其主要原因。"[3]

在张伯苓的观念里，体育锻炼是增强国民体质的重要手段，通过组织体育比赛深化爱国主义思想教育，达到实现国家强盛的目标。张伯苓认为，体育的目的并不仅仅是锻炼强壮的体魄，这一强壮的体魄是要为国家、为社会做出贡献的。青年人的眼界应该宽广一些，不应局限于身体的强健、对家庭的保护等小方面，而应放眼于全局，将进行体育锻炼的目的提高到"为国家、为社会"出力的层面上来。为此，张伯苓在南开学校制定了培养学生的方针。第一，锻炼学生拥有强健的体魄；第二，培养学生要有浓厚的国家观念。二者兼具，而后方能肩负起救国救民，复兴御侮的重任。[4]

（三）提出"不懂体育，不应该当校长"的理念

张伯苓倡导学校体育，是近代中国体育教育的一面旗帜。中国近代教育家中再没有人像他那样为中国体育的建立和发展做出如此突出的贡献。在当年的大学校长中，也没有人像他那样重视学校体育，因此他被称为"中国注重体育第一人"。张伯苓明确提出体育是教育的一部分，提出要将学校体育放在与德育、智育同等重要的位置上，他认为："搞好体育必须有学校领导人的高度重

① 王文俊，等.张伯苓教育言论选集［M］.天津：南开大学出版社，1984：243.

② 王文俊，等.张伯苓教育言论选集［M］.天津：南开大学出版社，1984：185.

③ 王文俊，等.张伯苓教育言论选集［M］.天津：南开大学出版社，1984：244.

④ 崔国良.张伯苓教育论著选［M］.北京：人民教育出版社，1997：71.

视，校长要把学校体育当成自己的重要职责。"他说：'不懂体育的，不应该当校长'。① 如此远见在今天看来也是令人耳目一新。张伯苓推崇体育，积极地开展体育实践活动，在当时的全国产生了广泛的影响，他被誉为"体育校长"。

在旧中国教育家中，没有哪位校长具有张伯苓那样的体育阅历和丰富的学校体育经验。在张伯苓的倡导下，"南开学校自成立以来，即以重视体育，为国人倡，以期个个学生有坚强之体魄，及健全之精神。故对于体育设备，运动场地，力求完善；体育组织、运动比赛，力求普遍。"②

另外，张伯苓与南开教职员一样也积极参加体育活动。他喜欢短跑、足球，也喜欢其他运动项目。1919 年张伯苓已 40 多岁，参加教职员运动会还取得百米第一名。有一次教员与学生比赛足球，张伯苓上场担任教员队守门员。学生见校长守门，十分兴奋，都跑来助阵，③ 只见他一会儿跳起扑球，一会儿海中托月，左推右挡，一次次化险为夷，博得阵阵掌声。学生队不甘示弱，频频进攻，突然一个学生抢脚凌空一记劲射，张伯苓猝不及防，大腿一挡，迟了一步，球遂应声落网。教师队先失一城，助威者欢声震天，张伯苓更是高兴。④ 张伯苓校长带头重视体育，对学校体育工作影响很大，推动了体育运动的普及。

（四）注重奥林匹克的体育教育

张伯苓的奥林匹克运动思想源于他一生参与了很多中国近代体育史上的重大事件，如创立了中国近代体育团体组织——中华全国体育协进会，推动了近代中国体育的发展，并以毕生的奋斗和追求，传播了奥林匹克思想。⑤

在 1907 年 10 月 24 日天津第五届学校运动会颁奖仪式上，张伯苓以《雅典的奥运会》为题发表了演说，并提出："此次运动会的成功，使我对吾国选手在不久的将来参加奥林匹克运动充满了希望。"天津档案馆副研究员周利成经过大量调查取证后得出结论："张伯苓是历史上明确提出中国要参加奥运会，并提出一些措施来实现这一主张的第一个中国人。"⑥

另外，张伯苓先生最早把奥林匹克教育列入学校课程，通过实施奥林匹克教育推动校园体育课程建设。早在 20 世纪 20 年代，张伯苓就率先把奥林匹克教育列入了体育科学教学大纲中。在第一次全国运动会例结束后，张伯苓就组

---

① 梁吉生. 张伯苓教育思想研究［M］. 沈阳：辽宁教育出版社，1994：142.
② 王文俊，等. 张伯苓教育言论选集［M］. 天津：南开大学出版社，1984：244.
③ 梁吉生. 张伯苓与南开大学［J］. 教学与研究，1998（10）：3.
④ 梁吉生. 张伯苓教育思想研究［M］. 沈阳：辽宁教育出版社，1994：146.
⑤ 彭援军. 张伯苓：中国奥运的先驱者［J］. 北京档案，2008：2.
⑥ 沈卫星，贾宇. 张伯苓：中国奥运的先驱者［N］. 光明日报，2008-07-29.

织成立了"全国学校区分队第一次体育同盟会"，并亲任董事。这是我国第一个全国性的体育社团，即"中华全国体育协进会"的前身。到 1912 年以前，这样的联合运动会一共举办了 4 次，成为近代中国天津体育界的一大盛事。民国成立以后，张伯苓联络天津各界热心体育的人士，先后举办了天津各学校联合运动会、天津联合运动会等颇具规模的体育竞赛活动。在中国近代史上，北方最大的体育赛事当数华北运动会，而其雏形便是 1911 年 4 月 15 日张伯苓代表基督教育年会与北洋学界联合举办的由北京、通州等地运动员参加的运动会。1912 年，张伯苓又同北京青年会、清华体育部主任野美科博士及许多教育界热心体育者正式开始筹备华北运动会。1913 年，在北京天坛举行了第一届华北运动会，此后在华北各省轮流举行，推动了中国北方大部分省区特别是学校体育运动的发展。

张伯苓不仅为推进天津和华北地区体育事业发展做出了巨大的贡献，而且促进了近代中国体育事业的发展。1924 年 8 月，为了"联合全国体育团体，以促进国民体育"，主持全国及国际的体育比赛，审定各项体育规定，张伯苓发起筹备组建了"中华全国体育协进会"，并全票当选为该会执事，成为全国体育组织的总负责人。张伯苓还是以中国、日本、菲律宾为主的远东运动会的发起者之一，并多次率领中国体育代表团出席该项运动会。1915 年，第二届远东运动会在上海举行，张伯苓以中国体育代表会总领队的身份出席。①

四、张伯苓体育观当代启示

（一）张伯苓的"体育强种强国"观对当下现状的指导意义

许多年前，张伯苓曾经亲眼所见身体孱弱的中国士兵倒在身强体健的英国士兵拳头下。一个有着泱泱 5000 年文明的古国，在西方殖民者的疯狂侵略下，日渐沦为"东亚病夫"。这段记忆深深刺激了张伯苓，他意识到，强健的体魄对于一个民族来说是多么的重要。因此，张伯苓坚信，发展体育教育是强身健体，进而强国的重要手段。而对于发展体育教育，张伯苓最初的经验是让学生走出去，不再"囚禁"于室内。张伯苓的这种体育认识对于学生、民族、国家之间的联系是十分紧密的，特别是在当下学生体质水平不断下滑直接影响国民体质、国家兴亡的背景下具有特殊的指导意义。中国曾经被辱为"东亚病夫"，曾经过多少岁月与努力，中国人才得以摘掉这顶屈辱之帽，这种历史的教训难道还不够深刻吗？

---

① 侯杰，秦方 . 百年家族：张伯苓 ［M］. 石家庄：河北教育出版社，2004：182-185.

青少年学生体质水平持续下降的现象，直接影响着民族的兴亡、国家的兴衰。因此，立足学校体育工作，促进学生的体质健康，这不仅是学校体育内部之事，还是国家的大事。张伯苓这种高瞻远瞩的"体育强种强国"体育观不仅对于当时具有重要的意义，而且对于当今社会形势仍然具有重要的指导意义，我们必须认清青少年体育的作用与价值，把个人的体质与民族、国家联系起来，如果我国广大的基层体育教师能充分认识到这点，那么我国的学校体育工作仍然充满希望，我们民族与国家的事业也是前途光明的。

（二）张伯苓的"不懂体育，不应该当校长"观点的价值

"不懂体育，不应该当校长"的观点是张伯苓首次提出的，之后又由蒋南翔再次提出。他们都是根据自己的校长经历与经验，提出了校长必须懂体育的思想，这是非常难得的。在过去，体育历来都是"下里巴人"之对待，"万般皆下品、唯有读书高"的理念已深深地烙印在人们的心里，要提出"不懂体育，不应该当校长"的观点实属不易。不仅如此，张伯苓还亲自实践，用实践证明其理论的价值。在当时，要拿到张伯苓担任校长期间的南开大学的体育学分可不是那么简单的，那时的体育考试分为笔试和术科两种形式。笔试时，学生要回答各种体育活动的规则，而术科则考查学生的身体素质和体育技能。在此评价标准的引导下，当时的学生为了达到术科技能要求，一到课余时间，学生就纷纷放下手中的书本，前往体育运动场地参加锻炼。由于参加体育活动的人太多，很多运动场地都需要提前预订，像体育场和教学楼后面的广场，从星期一到星期五总是排满了提前预订的学生名单，来晚的同学只好等到下个星期再预定了。

如果当下的学校体育能搞成这样的状况，学生的体质水平难道还会大幅度下降吗？学生难道还会不喜欢体育吗？学校体育还会没有效果吗？这些都应该是肯定的答案。因此，笔者认为，一个学校的体育工作是否能搞好，与校长关系非常密切，因为校长的理念与思想决定了学校的办学方向，可想而知，如果校长重视体育、关心体育，并能做到亲力亲为，那么这个学校的体育工作一定是优秀的，学生的体质也是健康的。

（三）张伯苓的"体与育并重"观的现实意义

什么是体育？说它是一个词语，其意是指身体的教育，如果说它是一个复合词语，也不为过，按照张伯苓的理解来看，体育即是体与育的结合，换言之，要搞好体育，首先就应该先把身体搞好、技能学会，其次是要把精神搞好，这里所说的精神，有很大一部分是指体育道德、运动精神，而这一精神的内涵则是正确的人生价值观、运动理念和体育教育育德功能。具体来说，就是培养学生的爱国意识、积极向上的态度、不怕困难的意志以及为校、为国争光的勇气。

学生学习体育也并非只为了拥有健康的体魄，更多的是从体育学习中养成良好的运动习惯和正确的道德理念。张伯苓提倡运动之目的在于学校体育不仅在技术之专长，而且在体德之兼进，体与育并重。

张伯苓的这种"体与育并重"的观点对于当前体育教学具有重要的指导价值。在传统的概念中，体育仅仅是针对身体、运动技术而言的，较少会把体育与人的精神联系起来。因此，学校体育的目标总是围绕体质、技术、体育知识等，那些"对学生进行良好的思想教育"仅仅是停留于口头上的标签。张伯苓却根据自己的经验提出了作为运动员（甲乙双方）应具备的体育道德。同时，他又提出了作为观众应具备的体育道德，这在中外著名的教育家、体育家的言论中都是非常少见的，值得我们好好学习与深刻体会，以习近平同志为核心的党中央提出了"把立德树人作为教育根本任务"的背景下，通过体育活动培养青少年学生的品德与道德尤为重要。

（四）张伯苓的奥林匹克观有助于学校进行奥林匹克体育教育

张伯苓是中国奥运先驱，是我国早期奥林匹克运动倡导者和奥林匹克精神传播人。张伯苓曾在1907年10月24日天津第五届学校运动会颁奖仪式上，以《雅典的奥运会》为题发表了演说，并提出，"此次运动会的成功，使我对吾国选手在不久的将来参加奥林匹克运动充满了希望。"更为重要的是，张伯苓先生最早把奥林匹克教育列入学校课程，通过实施奥林匹克教育推动校园体育课程建设。如在20世纪20年代，张伯苓率先把奥林匹克教育列入了体育科学教学大纲中。

对于奥林匹克教育，青少年学生是一个最为广泛的群体，如果把青少年奥林匹克教育遗忘在奥林匹克运动之外，那么奥林匹克运动是不完整、不完美的。因此，在学校提倡奥林匹克运动教育，不仅可以弘扬奥林匹克运动的精神，还可以培养青少年儿童学生的奥林匹克运动的意识，而这些意识的培育对于青少年学生儿童的成长具有重要意义。同时，对于普及我国竞技运动、提高竞技运动水平具有深远的价值。因此，我们在学校要落实张伯苓提出的奥林匹克运动教育思想，把它融入体育课程教学之中。

五、结语

张伯苓的成就虽然不是主要表现在体育方面，但他对体育方面的认识与理解确实是非常深刻的，特别是对于奥林匹克运动，有着自身独特的经历与见解。综上所述，笔者认为，张伯苓的体育观的核心内容在于"三育并进，体育为先"，并由此展开的其他观点为有"强国强种，体育为先""不懂体育，不应该当校长""注重奥林匹克运动教育""关注与发展女子体育运动"。其中"强国强种"是"三育并进，体育为先"的延伸，"不懂体育，不应该当校长"是搞好体育工作的前提，"注重奥林匹克运动教育""关注与发展女子体育运动"是开展学校体育的途径。根据张伯苓以上的体育观点，笔者认为，对当前学校体育具有启示的主要观点为："体育强种强国""不懂体育，不应该当校长""体与育并重"、贯彻奥林匹克运动精神教育等。

第九章

完全之人物，精神与身体必不可调和之发达：王国维体育观

一、王国维简介

王国维（1877—1927），字静庵、伯隅，出身于浙江海宁盐官镇的一个书香世家，是中国近现代学术史上一位国际著名学者。作为 19 世纪末到 20 世纪初的国学大师，他一生在教育学、文学、美学、史学、哲学、古文字学、历史地理、考古学等众多学科领域做出了诸多开创性的学术贡献，是在中国近代教育艰难探索的历程中成长起来的一位杰出的国学大师。

王国维从 18 岁开始，就经历了甲午战争、戊戌百日维新、义和团暴动、八国联军入侵中国、辛亥革命以及五四运动和北伐战争等中国近代史上重大事件，"1901 年夏从日本东京回国之后，王国维协助罗振玉编《教育世界》杂志，1904 年担任该杂志的主编，需要借助西方的各方面知识资源来补充自己的学术资本。……在此期间，他翻译了《教育学》，发表了著作《尼采之教育观》《孔子之美育教育》《教育偶感二则》《叔本华之哲学及其教育学说》等。……1906 年在罗振玉的建议下王国维被任命为铁道部的图书馆编辑，同年编撰了《教育小言十则》《论教育普及之根本办法》《叔本华之哲学极其教育学说》等"多篇与教育学相关的文章。①

王国维很早就深刻认识到了教育知识研究的重要性。他在《教育世界》上发表了许多西方关于教育学、美学、哲学方面的译作，向国内人士开始介绍和传播西方的文化科学。他创作的主要教育著作：《论教育之宗旨》《教育偶感四则》《论平凡之教育主义》《教育小言十则》《奏定经学科大学、文学科大学章程书后》《论教育普及之根本办法》《叔本华之哲学极其教育学说》《崇正讲舍碑记略》等文章里面都深刻鲜明揭示了教育的价值和意义。王国维的译作和著

---

① TU C I. Conservatism in a Constructive Form: The Case of Wang Kuo-Wei（1877—1927）［J］. Monumenta Serica，1969：188-214.

作为清末时期教育的改革起到了很大的推动作用。①

从研究现状来看，关于王国维教育学、文学、史学方面的研究文献很多，而关于王国维体育观的前期直接研究资料很少，其间接相关的观点与论述散见于对其教育思想的研究中。这些观点与论述对当今我国学校体育改革与发展仍具重要的借鉴价值。因此，深入探讨王国维体育观及其对我国学校体育的影响具有一定的理论价值与现实意义。②

二、王国维体育观的前期研究

输入"王国维+体育"篇名，查询中国学术期刊网（中国知网），获得王国维有关体育方面的研究文献为 3 篇，其中核心期刊 1 篇，是本研究的成果之一。对本研究有一定启发意义的观点有以下内容。

李峰"浅谈王国维论《教育之宗旨》"一文中，就提到了王国维体育观："王国维重视体育，把体育列为完全之教育的有机组成部分，视为实施心育的物质前提。"③ 鲁西奇认为："对王国维的教育思想可概括为三点：（1）哲学教育为教育之本，（2）美育使人人于高尚纯洁之域，（3）教育之宗旨在使人为完全之人物。"④ 段彩屏认为："（1）主张改革教育体制，明确办学纲领；（2）提出德、智、体、美四育并重，以培养'完全之人物'为教育之宗旨；（3）要培养大批合格的教师；（4）提出尽快办好高等教育；（5）主张哲学教育为教育之本；（6）提倡学无新旧、无中西、无有用无用之别；（7）要改革学校的管理制度。"⑤ 黄书光认为："王国维智、德、美、体四育的提出，不仅与当时'忠君、尊孔、尚公、尚武、尚实'的清末教育宗旨相对立，而且对其后资产阶级教育方针的确立产生了直接影响。"⑥

由于前期有关王国维体育观研究的匮乏，本研究主要从王国维原著及其部

---

① 李启迪，兰双，卢闻君，等 . 王国维体育教育观及其启示研究 [J] . 北京体育大学学报，2015（4）：7.

② 李启迪，兰双，卢闻君，等 . 王国维体育教育观及其启示研究 [J] . 北京体育大学学报，2015（4）：7.

③ 李峰 . 试谈王国维《论教育之宗旨》[J] . 辽宁教育学院学报（社会科学版），1990（3）：24-28.

④ 鲁西奇 . 王国维教育思想浅析 [J] . 武汉大学学报（哲学社会科学版），1999（2）：119-123.

⑤ 段彩屏 . 论王国维的教育思想 [J] . 河西学院学报，2005（3）：49-52.

⑥ 黄书光 . 试论王国维的教育哲学观 [J] . 华东师范大学学报（教育科学版），1999（2）：68-76.

分文章中寻找与提炼王国维的体育观。

三、王国维体育观核心要旨

（一）提倡"体育"是培养"完全人物"必不可少的教育内容

王国维在 1903 年发表的论著《论教育之宗旨》开篇就强调了什么是教育的宗旨问题，他说"教育之宗旨何在？在使人为完全之人物而已。何谓完全之人物？谓人之能力无不发达且调和是也。人之能力分为内外二者：一曰身体之能力，一曰精神之能力。发达其身体而萎缩其精神，或发达其精神而罢敝其身体，皆非所谓完全者也。完全之人物，精神与身体必不可调和之发达"。①

王国维创造地提出了"完全之人"，这在"中学为本，西学为用"的年代，不亚于一声春雷。这是因为中国自有教育以来，从未有人这么提过。同时，王国维又把"四育"与"真、善、美之理想"结合起来，提出了"知力""感情""意志"三者为"教育之要事"。② 王国维的这些教育思想主要是基于他对康德哲学观的推崇与借鉴，并将康德的"纯粹理性""实践理性"和"判断力"拓展为教育领域的"知、意、情"与"真、善、美"。③

"王国维的四育说，特别是美育说，对清末的教育改革，对民国时期的教育均有影响。如小学设唱歌、体育、美术等课，大学设美学等课，均可见王国维教育思想的影响。"④

王国维是中国教育史上第一个提出了"完全之人物"培养的教育宗旨的人。他在《论教育之宗旨》一文中用图解的形式，清晰阐述了教育与体育之间的关系：

从上图中，我们可以看出，体育与心育是并列的，而两者皆是培养"完全之人物"必不可缺少的内容。其中，王国维提供的依据是："人有身体及心意二

---

① 姚淦铭，王燕．王国维文集：下部［M］．北京：中国文史出版社，2007：32-55.

② 刘虹．王国维、蔡元培美育思想之比较：兼论王国维、蔡元培的人文教育精神［J］．教师教育研究，2003（6）：68-72.

③ 钱剑平．一代学人王国维［M］．上海：上海人民出版社，2002：56.

④ 李启迪，兰双，卢闻君，等．王国维体育教育观及其启示研究［J］．北京体育大学学报，2015（4）：7.

部，故教育的人类学，自分为二。研究其有形的身体者，谓之教育的人体学；其研究无形的心意者，谓之教育的心理学。"① 他认为，人的能力分为身体和精神两部分，而教育主要包括心理上的教育和身体上的教育，心理上的教育又包括：知育、德育和美育，教育不是单一的学习和认知。为了达到"完全之人物"的教育目的，王国维认为必须要实施智育、德育（意育）、美育（情育）、体育全面发展的综合教育，这样才算完成了完整意义上的教育。因此，他认为，"故教育之时，亦不能加以区别。有一科而兼德育智育者，有一科而兼美育德育者，又有一科而兼此三者。三者并行而得渐达真善美之理想，又加以身体之训练，斯得为完全之人物，而教育之能事毕矣"。②

王国维在《教育方便之种类》一章中也强调了"德、智、体、美"全面发展的思想，并强调了体育的重要性："教育之方便有三种：增进其身体之生活，必由卫生；坚固其道德的生活，必由训练；长其知识，则有教授。然此三者相依相助，而不能相离者也。卫生虽为体育之主要方便，然欲奏其功，不可无节制，勤勉诸德，又不可为卫生之知识，故必借训练与教授之助。于训练时亦然，非由卫生以健其身体，由教授以得道德之知识，亦不能达其目的。就教授言之，亦非由卫生及训练之助。而于身体及心意上有必要之能力，则教授亦属无效。要之，三种之方便，必互相统一，然后可达教育之目的。就时之次序言之，则卫生最早，训练次之。然非教授始而卫生与训练即告终也。三者当并行而互助，既如上所论矣。"③ 同时，他指出："各筋肉不可不悉运动，即手腕、身、足之筋肉，依由游戏体操及此外全体之运动。"④

王国维在《去毒篇（鸦片烟之根本治疗法及将来教育上之注意）》章节中还揭示了国人不喜欢运动而导致疾病："起居之不时，饮食之无节，侈于嗜欲而啬于运动，此数者，致病之大源也。不治其源，而俟其病而谨之，虽旋病旋愈，未为善卫生也。"⑤ 在该章节中，他再一次重申了体育锻炼的重要性。

（二）重视儿童体育教育

王国维在1901年翻译了《教育学》；1902年从日本回国后，受罗振玉之托负责编写中小学教科书；1903年在通州师范学堂任教，通读了叔本华和康德两位大哲学家的书，1906年发表了《论教育之宗旨一文》。针对王国维的教育工

① 王国维. 王国维教育学［M］. 长春：吉林人民出版社，2013：21.
② 姚淦铭，王燕. 王国维文集：下部［M］. 北京：中国文史出版社，2007：32-55.
③ 王国维. 王国维教育学［M］. 长春：吉林人民出版社，2013：33.
④ 王国维. 王国维教育学［M］. 长春：吉林人民出版社，2013：35.
⑤ 徐洪兴. 王国维文选［M］. 上海：上海远东出版社，2011：130.

作经历，有国外学者认为："王国维开始在西方的哲学世界中寻找解决中国的一些问题的方法，用西方的思想来解释中国的问题，这与他同时代的人相比是独一无二的。王国维认为西方的思想同样可以应用于中国，叔本华的哲学思想为王国维在哲学、美学、教育学等方面开放了认识的渠道和方式。"① 由此可见，王国维的许多思想主要来源于叔本华与康德，其中，王国维有关儿童体育教育方面的观点，也同样受到了西方思想的影响。例如，当时西方的教育者关于"教育当自何时始乎"？也就是教育该从何时起这个问题有些争议，有些人认为"以儿童之对其行为而有道德上之自觉时为始"或"谓幼儿在母胎内已受教育者"，王国维认为两种说法都是比较极端的说法，王国维认为："宁以生于世之日为始，为适当也。"② "受教育者以未成年人者为宜。盖人类有发达之时期，遇此时期，则品性已定，教育不能与以感化也。"③

王国维把人的一生分为发育期、成熟期、衰老期三个时期，其中发育期是从出生到二十四五岁止。他又把发育期分为三个时期。"（1）即自生至六七岁，即换齿之时也。此间又可分为二小期。①哺乳期，即一岁以内。此时植物的生活最盛，身体各部，皆极软弱，感受性极强而生长甚速。②游戏期，幼儿至此，能独立步行、学言语，其脑质脂肪少而水多，至七岁而渐坚固。其期大抵因自由之游戏，以广其经验，然尚未能就有秩序之课业。（2）儿童期，即自六七岁至十四五岁之间也。当此时，各种之天禀，已大抵发达，身体亦壮，好游戏之心，虽犹有之，然渐让步于好学心，其入小学在此时期也。此时儿童之心，最渴望材料与动作，记忆力亦强，名誉之心亦渐发生，而可应用称赞与非难。（3）少年期。即自十四五岁至二十四五岁之间也。此期身体之各机关，已完全发达，能保持各部之调和。生徒依从前期所得之材料，而自己思考之，又渐有自制独立之力。"④

王国维认为，在7岁以前，儿童的脑质脂肪少而水多，这一时期，孩子大都是喜欢自由玩耍和游戏，然后在游戏中慢慢地积累经验，此阶段是接受体育教育的最佳时期。但自十四五岁至二十四五岁之间，此段时期身体的各部分，已完全发达，骨骼已经发育到顶峰，人体的骨骼、肌肉的肌力、韧带已经发育

① JINLI HE, JONES. David Spirit-of-This World encounters Spirit-of Tragedy: Wang Guowei and Schopenhauer through the Hermeneutical Lenses of Kierkegaard and Heidegger [J]. Comparative & Continental Philosophy. 2014: 68-83.

② 王国维 . 王国维教育学 [M] . 长春：吉林人民出版社，2013：16.

③ 王国维 . 王国维教育学 [M] . 长春：吉林人民出版社，2013：15.

④ 王国维 . 王国维教育学 [M] . 长春：吉林人民出版社，2013：29.

到了最好的状态，过了这段时期，人体的机能状态开始下降，所以这些时间段进行体育教育已经没有多大的进展和提高空间。因此，王国维说："教育当以何时终乎？有意之教育，非终身所必要：故教育当待儿童之达成人，即二十四五岁为止，此后虽非无要教授、劝诫之处。然同有之教育，已不可施之。"①

另外，王国维主张儿童的体育锻炼应遵循生活作息的规律。他说："于儿童之食事，当立一定之规律。食之前后，不可使其身心活动。"② 特别是儿童正值身体发育的时期，这一时期的营养、运动都会给他们的身体发育带来非常大的影响。他认为儿童时期，孩子的吃饭一定要有一定的规律，在吃饭前后不能够进行大强度的体育锻炼。③

同时，他又指出："运动之分量，及运动与休息之交代，必不可不适当。"④ 运动与休息要适当地相互交替。"活动之后，必须休息。……故吾人有意之运动，亦不可不与休息相交代。"⑤ 王国维还认为运动有助于更好的休息："昼间当使儿童十分活动，则夜间自能酣睡。"⑥ 白天较大强度的运动锻炼还可以提高儿童夜晚睡觉的质量。

（三）提出人体运动的解剖学与生理学依据

王国维认为："教育者不可不就所教之儿童而精密研究之。此种研究，即教育的人类学也。人有身体及心意二部，故教育的人类学，自分而为二。其研究其有形的身体者，谓之教育的人体学；其研究无形的心意者，谓之教育的心理学。"⑦ 即他把教育学划分为："第一，教育人类学：（1）教育人体学，（2）教育心理学。第二，教育方法学：（1）卫生，（2）训练，（3）教授。"⑧

王国维又从教育的人体学出发，继续划分："教育人体学，与一般人体学同，分为解剖学及生理学之二部。解剖学示身体各部之构造，生理学示各机关活动之法则者也。依次二学，分人体之装置为三种，即运动装置、营养装置、

---

① 王国维，舒新城，钱亦石．教育学·教育通论·现代教育原理［M］．北京：北京联合出版公司，2014：16.

② 王国维．王国维教育学［M］．长春：吉林人民出版社，2013：34.

③ 李启迪，兰双，卢闻君，等．王国维体育教育观及其启示研究［J］．北京体育大学学报，2015（4）：7.

④ 王国维．王国维教育学［M］．长春：吉林人民出版社，2013：35.

⑤ 王国维．王国维教育学［M］．长春：吉林人民出版社，2013：23.

⑥ 王国维．王国维教育学［M］．长春：吉林人民出版社，2013：35.

⑦ 王国维，舒新城，钱亦石．教育学·教育通论·现代教育原理［M］．北京：北京联合出版公司，2014：21.

⑧ 王国维．王国维教育学［M］．长春：吉林人民出版社，2013：17.

神经装置是也。"① 在王国维的教育学中，他认为人体可以分为三个部分的装置：运动装置、营养装置、神经装置。而人的身体运动是一种运动装置。

王国维在《教育人体学运动装置》的章节中讲道："人之身体，一种之运动器械也。而其组织与活动，虽精良之器械，无以过之。此器械亦如一般之器械，得分为二部：一受动的器械，二是他动的器械。骨、韧带及关节，属第一种；筋肉与运动神经，属第二种。而人体亦如蒸汽器械，即各部分不可不联结。又其活动也，不可无热，而欲生此热力，不可无必要之材料，以供其燃烧。此材料支持器械之活动，并补偿其损失之分量也。活动之后，必须休息。不随意之机关，如心脏、消化器、呼吸器等，其活动常间断也。故吾人有意之运动，亦不可不与休息相交代。"②

王国维又从营养学角度出发，认为："吾人体中之势力，如世间一切活动，不可无材料。于是身体各部，有代谢作用，即收取必要之材料，而排泄其无用者。掌此作用者，即营养装置也。身体必要之材料，为养气、水、小粉、蛋白质、脂肪、砂糖、盐类、石灰、铁、硫、磷等。此等材料，一部由吸息，一部由饮食供给之。饮食物在消化器中，依分泌液之补助，而变为血液。血液以其所含之材料，输送于身体之各部，且流去其无用之部分。又养气与无用之部分相化合，而生燃烧，内是生活上必要之体温。"③

同时，王国维还从生理学的神经系统角度出发，认为："身体之各机关，依神经系统而统一之。吾人由之以知外界之现象，又生运动者也。神经系统之中心有三点：脑髓、脊髓、神经节是也。感觉神经，以身体各部所起之刺激，传诸中心。运动神经反之，以中心所起之兴奋，传诸身体各部者也。而兴奋之自脑来者，其所起之运动，谓之有意的运动。神经之全系统，分为二种：一动物的系统，一植物的系统。前者管理心意之诸现象；后者无意识，而管理不随意之运动者也。此二者又得各分为二种，即动物的系统，可分为感觉的系统与运动的系统；植物的系统可分为脊髓系统与交感系统。"④ 王国维的以上这些理论为人体从事运动、卫生、营养提供了较为科学的依据。

---

① 王国维，舒新城，钱亦石．教育学·教育通论·现代教育原理［M］．北京：北京联合出版公司，2014：23.

② 王国维．教育学［M］．福州：福建教育出版社，2008：23.

③ 王国维，舒新城，钱亦石．教育学·教育通论·现代教育原理［M］．北京：北京联合出版公司，2014：24.

④ 王国维，舒新城，钱亦石．教育学·教育通论·现代教育原理［M］．北京：北京联合出版公司，2014：24.

（四）主张"身体、德道、知识"教育相辅相成

王国维在《教育方法学》的章节中认为："教育之方便有三种：增进其身体之生活，必由卫生；坚固其道德的生活，必由训练；长其知识，则由教授。然此三者相依相助，而不能相离者也。卫生虽为体育之主要方便，然欲奏其功，不可无节制，勤勉诸德，又不可为卫生之知识，故必借训练与教授之助。"① 也就是说促进身体健康的方法是"卫生"（体育），提高人品道德的途径是"训练"，而增长知识的方式是"教授"。这三者之间是相互依存、相互帮助、互相影响的关系，缺一不可。他说："于训练时亦然，非由卫生以健其身体，由教授以得道德之知识，亦不能达其目的。就教授言之，亦非由卫生及训练之助。而于身体及心意上有必要之能力，则教授亦属无效。要之，三种之方便，必互相统一，然后可达教育之目的。"②

同时，王国维还认为道德教育是教育的最高目标："欲望若但望某事物，而未有达之手段。则唯谓之欲望而已。然若信有成就之手段，而欲实行之，名之曰意志。意志若依同一之主义，而前后不相矛盾时，谓之曰品性。养成善良之品性，教育最高之务也。"③

关于三者之间的秩序，王国维认为："就时之次序言之，则卫生最早，训练次之，教授又次之。然非教授始而卫生与训练即告终也。三者当并行而相助，既如上所论矣。"④

四、王国维体育观当代启示

（一）王国维"四育并举"的观点对学校体育具有重要的指导意义

在中国教育史上，王国维第一个明确提出了培养完全人格的德、智、体、美四育的教育主张，这一主张与蔡元培的"军国民教育、实利主义教育、公民道德教育、世界观教育、美感教育"五育并举是一脉相通的，只是所表述的方式不同，此后，蔡元培将美育定义为："美育者，应用美学理论于教育，以陶冶情感为目的者也。"⑤

当今学校，中国应试教育依然盛行，如何处理好"德、智、体、美"之关

---

① 王国维，舒新城，钱亦石.教育学·教育通论·现代教育原理［M］.北京：北京联合出版公司，2014：33.

② 王国维.王国维教育学［M］.长春：吉林人民出版社，2013：28.

③ 王国维.王国维教育学［M］.长春：吉林人民出版社，2013：28.

④ 王国维.王国维教育学［M］.长春：吉林人民出版社，2013：33.

⑤ 王国维，吴梅.大师的国学课17：词的国度［M］.南昌：江西教育出版社，2014：3.

系始终是一个悬而未决的问题。从学理上，上至校长，下至每一个教师、家长都需明确德育、体育、美育之重要性，但在实践层面，智育在教育中的绝对地位还是非常根深蒂固的。因此，王国维"四育并举"学校教育观对于当下学校教育的方向仍然具有重要的指导意义。他首先强调了德育、体育、智育之先后次序：体育卫生最早，训练道德次之，教授知识再次之。而后他又指出身体、道德、知识的发展是并行互助、相辅相成的。这对于学校教育的重要启示在于：学校各学科教学互为相通，即知识教育中既包含了德育教育，也包含了美育教育的内容，体育教育中同样包含了德育教育、美育教育，各学科教学不仅要重视学科知识教学，还要关注学生的品德教育、美感教育。同时，王国维体育卫生先行观为学校体育之重要性、基础性提供了依据，说明对于中小学教育而言，身体发展是最重要的，它是促进中小学生知识教育、道德教育的基础，失去了这个基础，德育、智育的发展将成为一句空话。①

总之，王国维的"四育并举"学校教育观与体育卫生先行观不仅对于学校的办学方向具有重要的指导价值，而且对于一些片面重视学校知识教育的校长、家长、学科教师都是一个很好的提示。②

（二）王国维"儿童早期体育观"为我国婴幼儿体育提供理论基础

对于儿童教育应从何时开始这个问题，王国维认为应从出生之日开始比较合适，而对于儿童的体育教育，则应在 7 岁以前，因为这一时期的儿童脑质脂肪少而水多，孩子需要自由玩耍和游戏来得到身体的发展，同时，这段时期"尚未能就有秩序之课业"，也为更多的体育游戏提供了机会。

在我国教育系统中，7 岁之前是属于幼儿教育阶段的，即学前教育阶段。从目前我国幼儿教育现状来看，自教育部 2001 年颁布了《纲要》以来，虽然国家对幼儿教育极为重视，但幼儿教育的数量与质量依然不能满足超过 1 亿的庞大适龄儿童的教育需求。同时，幼儿教育核心课程的改革任务艰巨，虽然中国的幼儿教育已经初步具备了与当代西方教育思潮同步的教育理念，但要跟上国外发达国家的幼儿教育水平，其差距还是悬殊。在幼儿课程中，有关幼儿的体育课程是发展幼儿身体的重要课程，《纲要》中提出了幼儿发展身体的目标为"喜欢参加体育活动"。同时，又提出了身体教育方面的要求："以多种有趣的体育活动，特别是户外和大自然中的活动来吸引幼儿，激发幼儿积极参加体育锻炼

---

① 李启迪，兰双，卢闻君，等．王国维体育教育观及其启示研究［J］．北京体育大学学报，2015（4）：7.

② 李启迪，兰双，卢闻君，等．王国维体育教育观及其启示研究［J］．北京体育大学学报，2015（4）：7.

的积极性，并提高其对环境的适应能力""在走、跑、跳、钻、爬、攀等各种体育活动中，发展幼儿动作的协调性、灵活性"。然而，在具体实施过程中，幼儿体育课程却形同虚设，既没有专职的幼儿体育教师，又没有专设的体育课程具体内容，有关发展身体的课程只存在于游戏之类的活动中，缺乏幼儿体育教育的系统性、整体性、有效性。

王国维认为从出生之日开始至 7 岁以前是身体发展的最好时期的观点，给了我们开展婴幼儿阶段的身体教育活动的重要启示，这对于突破我国目前婴幼儿教育的落后现状，真正实现较为系统化、正规化的婴幼儿体育教育具有重要的参考价值。

（三）王国维的"教育人体学"知识为学生身体活动的适度性原则提供科学依据

被称为"国学大师"的王国维，他不仅在教育学、文学、美学、史学、哲学、古文字学、历史地理、考古学等学科领域有很深入地研究，而且在体育学领域也有一定涉及。他在其教育学中多次将体育知识、生理学知识、解剖学知识、美学知识等结合在一起，并从解剖学原理、生理学原理等方面来认识体育。

在王国维的认识中，教育人体学可分为解剖学及生理学。解剖学说明的是身体各部之构造，而生理学说明的是各身体机关活动之法则。同时，他还根据解剖学与生理学原理，把人体之装置划分为运动装置、营养装置、神经装置。而运动装置正是我们进行各种身体活动的基础，其中内含骨骼、韧带、关节、筋肉与运动神经等。此外，王国维还根据机械物理学原理，把人体比喻成蒸汽器械，器械要进行活动，必须有热动力，并要不断补充其损失的能量。同理，身体活动之后必须要得到休息。他的以上观点与现代运动生理学原理是一致的，这也提示我们身体在运动过程中不可超负荷、不间断的耗能，必须要坚持劳逸结合、松紧适度，才有利于学生的身体发展，更不能像运动员一样训练中小学生，否则必将伤及身体，欲速不达。[①]

（四）王国维"身体、德道、知识"的观点为学校体育"育人"目标提供理论依据

王国维在《教育小言十则》第八则中指出："要之，我国人废学之病，实原于意志之薄弱。而意志薄弱之结果，于废学外，又生三种之疾病：曰运动狂，

---

① 李启迪，兰双，卢闻君，等. 王国维体育教育观及其启示研究［J］. 北京体育大学学报，2015（4）：7.

曰嗜欲狂，曰自杀狂。"① 将国人废学问题归咎于意志薄弱，并且在其所著的《教育学》一书中的《教育方法学》章节中提出了解决问题的思路：促进学生身体健康的方法是"卫生"（体育），培养学生人品道德的途径是"训练"，而增长学生知识的方式是"教授"，且三者相互依存、相互帮助、互相影响，缺一不可。②

从这一意义上说，身体、德道、知识三者之间是一种相辅相成的关系，健康的身体是学习知识与培养道德的前提，丰富的知识积累是培养道德与养护身体的基础，良好的道德情操是学习知识与养护身体的宗旨。这就要求学校教育不仅要传授学生知识，还需要对学生进行德道培养与身体养护。其最终归结到一点："育人"是学校教育的根本任务。这对作为学校教育的重要组成部分、具有独特育人价值的学校体育具有重要的启示：学校体育不仅要传承运动技术（王国维所指的"传授知识、增长知识"），发展学生身体，还要通过体育活动达成"育人"目标（王国维倡导的"人品道德"），把青少年学生培养成为"身体健康、知识丰富、品德优秀"全面发展的人才。③

（五）王国维"有用无用论"有助于重新审视学校体育的价值

王国维在1914年《国学丛刊序》一文中，提出了著名的学习"有用之学""无用之学"之辨，这是他有关教育哲学的核心思想，他认为，"凡学皆无用也，皆有用也。"虽然此说遭到了许多人的误解与排斥，但在当时追求"教育科技"功利性的学校教育中，注入了"教育的人文性"精神，对于扭转当时这一畸形教育现状具有重要的意义与价值。他的"有用无用论"从本质上而言，就是一种集科技和人文并重，并以人文作为积淀和基础的教育启蒙思想。④

任何事物的改革与发展都基于一定的功利性目标，当今我国学校体育的改革与发展也不例外。尤其是近几年来我国学生体质水平持续下滑的现象，引起了政府、社会对学校体育的高度关注。切实抓好学校体育工作、大力提升学生体质健康水平已成为当务之急。从王国维的"有用无用论"视角来看，我们在高度关注学生体质健康的同时，还需要重视学校体育的人文功能与价值。即一

---

① 王国维. 中国人的境界［M］. 北京：中国工人出版社，2013：29.

② 李启迪，兰双，卢闻君，等. 王国维体育教育观及其启示研究［J］. 北京体育大学学报，2015（4）：7.

③ 李启迪，兰双，卢闻君，等. 王国维体育教育观及其启示研究［J］. 北京体育大学学报，2015（4）：7.

④ 李启迪，兰双，卢闻君，等. 王国维体育教育观及其启示研究［J］. 北京体育大学学报，2015（4）：7.

方面要高度重视学校体育"增强学生体质"的功效，另一方面还要关注"学生"作为学校体育之主体——"人"的存在及其人的精神发展。因此，当前我国学校体育在深化改革进程中，我们必须关注体育课程、课外体育活动在增强学生体质的同时，所带给学生的人文精神。①

五、结语

王国维作为国际知名的国学大师，在教育学、文学、美学、史学等多学科领域都有卓著的贡献，同样在体育教育方面，他也有独到的见解。首先，他提出了学校教育应"四育并重"，在重视知识教育的同时，不可偏废德育教育、体育教育、美育教育；其次，他以解剖学、生理学为科学依据，提倡从婴幼儿阶段就开展身体教育活动，此外，他认为 14 岁之前的体育教育最为有效；最后，他又从机械物理学角度论证了身体活动（耗能）与休息（补充能量）的关系，告诉我们不可运动过度、运动应与休息相结合的原理。他的这些体育观为我们重新审视 20 世纪初期我国学校体育思想的萌芽与发展历程提供了理论依据，并为我们反思与改进当前学校体育的改革发展提供了现实指导意义。②

因时代背景的限制，王国维的体育观也存在着一定的局限性，其主要表现是在思想和行为上忽视了终身体育的重要性，导致他长期"体素羸弱，性复忧郁"。如王国维所说："故教育当待儿童之达成人，即二十四五为止。此后虽非无要教授、劝诫之处，然固有之教育，已不可施之。"即他认为教育发展到 24 岁左右就达到顶峰了，之后就没有很大的发展空间了。虽然其中有他的道理，但从终生教育视角看来，他的观点缺乏教育的终生性、持久性与延续性。特别是身体教育，正如他自己所说的 14—24 岁是身体最好的阶段，过了这个阶段，身体机能开始下降，体育锻炼的作用不大。但是若按这个逻辑，身体发育完成之后如果不进行持续的身体锻炼，那么身体机能下降的速度就会加快，因此，14—24 岁之后更要加强体育，以减缓身体机能衰老的速度，以一个健康的身体作为基础，确保人生理想与目标的实现。③

---

① 李启迪，兰双，卢闻君，等．王国维体育教育观及其启示研究［J］．北京体育大学学报，2015（4）：7.

② 李启迪，兰双，卢闻君，等．王国维体育教育观及其启示研究［J］．北京体育大学学报，2015（4）：7.

③ 李启迪，兰双，卢闻君，等．王国维体育教育观及其启示研究［J］．北京体育大学学报，2015（4）：7.

第十章

尚武精神是立国强国之本：陈独秀体育观

一、陈独秀简介

陈独秀，（1879-1942）出身于安徽省怀宁县的"小户人家"，原名乾生，字仲甫。是我国 20 世纪初著名的政治家、思想家、语言学家，也是对中国的近代教育有着重大影响的教育家。他是中国共产党创始人及早期主要领导人之一，是马克思主义的积极传播者，是新文化运动的主要倡导者之一，是五四运动的总司令。他创办了《新青年》杂志，拉开了我国新文化运动的序幕，并逐渐成了这一时代的领军人物。

陈独秀 17 岁考取秀才，1897 年去南京参加乡试落榜后，康有为、梁启超等维新派宣传的变法对其产生了深刻的影响，从此便卷入了维新变法运动，拉开了政治生涯，逐渐登上了政治历史舞台。随后于 1898 年入杭州求是书院开始接触了西方新式教育思想。陈独秀一生参与和创办了多种期刊：1903 年 8 月，与张继等人在上海创办《国民日日报》；1904 年，在安徽芜湖创办《安徽俗话报》；1914 年，在日本协助章士钊创办了《甲寅》杂志；1915 年 9 月，在上海创办《青年杂志》（从第二卷起改称为《新青年》），他创造的《新青年》杂志影响了这一时代的许多青年，1917 年任《北京大学日刊》编辑；1918 年 12 月，与李大钊共同创办了《每周评论》。[①]

陈独秀一生也写了许多教育类著作，有一部分著作对当下学校体育教育有非常重要的借鉴价值。其中，影响较大的著作有《敬告青年》《今日之教育方针》《新青年》《新教育是什么?》《随感录：青年体育问题》等。

---

① WANG H. A regular column on the latest thinking of Chinese philosophers and social scientists Chen Duxiu: An Evaluation of His Life's Work [J]. 中国社会科学（英文版），1985（4）：9-38.

二、陈独秀体育观前期研究评述

输入"陈独秀+体育"篇名，查阅中国学术期刊网（中国知网）资料，获得有关陈独秀的体育研究论文 15 篇，其中核心期刊论文 4 篇。纵观以上文献，对本研究具有一定参考价值的文献及其观点主要有以下内容。

何叙认为："陈独秀的体育观点有：提倡'兽性主义'教育，以铸炼刚健奋进的国民精神；主张教育要'德、智、体三育并重'发展；倡导妇女解放，为女子体育发展创造了条件。"① 刘灿华认为："陈独秀体育教育思想产生的原因：补偏救弊，以求适世界之生存；陈独秀体育教育思想的内容：'德智体三者并重而不偏倚'；陈独秀体育教育思想的实现途径：取西洋之法，提倡兽性主义。"② 郝琳认为："陈独秀体育思想：秉以救国心，陈独秀萌生了体育救国的念头；体育救国梦；陈独秀体育思想的三大'利器'：'德、体、智'的统一，'兽性'的提出，妇女的解放。"③ 邹政认为："陈独秀体育思想：批判旧式体育中浓厚的封建形式、封建意识；提倡'意志顽狠，体魄强健'的'兽性主义'体育观；主张促进人的身心全面发展的体育观。"④ 黄贵认为："陈独秀认为：智、力、德三者并重，为近代教育之通则，提倡实行'兽性'主义；陈独秀的体育观，对改变中国传统的'文弱'之风与促进人的和谐、全面发展，起了积极的推动作用。"⑤ 吕利平认为："陈独秀揭露了旧式书院教育的弊端，力主办新学，强调体操的重要性，主张改良教育，提倡学校教育要德、体、智三育兼备。"⑥ 程大力认为："陈独秀崇尚军国民教育，将西洋体操、西方游戏教育法附会于传统的'习礼'和儿童教育法；受进化论影响而主张兽性主义的体育观；重视全面发展的体育观；在'五四'新文化运动期间对静坐和'新武术'的批判。"⑦ 周志俊认为："陈独秀的体育卫国思想，体育教育思想（倡导德、智、体三育兼备），卫生保健思想（重视卫生保健对增强国民体质的作用）。"⑧ 林德时认为："陈独秀体育思想：倡尚武习体操的体育爱国观，改革传统教育的体育救国观，

① 何叙. 新文化时期陈独秀体育思想寻脉 [J]. 体育文化导刊，2006（5）：80-84.
② 刘灿华. 陈独秀体育教育思想探微 [J]. 学理论，2011（4）：291-293.
③ 郝琳. 刍议陈独秀体育思想及其时代价值 [J]. 兰台世界，2014（1）：131-132.
④ 邹政. 新文化运动时期陈独秀的体育观 [J]. 池州师专学报，2002（04）：85-87.
⑤ 黄贵，苏永骏. 陈独秀体育观探析 [J]. 军事体育进修学院学报，2011（3）：5-7.
⑥ 吕利平. 陈独秀的早期体育观 [J]. 安庆师范学院学报（社会科学版），2000（2）：68-69.
⑦ 程大力. 陈独秀早期体育观点及其发展阶段研究 [J]. 体育文史，1992（3）：41-46.
⑧ 周志俊. 陈独秀前期体育思想探讨 [J]. 体育文史，1988（4）：8-11.

增强抵抗力的体育强国观。"①

通过整理以上文献资料发现，关于陈独秀的体育观研究还存在一定的不足：一是研究文献有较多的重复现象；二是研究深度有待加强，主要体现在陈独秀体育观的思想来源缺乏分析；三是陈独秀虽然对体育有一定的独到阐述，但他不是体育家。因此，我们不能称其为"体育思想"，只能称为"体育观"。

三、陈独秀体育观核心要旨

（一）提倡"尚武"精神

陈独秀在 1915 年发表的《今日之教育方针》一文中揭露了我国传统教育的陋习，他用这样的句子来形容我国所谓传统儒家教育下的青年，"手无缚鸡之力，心无一夫之雄；白面纤腰，妩媚若处子；畏寒祛热，柔弱若病夫。以如此心身薄弱之国民，将何以任重而致远乎？他日而为政治家，焉能百折不回，冀其主张之贯彻也？他日而为军人，焉能勠力疆场，百战不屈也？"② 他认为我国受教育的青年学生，体质薄弱，性格柔软，像是生病了的人一样。像这样生病了的人自己都无法照顾好自己的身体，又怎么会有好的精力置身于治理国家中，在战场上反而还会成为累赘。

1903 年，帝俄在东三省的驻军违约不撤，这些俄军是趁八国联军侵华之机，抢先侵入东北的。《辛丑条约》之后，规定要分期撤离，帝俄一再寻找借口，拖延时日，最后竟公然宣布俄军永久留驻东北。因此全国掀起"拒俄运动"高潮。

在东京的中国留学生和上海知识青年，自发组织"拒俄义勇队"，请命为国效力。陈独秀于 1903 年 5 月 17 日在安庆藏书楼召开第二次演说会。是日虽然大雨，冒雨参加者竟达 300 余人，其中 200 余人是安庆大学堂、武备学堂、桐城中学堂、怀宁公学等校的学生。陈独秀在会上慷慨陈词，指出帝俄侵略我中国已非一日，并将自己在东北亲眼目睹"俄人虐待我中国人""俄兵奸淫妇女而且杀之"等惨景告诸群众，说明瓜分惨祸已迫在眉睫，帝俄就是瓜分我中国的罪魁祸首。并力陈印度、波兰等亡国惨状，为国人戒。号召大家要奋起抵抗，不能逆来顺受，贪生怕死。他说："我等今日力戒此弊，辟平日跑反之狂言，当尽死守土地之责任；除平日为己之私见，当守合群爱国之目的。"③

———————

①　林德时. 陈独秀体育观之我见［J］. 体育科学研究，1990（2）：59-61.

②　任建树，张统模，吴信忠. 陈独秀著作选：第 1 卷［M］. 上海：上海人民出版社，1984：146.

③　沈寂. 陈独秀传论［M］. 合肥：安徽大学出版社，2007：419.

要做到这点，陈独秀提出三个条件：（1）了解国内外情势。（2）提高爱国思想觉悟。（3）要有健全的体魄。关于第三点，健全的体魄是一切行动的基础。他认为，在与自然界做斗争中，没有健全的体魄都要吃败仗，又怎么能胜任拿起枪来保卫祖国呢？长此以往，就会有被取消球籍的危险！所以陈独秀在会上号召各学堂要增加体操课，加强锻炼身体。陈独秀把原有的青年励志学社改为爱国会，爱国会《拟章》中规定的宗旨为："本社因外患日亟，结合士群为一团体，发爱国之思想，振尚武之精神，使人人能执干戈卫社稷，以为恢复国权基础。"①

从鸦片战争到甲午战争，中国连吃败仗，造成国家衰亡的一个重要原因是中国兵力虚弱。为此，陈独秀主张加强武备，提倡国民练兵习武，以保家卫国。陈独秀认为，必须在中国民众中培养尚武精神，因为这是立国强国之本。②

（二）主张"德智体"三育并重观

陈独秀主张在我国学校教育中推行德、智、体三育兼备方针的，陈独秀是最早倡导者之一。陈独秀认为："蒙学莫急于德育，而体育次之，若智育，则成童以后未晚也。诚以德为人道之本，无德则无以立，智必不醇。"③ 这是陈独秀第一次提出学校教育应三育兼备的主张。之后，他又指出："我国自古以来的教育，最重视的是德育，次之是智育，最不重视的是体育，以致中国的书生个个是文弱之辈。"④ 他说，中国自古以来就主要重视的是德育的重要性，而且德育的效果也不是很理想。传统的教育重在教"四书""五经"等儒家的思想，学生则是"一心只读圣贤书""四体不勤，五谷不分"的情况。德育和智育的效果并不是很好，而身体方面更是弱不禁风。所以陈独秀于1902年提出教育在德、智、体三方面全面发展的思想，强调了体育教育的重要性，指出体育教育要进行全身训练的教育模式。

陈独秀在《王阳明先生训蒙大意的解释》一文中还强调："自古以来，中国的教育，德育，智育方面还有所灌输，但是只有体育一门，从来没人提倡这个点，以致全国人斯文委弱，奄奄无生气，这也是国促种弱的一个原因。"⑤ 陈独秀对当时的学校体育的情况做了具体分析："现在各国小学堂的功课，都有音乐、体操两项，正合先生歌诗、习礼两项，用意相同。我中国学堂里的教习，

---

① 沈寂．陈独秀传论［M］．合肥：安徽大学出版社，2007：419.
② 祝彦．陈独秀思想评传［M］．福州：福建人民出版社，2010：34.
③ 沈寂．陈独秀传论［M］．合肥：安徽大学出版社，2007：416.
④ 沈寂．陈独秀传论［M］．合肥：安徽大学出版社，2007：416.
⑤ 林文光．陈独秀文选［M］．成都：四川出版集团·四川文艺出版社，2009：105.

都把音乐、体操当作无关紧要的学问，这才是先生所骂的末俗庸鄙之见哩。"①揭示了中国学校教育的弊端：非常不注重儿童体育的教育。

陈独秀在天津南开学校演讲《近代西洋教育》中所说的那样，"就是中国教育大部分重在后脑的记忆，小部分重在前脑的思索，训练全身的教育，从来不大讲究"。②中国学生的教育情况大部分是只重视脑袋的教育，身体的全身教育是不重视的，体育教育更是不够全面。"所以未受教育的人，身体还壮实一点，唯有那班书呆子，一天只知道咿咿唔唔摇头摆脑的读书，走到人前，痴痴呆呆的歪着头，弓着背，勾着腰，斜着肩膀，面孔又黄又瘦，耳目手脚，无一件灵动中用。"③没有受过教育的人，他们大部分的时间在做体力活，或者是人际交往应酬比受过教育的人要早得多。而在接受教育的人，由于课程烦琐，而且传统教育只注重教学生摇头晃脑地背书，没有很好地应运头脑去思考，头脑看起来也就不灵活，再加上没有体育锻炼，身体看起来不健壮。所以没有受过教育的人看起来身体比较壮实，脑袋适应社会的能力也比较早，看起来比较有灵性。

所以陈独秀极力主张新教育改革。在《今日之教育方针》一文中，陈独秀明确表示了对西方教育的"德智体"三育并重的支持和称赞："德意志及日本虽以军国主义闻于天下，然其国之隆盛，盖不独在兵强，其国民之教育方针，德智力三者未尝偏废。"④

他认为："现在西洋的教育，分德育、体育、智育三项。德国、日本的教育，格外着重在体操。我中国的教育，自古以来，专门将德育，智育也还稍稍讲究，唯有体育一门，从来没人提倡，以致全国人斯文委弱，奄奄无生气，这也是国促种弱的一个原因。阳明先生教育主义，却这样注重操练身体，真算是中国古代教育家的特色了。"⑤

在《新青年》一文中，专门针对西洋的体育教育优势做了阐释："德之立教，体育殊重，民力大张，数十年来，青年死亡率之锐减，列国无与伦比。英美日本之青年，亦皆以强武有力相高：竞舟角力之会，野球远足之游，几无虚日，其重视也，不在读书授业之下。故其青年之壮健活泼，国民之进取有为，

① 林文光. 陈独秀文选［M］. 成都：四川出版集团·四川文艺出版社，2009：103.
② 林文光. 陈独秀文选［M］. 成都：四川出版集团·四川文艺出版社，2009：110.
③ 林文光. 陈独秀文选［M］. 成都：四川出版集团·四川文艺出版社，2009：110.
④ 任建树，张统模，吴信忠. 陈独秀著作选：第 1 卷［M］. 上海：上海人民出版社，1984：141.
⑤ 林文光. 陈独秀文选［M］. 成都：四川出版集团·四川文艺出版社，2009：105.

良有以也。"①

陈独秀还特别强调全身训练的体育教育方法，"全身的，而非单独脑部的……西洋教育，全身皆有训练，不单独注重脑部。既有体操发展全身的力量，又有图画和各种游戏，练习耳目手脚的活动能力"。② 他认为，体育教育训练一定不只是简单的局部的身体训练教育，而是全身的身体训练和学习。我们可以通过体操学习，训练身体的肌肉力量、肌肉耐力，通过游戏等一些体育活动来增强身体各个关节、各个部分的灵活性。我们要发展全身体的训练方针，制订合理的训练计划，达到锻炼全身的目的。

（三）主张"兽性"体育观

陈独秀认为："日本福泽谕吉有言曰：'教育儿童，十岁以前，当以兽性主义；十岁以后，方以人性主义。'"③ 陈独秀非常赞成日本学者福泽谕吉提倡的教育主张，即在德智体三者的教育分配上，在 10 岁以前的儿童更应该多关注的是儿童的体育教育训练。

什么是兽性？陈独秀认为："意志顽狠，善斗不屈也；体魄强健，力抗自然也；信赖本能，不依他为活也；顺性率真，不饰伪自文也。"④ 陈独秀认为，德育、智育属于对"人性"的教育，体育是"兽性"教育的一部分。陈独秀在《今日之教育方针》中讲道："强大之族，人性、兽性，同时发展。其他或仅保兽性，或独尊人性，而兽性全失，是皆堕落衰弱之民也。"⑤ 他认为，一个国家的人民衰弱是因为没有坚强的意志、不屈的精神、强健的体魄等。而出现这种现象的原因就是因为没有进行"兽性"教育。

陈独秀兽性主义教育方针的理论基础，是他的生物进化论和抽象的先验的人性论，他说："良以人类为他种动物之进化，其本能与他种动物初无异致。所不同者，吾人独有自动的发展力耳，强大之族，人性、兽性，同时发展。其他或仅保兽性或独尊人性，而兽性全失，是皆堕落衰弱之民也。"⑥

---

① 任建树，张统模，吴信忠．陈独秀著作选：第 1 卷［M］．上海：上海人民出版社，1984：184.
② 林文光．陈独秀文选［M］．成都：四川出版集团·四川文艺出版社，2009：110.
③ 任建树，张统模，吴信忠．陈独秀著作选：第 1 卷［M］．上海：上海人民出版社，1984：145.
④ 任建树，张统模，吴信忠．陈独秀著作选：第 1 卷［M］．上海：上海人民出版社，1984：146.
⑤ 任建树，张统模，吴信忠．陈独秀著作选：第 1 卷［M］．上海：上海人民出版社，1984：146.
⑥ 曾乐山．五四时期陈独秀思想研究［M］．福州：福建人民出版社，1983：68.

陈独秀认为："皙种之人，殖民事业遍于大地，唯此兽性故；日本称霸亚洲，唯此兽性故。"① 为什么法西斯能够在全国建有殖民地，就像日本能够称霸亚洲一样？我们就要学习他们"兽性主义"的教育，提高国民身体素质，培养他们敢作敢为、敢于与帝国主义斗争的精神。

（四）提倡体育教育要与"卫生保健"相结合

陈独秀在《新青年》中说："青年堕落，状无能为。非吾国今日之现象乎？且青年体弱，又不识卫生，疾病死亡之率，日以加增。浅化之民，势所必至。"② 他认为，身体柔弱加上自己又不注意卫生知识、不了解卫生知识，在青年人群中，疫情疾病带来的死亡率日益剧增。

陈独秀认为："医不知科学，既不解人身之构造。"③ 医生在治病的时候不懂得科学的知识，也不懂得人体的构造，在给病人医治的时候只能凭空去想象，或者是根据自己的就医经验，而经验不一定就是正确的。

在《随感录：青年体育问题》中，陈独秀针对不良的体育运动方式做了详细阐述："讲体育应有三戒：（1）兵士体操，（2）拳术，（3）比赛的剧烈运动。比赛的剧烈运动，于身体不但无益而且有害，至于助长竞争心、嫉妒心、虚荣心，更是他的特色。"④ 违背身体正常发育使青少年训练有害的体育运动，以及传达一些不良思想和倾向对青少年心理有害的体育运动都是不值得推崇和学习的，在这里很显然他是将体育用保健的知识进行了解释。

（五）主张体育教育要与"礼仪"相结合

在陈独秀《王阳明先生训蒙大意的解释》一文中，陈独秀非常赞同王阳明先生的礼仪教育，他认为："不但礼的仪节，可以令儿童整齐严肃，而且可以运动身体，调和血脉，坚强筋骨。"⑤ 从儿童起，就应该要进行礼的仪节教育，从小培养他们的外在气质，可以让人感觉有精气神。

陈独秀还结合现在的军队训练情况，他认为："照这样说起来，又合现在的体操正对了。你看那兵式体操的起坐进退，无论多少人，都是遵从一样的号令，

① 任建树，张统模，吴信忠. 陈独秀著作选：第 1 卷 [M]. 上海：上海人民出版社，1984：146.

② 任建树，张统模，吴信忠编. 陈独秀著作选（第一卷）[M]. 上海：上海人民出版社，1984：184.

③ 任建树，张统模，吴信忠编. 陈独秀著作选（第一卷）[M]. 上海：上海人民出版社，1984：135.

④ 戚谢美，邵祖德. 陈独秀教育论著选 [M]. 北京：人民教育出版社，1995：227.

⑤ 林文光. 陈独秀文选 [M]. 成都：四川出版集团·四川文艺出版社，2009：105.

节奏井然，丝毫不乱。"① 从小对儿童进行礼的仪节教育，就像军队里面规范的坐姿、站姿、走路的姿态一样规范，有节奏，听指挥，井然有序，精神劲头十足，首先能够在精神上给人鼓舞，振作士气，从心理方面培养儿童自信的一面，然后再从外表体现出来。这些规范性的体操动作，就是一种身体锻炼的方式，他一方面能够提升外在形象，另一方面使身体的血脉相通，坚强筋骨，增强自身的体质。

四、陈独秀体育观当代启示

（一）陈独秀的"兽性主义体育"观对学校体育改革意义

陈独秀的四条教育方针（现实主义、唯民主义、职业主义、兽性主义），首先是要通过教育手段使中华民族能够与世界各强国生存竞争，"角胜世界文明之猛兽""求适世界之生存"。同时，他认为："强大之民族，人性、兽性同时发展。……日本称霸亚洲，唯此兽性故。"②

为什么要进行兽性主义教育，他认为："而中国曾受教育的青年，'手无缚鸡之力，心无一夫之雄；白面纤腰，妩媚若处子；畏寒畏热，柔弱若病夫。'这样的青年，如何去胜任政治家、军人、宗教家、实业家，如何去'角胜世界文明之猛兽'？所以必须提倡'兽性主义'教育。"③

陈独秀的"兽性体育"观并非他所独创，而是有其渊源，日本福泽谕吉曾有言：教育儿童，10 岁以前，当以兽性主义；10 岁以后，方以人性主义。因此，陈独秀的"兽性体育"观并非心血来潮。相对于当时教育"文弱之风"的背景，提倡"兽性主义"是十分必要的，体育就是一种最好的兽性教育，虽然体育并不能与兽性教育相等同，但体育教育首先应是兽性教育，而这方面的教育正是我国教育体系中所缺失的内容。

当下学生体质水平不断下滑现象的背后有其种种成因，首当应试教育，它是伤害学生体质健康的罪魁祸首；其次，社会的发展促进了新科技、大数据时代的出现。而这些新时代的产物大部分都可能对身体运动产生异化现象，导致青少年学生长时间沉迷于网络虚拟世界，这对学生身体无疑会带来巨大的伤害。因此，结合当下教育形势、时代特点，我们非常需要开展兽性体育教育，它将激发人类的本能。

---

① 林文光．陈独秀文选［M］．成都：四川出版集团·四川文艺出版社，2009：105.
② 沈寂．陈独秀传论［M］．合肥：安徽大学出版社，2007：420.
③ 沈寂．陈独秀研究［M］．北京：东方出版社，1999：264.

（二）陈独秀的"三育并重"观对提高学生体质具有重要价值

陈独秀认为："现在西洋的教育，分德育、体育、智育三项。德国、日本的教育，格外着重在体操。中国的教育，自古以来，专门讲德育，智育也还稍稍讲究，唯有体育一门，从来没人提倡，射、御虽是体育，但也没有人说明，以致全国人斯文委弱，奄奄无生气，这也是国促种弱的一个原因。"① 由于陈独秀把兴办新学（不同于传统的书院教育），提高到救国的高度，其中特别是对体育的提倡，认为是改变"国促种弱"的关键，所以他在自己主编的《安徽俗话报》上，大力宣传体育的意义与作用。

实现多育并重是学校教育的最终目标，但这仅仅是理论上的阐述，很多的教育家也是倡导这一说法的，但在实践过程中，由于种种原因，体育又是一项受人忽视的学科。因此，要把体育工作真正做好，处理好体育与德育、智育等关系，除了理论说教之外，更需要把体育的重要性有一个重新认识，必须把它与国民体质、国家兴亡结合起来，才能使得教育工作者、体育工作者有一个清醒的认识、忧患的意识、大局的意识，这样才有助于把理念落实于实践工作之中，真正促进学生体质健康。

（三）陈独秀的"体卫结合"观对学校体育课程设置的意义

陈独秀明确指出："且青年体弱，又不识卫生，疾病死亡之率，日以加增。浅化之民，势所必至。"② 结合当时背景，陈独秀的这番话一针见血。基于当时医疗水平较差、生活水平较低、物质匮乏的现象，如果青少年体质虚弱，再加上不懂得卫生保健，那么必然是疾病横生、死亡不断。

当今社会的发展与时代的变迁已是今非昔比了，但笔者认为"体卫结合"仍然是指导我们学校体育工作的方针，其理由主要包括以下三个方面。一是体育与保健卫生工作本是一家，它们之间是密不可分的，都是以预防性为主的身体保护策略，所不同的是体育关注身体的运动，保健卫生关注的是身体的清洁、不受病菌侵害，因此，在落实体育教育工作的同时，需要加强卫生保健工作。二是体育侧重于身体外在的运动，而保健卫生工作是侧重于身体知识学习与习惯的形成，它们之间可以起到相辅相成的效果。三是青少年儿童学生非常缺乏保健、卫生、生理等方面的知识，特别是生长发育的知识十分匮乏。四是目前我国体育课程中虽然建立了"体育与健康"课程体系，但健康教育的内容、方

---

① 沈寂著.陈独秀传论［M］.合肥：安徽大学出版社，2007：417.
② 任建树，张统模，吴信忠.陈独秀著作选：第 1 卷［M］.上海：上海人民出版社，1984：184.

法、路径、评价等方面依然十分落后，甚至空白，要把这些理念落实到行动之中尚需努力。

（四）陈独秀的体育与"礼仪"结合观点有助于体育的人格教育

陈独秀非常赞同王阳明先生的礼仪教育，他认为其不仅可以令儿童整齐严肃，而且可以运动身体，调和血脉，坚强筋骨。结合体育领域，陈独秀认为体操教学与之相匹配，因为在体操教学中，学生既要保持个人的精神饱满、自身的形态，又要与同学合作、步调一致。

陈独秀主张体育教育要结合"礼仪"的观点，对当下体育专业的学生来说是非常重要的，且值得借鉴的。要想提高体育人的地位，我们一定要自己改变自己，从形体教育角度来加强对体育的认识。首先，要从自身素质和观念上下功夫，加强对"礼仪"知识的学习与行为教育，培养好走路、坐、跑步、与人交往的姿势以及与人合作的精神等。因为良好的姿态首先在视觉上让人看了就有一种威严感，一种阳光的感觉。其次，现在的体育教育中，专业学习体育教育的虽然没有专门的礼仪老师授课，但是由于长久的体育锻炼，无形之中那种振作的精气神就自然而然地融入了我们日常生活中。但是由于没有过多地强调这一点，在许多公共体育课程中，老师为了完成课程任务，而且由于课时的局限性，并没有过多地关注礼仪知识教育与行为培养，学生锻炼完之后不是一种精气神十足的样子反而萎靡不振。所以，无论是体育专业的还是公共体育专业的，都必须要讲究外在形象，把体育教育与礼仪知识结合起来，提升我们的自身精气神。由此可知，礼仪教育是非常重要的。

五、结语

综上所述，陈独秀的体育观主要是：提倡"尚武"精神，主张"德智体"三育并重观，主张"兽性"体育观，提倡体育教育要与"卫生保健"相结合，主张体育教育要与"礼仪"相结合。其中，主张"德智体"三育并重观是核心内容。以上体育观对当今中国学校体育改革的启示为，陈独秀的"兽性主义体育"观对学校体育改革意义，陈独秀的"三育并重"观对提高学生体质具有重要价值；陈独秀的"体卫结合"观对学校体育课程设置的意义，陈独秀的体育与"礼仪"结合观点有助于体育的人格教育。

当然陈独秀的理论也存在一定的局限性，首先，陈独秀对优秀传统文化采取的态度是全面否定的，在摒弃礼教的同时，也抛弃了优秀精华；其次，具有浓厚文人气质、缺乏复杂政治斗争经验的陈独秀过分依赖"共产国际"、忽略了中国革命的实际，导致他犯了右倾机会主义错误；最后，陈独秀把人看作生物学上、人类学上的"种"，同时把人性说成是由下等动物遗传而来，人类除了有人性外，还有从下等动物遗传而来的兽性。一个民族的强大是由于人性、兽性同时发展，一个民族的衰亡是由于兽性的消失。这不仅宣扬先验的人性论和道德论，而且宣扬人性，兽性决定一个民族的盛衰。可见陈独秀的兽性主义教育方针在理论上是唯心论。

第十一章

教育之本，体育为先：徐一冰体育观

一、徐一冰简介

徐一冰（1881—1922），浙江吴兴南浔人，是中国近代著名的体育教育家。1905 年东渡日本，在大森体操学校专攻体育。1907 年学成归国，从事体育教育和宣传活动，徐一冰积极倡导近代体育，在中国近代学校体育的兴起和发展过程中起着举足轻重的作用。

为宣传和发扬近代体育，徐一冰于 1909 年创办了我国第一份体育专业报刊——《体育界》，是目前发现的我国近代最早的体育专业报刊；随后在 1914 年 3 月同王文濡一起主办了一本综合性体育刊物——《体育杂志》。除此之外，徐一冰还编写了多种体育教材，如《体育教程》《课堂运动法》《学校游戏法》《小学游戏法》；《小学体操范本》《女子小学体操范本》《瑞典式疗病体操》《兵式教练》《普通体操》《舞蹈全豹》等。他撰写的《整顿全国学校体育上教育部文》及《体育与武力辨》，其论点引起了有关方面的重视。

二、徐一冰体育观前期研究评述

查阅中国期刊网文献，获有关徐一冰的论文 15 篇，其中核心期刊论文 4 篇。仔细阅读这些文献，对本研究具有一定参考价值的观点有以下内容。陈万妮认为："1909 年，徐一冰创办了中国最早的体育类学术期刊——《体育界》，为早期的体育传播媒介开了先河。此外，徐一冰通过报刊来传播体育和自己的体育思想，纠正人们的错误思想，这一点在当时是一种跨越性的突破，值得我们学习和借鉴。"[①] 张宝强认为："1908 年徐一冰与王季鲁、徐筑岩等 6 人在上海创办的中国第一所体育专门学校，即中国体操学校，创办近 15 年之久，培养

[①]　陈万妮．试论徐一冰对近代体育传播的贡献［J］．四川体育科学，2008（5）：1-3.

了近30届学生，共1500人左右。在这批学生中很多都成了专门的体育人才，为近代中国学校体育做出了突出贡献。"① 汤俊霞认为："徐一冰体育思想包括了：强民强种，体育救国；评判军国民体育，提倡'正当体育'；改革学校体育三大部分。"② 钟瑞秋认为："徐一冰的体育思想分为：关于'体育救国'思想、'正当体育'思想和学校体育改革主张三部分。徐一冰体育思想是资本主义教育思想在体育上的延伸。简单地把其他教育思想搬过来用是行不通的。此外，正当体育的提出预示着资产阶级文化走向，同时也结束了军国民体育在体育思想的误导。"③ 郑志林认为："徐一冰论述了学校体育的重要性，并提出了六条改革建议：（1）中小学校体操、游技应有统一教授；（2）学校体育宜革除兵式教练一门；（3）高小、中学、师范应添习本国技击一门；（4）宜由国家建设体育专门学校，以示模范；（5）各省宜由行政官长置设学校体操学官；（6）女子大小学校体操游技科必须延聘女子教员教授。"④ 赵富学认为，徐一冰的体育观为"对培养专业体育教师重要性的认识、对男女体育教师培养过程的设想、对体育教师培养内容的划分和方法的探索等方面"。⑤

　　通过对文献的整理发现，前期学者对徐一冰体育思想的研究内容可以概括为两部分：一是体育实践方面的内容，包括了开办体育学校和创办体育期刊；二是体育思想方面的内容，包括了体育救国思想、提倡正当体育、改革学校体育思路等。笔者认为，前人的研究大多停留在对徐一冰体育思想和体育实践的概述层面，在结语中肯定徐一冰对近代体育做出的贡献，并认为通过学习他的体育思想可以为当代体育改革提供参考和借鉴，但大多数研究者都没有把他的体育观与现代体育思想及学校体育改革很好地联系起来，有的研究者也只是一带而过，因此，对于徐一冰体育观的研究还有较大的空间。

三、徐一冰体育观

（一）强国之道，体育为先

徐一冰的童年和青少年时期正是中国内忧外患之际，西方列强侵略下的中

① 张宝强. 体育专业留学生与中国体育发展研究［D］. 福州：福建师范大学，2010.
② 汤俊霞. 徐一冰思想研究［J］. 山西师大体育学报，2009（6）：47-48.
③ 钟瑞秋. 徐一冰体育思想初探［J］. 上海体院学报，1985（4）：88-91.
④ 郑志林. 我国近代体育教育家：徐一冰［J］. 杭州大学学报（哲学社会科学版），1981（8）：104-108.
⑤ 赵富学，程传银. 徐一冰的体育教师教育思想研究［J］. 北京体育大学学报，2016，39（5）：58-65.

国饱受战乱与欺凌。少年时期，由于清政府的软弱无能，国家日益衰落，加之国人崇文轻武以及鸦片的毒害，国民体质整体孱弱，国家未来岌岌可危。作为一名爱国青年，徐一冰敢为人先，想方设法增强人民体质，他把教育视为强国的必由之路，把体育视为教育的基础。体育的根本目的在于增强人们的身体。因此，要想国家不受欺凌，就要强壮国民之身体。在他看来强壮的体魄是保家卫国之基，是坚韧精神之根，是一切行动之源。1905 年，徐一冰东渡日本，进入大森体育专修学校专研体育。在日本学习期间，由于受到日本明治维新思想的熏陶，他对日本的"武士道"非常喜欢。除了学习武士道外，他还不断学习日本的体育原理和技术。

徐一冰的体育观雏形于蔡元培的军国民教育思想，完善于自身丰富的体育实践。1907 年徐一冰学成归国后便投身于体育事业，先后任教于上海爱国女校、湖州旅沪公学和中国公学等学校。在日本研学时，他认真分析东亚各国强大的原因，认为各国应当上下求索，共同倡导体育。于是，1908 年他与徐筑岩、王季鲁等 6 人在上海建立起中国第一所近代体育专门学校——中国体操学校，并在《整顿全国学校体育上教育部文》一文中明确说道："强国之道，重在教育，教育之本，体育为先。"① 他认为强国的途径重在教育，而教育的根本则在于体育先行。此外，他认为"体育不讲，人种不强，人种不强，国将安赖"。在上海创办中国体操学校时，徐一冰把"增强中华民族体质，洗刷东亚病夫耻辱"作为学校的校训。在对政府提出的六点建议中，其中之一就是建议政府给高等小学、中等师范增加一门本国技击课程。他认为要培养出既精通体育运动又能服务国家建设的人才，就必须重视学生的体育素质和技能训练，使他们具备强健的体魄，唯有健硕的身体，才能有坚韧不拔的精神。通过对徐一冰言谈举止的分析，可以发现其体育思想与救国有着密切的联系，"强国之道体育先行"的理念贯穿在他的体育实践和体育思想之中。

（二）批判军国民体育，提倡正当体育

徐一冰的体育观虽然继承了军国民体育"强种强国，体育为先"的救亡思想，但他对军国民体育却持有异议。他认为军国民体育最大的危害在于把军事等同于体育。由于受军国主义教育影响，学校体育"尚武"思想盛行，把"兵式体操"作为必备教材。随着军国民体育氛围的浓厚，一些军队中的兵士竟担当起了体操教师。由于这些兵士既不具备专业的体育知识，又没有良好的道德修养，学生在其教导下只会成为品行不佳的不良分子。这既有悖于体育的本质，

---

① 汤俊霞. 徐一冰体育思想研究［J］. 山西体育学院学报，2009（10）：47.

又对社会造成极其恶劣的后果。因此，他下定决心要创办中国体操学校，通过这所体育专门学校，"造有学识之师资，传播于各省各地不可"。①

所以他开始提倡"正当体育"。在体育方面，徐一冰有着自己独特的见解。他认为："体育之道，有广狭两义，有广义言之，人类初生，臻捧拯狂，各竟所生，自卫之急，体育乃兴……至自狭义一方言之则以规定各种运动，发扬尚武精神为主。"从上面这段话中我们可以了解到，徐一冰从生物进化的角度来阐述体育是人类自卫的需要而产生的。

在《二十年来谈体操》一文中他指出："吾人讲体育，须知体育为人类纯乎自然之生活……辅助人类进化之药石也。"② 从这段话中我们可以了解到，徐一冰所言的体育是人类社会生活中一种自然的活动，饥饿时想吃，口渴时想喝，静坐时想锻炼，疲劳时想休息，这都是自然赋予我们的。人类在演化过程中会在无形之中受到大自然的束缚，于是体操与运动便应运而生，用以弥补"天然体育"之不足，是帮助人类向着更高层次演化的一种手段。徐一冰是从人自身本能出发，结合社会生存需要，对体育进行研究、阐释。从今天来看，这一阐释更切合体育的本质属性和功能。

在《体育与武力辨》一文中徐一冰还说道："体育实为教育上、事业上之根本……得永久享受康强之幸福"，则"有健康的体格……人人能尽全力而为之"③。在他看来，体育是从事其他活动的保障，同时也是进行其他活动和更好完成任务的前提。

（三）提出了七个方面的学校体育改革思路

"体育不讲，人种不强，人种不强，国将安赖。"④ 徐一冰从体育救国的高度对学校体育给予了厚望。他认为学校体育的目的在于"坚强学子之体魄，健康学子之精神"，使学生拥有强健的体魄和良好的精神风貌是学校体育的首要目的。在他看来，从古至今的贤人志士之所以能够成就大业，除聪明才智不可或缺外，强健的体魄、顽强的意志同样起到了巨大的推动作用。徐一冰在考察全国各地学校体育教学之后，认为学校体育必须改革，并进一步从思想上肯定了体操对于学校教育的重要性，他指出学校体育是学校教育的根本，必须做出改

---

① 崔乐泉，杨向东. 中国体育思想史·近代卷［M］. 北京：首都师范大学出版社，2008：124.

② 中国近代体育史料［M］. 成都：四川教育出版社，1988：111.

③ 徐一冰. 体育与武力辨［J］. 体育杂志，1914（1）：2.

④ 徐一冰. 整顿全国学校体育上教育部文［M］//中国近代体育文选：体育史料第17辑. 北京：人民教育出版社，1992.

革。对于学校体育的改革，徐一冰提出了几点建议。

第一，学校体操一科，必须由专业的体操教员教授。对于"学校体操一科，必须由专门的体操教员教授"这一观点，他在书中明确写道："体操一科，与生理学、心理学有着密切关系……，其修养尤非从生理、心理及美学上之研究不可。"① 在徐一冰看来，体操并不是一项简单的运动，它和生理、心理都关系密切。因此，在学校体操教学上，他认为应由专业的体操教师来教授，对于国内由兵士来担任体育教师的怪象表示反对。反对的原因有二。首先，培养方向上的不同。与军事人才培养相比，学校体育旨在强化学生体质和促进不生身心健康发展，而由不懂师道的兵士来教授学生体育，则容易使学生朝着兵式化方向发展，从而违背了学校体育教育的初衷。其次，气质修养方面的不同。"无德者不能为师""学识欠缺，难以为师"，体育专任教师在培养内容上有着相应的要求，良好的师德品行和一定的专业能力是体育专任教师必备的条件，而长期从事军事训练和推崇尚武精神的兵士则好勇斗狠、作风不端，这些都会极大地影响学生的发展。

第二，女子大、小学校体操游技科，必须延聘女子教员教授。在创办中国体操学校2年之后，徐一冰的教育观有所转变，开始着重关注对女子体育师范生的培养。徐一冰认为由于女子体操项目的内容与男子体操项目的内容不同，并且女子的生理结构与男子也不相同，所以训练方法也应存在一定差异，因此，"女子体操，非女子教员教授。"然而，由于受传统观念的禁锢，女子读书无用、体操是男人的运动等思想使得女子教员极度匮乏。对此，徐一冰提出以下建议：在各省女子师范学校内，开设女子教员培训课程或者设立专门的女子教员培训学校。

第三，小学校、中学校体操及游技应该统一教授。鉴于当时各地区体育教学良莠不齐、管理混沌的情况，徐一冰提出由全国统一制定体育教学课程。他认为全国各级学校体操均应制定统一的教学大纲和教材，并建议由教育部召集体育专家、学者，统一对教材及教法进行研究。此外，他还提出了学段的划分，从小学至初中，共11学年，每年分3个学期，共33个学期。按年级的顺序，择取合理的资料，统治课程，出专门的书籍。与此同时，每个省都成立体育教学监督院，对各地体育教学的执行进行监督。

第四，学校体育，亟宜革除兵士教练一门。民国时期，学校体操将"尚武"作为唯一目的，把兵士体操作为必要学科。徐一冰认为，兵式体操这一必备学科促使普通无识无德的兵士担任老师，这些兵士非但不具备专业知识素养，而

---

① 中国近代体育文选：体育史料第17辑［M］．北京：人民体育出版社，1992：22.

且因专于武事而做出有违人道的行为，致使弊窦迭出，社会对体育教育的信任度锐减。因此，他提出："革除兵式一科，专注正当运动。"即废除兵式体操，专注于可以促进学生身心健康发展的自然体育。在徐一冰看来，学校体操与教育的适当性关系密切，教授正当的体育内容，培养身心健康、积极向上的爱国青年是学校体育的根本任务。

第五，高等小学、中学、师范，亟应添习本国技击一门。在编选教材时，徐一冰反对当时各校过于推崇欧美新式体育教学内容。他认为我国"技击"为最高尚之运动，并主张：应从高等小学三年级起，将"技击"列入体操内容中，通过培养健硕的体格，来继续弘扬"国技"中的精髓，相互促进。这一主张一经提出，便受到了教育部门的重视，其意义有三：其一，在学校体育中融入我国传统民族体育项目，既能发扬自己国家优秀传统文化又能向学生传授爱国知识；其二，我国传统体育有良好的强身健体作用，如武术，既能增强体质，又能培养人们吃苦耐劳、顽强不屈等优秀品质，在小学阶段，开展传统体育运动能够有效地增强小学生体质，促进其身心健康发展；其三，民族传统体育凝聚着古代劳动人民的智慧，作为中华民族的继任者，在继承和发扬本民族国粹方面责无旁贷。

第六，各省宜由行政长官，置设学校体操视学官。由于人们对体操认知上的偏差，导致了学校体操在各省、各校之间的开展情况差异较大，有些甚至偏离了学校体育的本质，严重阻碍了学校体育的良性发展。对此徐一冰建议："各省由行政长官设置学校体操'视学官'。'视学官'履行'监督''指导''纠正'的职责，并具有行使'奖励惩罚'的权利。"这一督导机制，一方面可以使学校体操尽快走出误区，步入发展正轨；另一方面极大促进了学校体育的推广与普及。

第七，宜由国立建设一体育专门学校以示模范。徐一冰认为学校体育改革的关键在于"养成优良之体育教师"，而体育专门学校的建立是优秀体育教师成长的孵化器。因此，要使我国学校体育朝着健康、快速、协调的方向发展，他建议：应由国家设立专门体育学校，以示模范。1908年徐一冰同徐筑岩、王季鲁等人，在上海共同创办了中国体操学校，这是中国创办较早且具有一定规模的体育学校。该校自创建以来，培养了一大批体育教师，他们均从教在各级各类的学校中，在近代我国体育及体育教育的舞台上发挥着重要作用。

四、徐一冰体育观对当今学校体育的借鉴与启示

（一）徐一冰"强国之道、体育为先"的重要意义

徐一冰认为，强国之道，重在教育，教育之本，体育为先。有了健康强壮的身体，然后才有坚韧不拔的精神。此外，他还认为，体育不讲，人种不强，人种不强，国将安赖。他的体育观充分说明了体育与国家的关系、体育与教育的关系、体育与德育的关系。首先，教育的目的在于为社会、为国家培养合格的人才。教育是强国的主要途径，而体育又是教育的一个重要组成部分，因而，体育也是强国的重要路径，即徐一冰所言的"体育不讲，人种不强，人种不强，国将安赖"。① 正因为如此，他把"增强中华民族体质，洗刷'东亚病夫'耻辱"作为自己所创办的中国体操学校的校训；其次，体育是教育的根本，没有健康的身体，何来智力的发育与品德的培育，因此，体育是教育的基础，也是根本所在；最后，体育又是德育发展的基础，有了健康强壮的身体，然后才有坚韧不拔的精神，才能谈得上促进德育的发展。

结合当下学校体育领域，能充分认识到体育与教育、体育与德育、体育与国家兴亡的关系的教育工作者还为数甚少，对体育教育工作者而言，大部分教师还是停留于从体育看体育的眼界，要提高他们的境界，必须改变体育教师的知识结构、培养体育教师的科学素养、充实体育教师的社会学科与人文学科知识；对于学校教育工作者而言，要学习身体教育的意义与作用，特别是学校校长，要有一种"不懂体育不能当校长"的意识与态度，因为体育是学校教育的重要学科，青少年学生若没有一个好身体，就谈不上学习好、工作好。反观当下的学校教育，教育工作者轻视体育、贬低体育、忽视体育的现象还很严重，应试教育依然盛行。因此，我们需要借鉴徐一冰"强国之道、体育为先"的论述，充分认识体育与教育、德育、社会之关系，改变学校教育工作者与校长对体育的看法，推动学校体育的发展，促进青少年学生身体的健康成长。

（二）徐一冰"正当体育"观的当今价值

徐一冰曾说："鉴于各国海陆军之强盛，非提倡'军国民主义'不足以救亡。"其最大的害处是"误以军事为体育"。结果使学校体育不仅远离了体育的本质，而且还带来了消极的社会影响。②

---

① 徐一冰. 体育与武力辨 [J]. 体育杂志，1914（1）：2.
② 崔乐泉，杨向东. 中国体育思想史近代卷 [M]. 北京：首都师范大学出版社，2008：124.

徐一冰在批评当时盛行的军国民体育的基础上，提出了自己独特的见解——"正当体育"，并号召全社会都来真正地重视研究体育。他认为，体育有广义与狭义之分，从广义上讲，体育源于人类生活所需，是人类自然之生活，是帮助人类进化的"药石"，它注重人的实际需求和自由发展；从狭义上讲，体育就是规定各种运动，弘扬尚武精神的行为。结合学校体育领域，我们也需要反思当下的体育，首先，体育并非简单的运动技术教学，而是需要从生理学、心理学、美学等学科角度深入研究的学科；其次，体育既是人类自然的生活，又可补救天然体育之缺憾。因此，体育教材应来源于生活，使之符合自然运动的特性，同时，还应鼓励学生参加更多的运动，增加充足的睡眠与休息，以弥补应试教育缺陷带来的各种沉重负担。

（三）有助于强调女性体育教师的作用

徐一冰认为，女子大、小学校体操游技科，必须延聘女子教员教授。这是因为女子体操及游技，与男子略有不同，生理之构造既异，训练方法亦有特异之点，而其最为困难者，则矫正术也。故女子体操，非女子教员教授，必不能达完美之目的。

徐一冰这一看法是针对当时存在一些教员素质低下、不懂体育的现象而提出来的，这当然具有一定的时代局限性，结合当下学校体育领域，我们目前的体育师资已今非昔比，基本是正规的体育院校培养出来的，都具有专业知识与技能，并具有良好的职业道德之人才。因此，从这个角度而言，避免徐一冰时代所提出的"一般无知识、无道德之营弁之兵士，竟一跃而为学校教师。这些人品类不齐，非驴非马，既不识教授为何物，又不知学校为何地，酗酒狂赌，好勇斗狠，无所不为。不一年学校之名誉扫地，社会之信仰尽失，学生父兄，多仇视体操一科。"① 之现象。

然而，女性体育教师的存在还是十分必要的，因为虽然儿童在男女性别上差异不大，男女体育教师都合适，但青少年学生男女差异还是十分显著的，从生理学、心理学、美学角度来看，还是男教师适合教男生，特别是处于青春期的女生还是需要女性教师授课，这也是体育教学实际情况所需，可以避免造成不必要的麻烦。

（四）有助于在学校体育改革弘扬"国学武术"

科技在不断地进步，生活水平日益提高，但是许多优秀传统文化在不断地消逝和灭亡。武术作为我国优秀传统文化也同样存在这个问题。

---

① 汤俊霞．徐一冰体育思想研究［J］．山西体育学院学报，2009（10）：47.

徐一冰认为，高等小学、中学、师范，亟应添习本国技击一门。在他看来，"我国技击"是"最高尚之运动"，把国家传统民族体育项目融入学校体育教学中是非常有意义的。一方面这些传统的民族体育项目具有很高的健身价值和文化含量，另一方面是民族形式特征和民族文化特征的高度融合，是学校体育课程民族性的重要体现。纵观我国近代以来的体育教材，虽然武术等传统教材也占有一定的比例，但其分量较少，不足以形成一门专门课程。新课程改革以来，传统体育也同样存在这个问题，从学生兴趣角度而言，开展传统体育教育并不十分吸引学生，但从传承与功效而言，传统体育还是十分必要的，总之，学校体育应在开展现有的课程之外，有必要把武术列为体育学科必修课程，这样才能起到传承作用，也有助于促进青少年学生的身体健康。

五、结语

徐一冰为我国近代学校体育改革、体育宣传和体育教育事业做出了巨大贡献。他的言行无时无刻透露着以体育救国为核心的体育观。作为一名留学归国的体育教育者，他始终把体育看作教育的重要组成部分，提出"正当体育"这一核心概念与核心内容，揭示了体育的自然本质，在我国体育思想史上，首次从生物进化的角度来阐释体育为人类生活需要，为研究体育的本质属性和功能提供了多元化思考。他还提倡改革学校体育，提出了"教育之本，体育为先"的教学理念和教学原则，深刻揭示了体育在学校教育中的突出地位。此外，他的体育观还体现在：批判军国民体育，提倡正当体育；提出了七个方面的学校体育改革思路等。结合当下的学校体育，其启示在于：徐一冰"强国之道、体育为先"的重要意义，徐一冰"正当体育"观的当今价值，强调女性体育教师的作用，在学校体育改革弘扬"国学武术"。

当然，由于受社会环境的影响，徐一冰的教育思想也具有一定局限性。如徐一冰在改革学校体育举措中提出了中小学体操及游技课必须统一教授，他认为不同体育教师之间的上课风格千差万别，导致课程进度不同，学生学习产生差异。因此，全国体操课必须统一标准，所有的学校上同一课程，并且按照同一进度。笔者认为，他的这一体育教育思想对于当今的学校体育教育是错误的。今天的学校体育提倡多样化，鼓励体育教师创新教学手段和教学方法。因为只有不断地推陈出新，学校体育才能保持旺盛的生命力。此外，地理环境和人文气息对体育教育也有很大的影响，不同的地区应根据不同的条件制定自己的学校体育教学标准，还可以根据地方特色，开展特色体育项目。

第十二章

体育功效具有迁移生活的价值：马约翰体育观

一、马约翰简介

马约翰（1882—1966），福建厦门人，我国著名的体育家、教育家，曾任中华全国体育总会副主席、主席，被赞誉是"提倡体育运动的一个活榜样"。

1882年，马约翰出生于厦门鼓浪屿，3岁丧母，7岁丧父，由美国基督教会抚养长大；这样贫困的生活条件使得他入学时间晚，13岁才开始进入私塾读书接受教育，18岁进入上海某中学就读，22—24岁在圣约翰大学读预科，后升入本科直至29岁他才完成大学学业。马约翰在圣约翰大学就读的7年间，体育才能出众，其酷爱体育运动并是学校田径、足球、网球等运动队主力。1905年，马约翰在上海举行的一次规模较大的"万国运动会"中获"一英里赛跑"冠军；在1910年南京的一次全国运动会上，他又获得880码赛跑的冠军。

1911—1913年是马约翰先生人生的过渡期，他精通外语，应聘到外商经营的一家烟草公司当翻译，但也没有荒废他的体育才能，同时在上海青年会教体育。

1914—1966年，由于优秀的体育运动才能应聘到清华任教，后担任清华大学体育部主任，在职50余年，倡导"奋斗到底、永不放弃"的体育精神，提倡"体育普及""科学体育"等理念，在体育普及的时代契机下，马约翰先生善用科学的训练方法，使清华的运动水平提高很快，为体育事业奉献一生直至逝世。马约翰先生十分好学，1919年和1925年2次到美国春田大学学习。1936年利用休假，担任中国田径队总教练带队参加奥运会，到欧洲和苏联考察和讲学，在体育教学、运动训练和体育理论等方面为中国做出巨大贡献。

二、马约翰体育观前期研究评述

笔者将马约翰体育观的研究资料收集整理分为两类。

一为期刊类研究。输入"马约翰+体育"篇名，查阅中国学术期刊网（中国知网），获得马约翰有关体育方面的研究论文 52 篇，其中核心期刊论文 9 篇（体育文化导刊占多数）。

二为出版书籍研究。由郭梁编写的《体坛宗师——清华师生记忆中的马约翰》（2012 年），收录了马约翰先生重要论著及讲话 20 篇，以及清华大学师生回忆文稿 90 篇，生动再现马约翰先生的体育思想；鲁牧编写由北京体育大学出版社出版的《体育界的一面旗帜：马约翰教授》（1999 年），记录马约翰的体育教育思想、体育理论等，是一本较为系统、全面的关于马老的著作，对于马约翰先生的体育思想研究具有很高的参考价值，也是本研究的主要参考资料。

通过对相关期刊文献的梳理，笔者认为马约翰先生体育思想的研究具有参考价值的有：1985 年鲁牧发表在北京体育大学学报的《我国体育界的一面旗帜——马约翰教授》（两期 2 月 15 日、3 月 2 日）的文章中，先是比较系统地罗列了马约翰先生的著作和相关谈话目录，全面肯定了马约翰教授对我国体育事业做出的巨大贡献，后又详细地阐述马约翰的体育理论以及一系列践行相关理论的措施。① 谷晨从终身体育对健康的价值出发，对马约翰的终身体育价值观进行阐述，并从"健康体格的标准""体育健身的原则"两方面梳理分析马约翰先生的终身体育方法论。② 张斌、谷晨针对马约翰先生的体育理论《体育的迁移价值》展开系统研究，认为马约翰的体育迁移价值具体表现在"促进智力的发展""促进良好性格品质的形成""有利于优秀道德品质的培养"三个方面，同时指出"锦标主义（应试体育）泛滥""商业化倾向""不恰当的体育教育方式""没有完善的体质监督体系"是不利于体育实现其迁移价值的教育因素。③ 王俊奇、童立涛认为，"马约翰对于学校体育教育地位的重要性看法是'从弥补学校课程与社会需要来考虑大学体育'、'从优化大学生闲暇时间、防止恶习的养成来考虑大学体育'和'从大学生将来具有应付生活能力的健壮体格来考虑大学体育'；大学体育教育计划的目的是全体的练习、好习惯的养成和体质的培育；等等。从大学体育教育的目的、内容、计划等理论方面对马约翰的大学体

---

① 鲁牧．我国体育界的一面旗帜——马约翰教授［J］．北京体育大学学报，1985（2）：78-84．

② 谷晨．论马约翰的终身体育思想［J］．体育学刊，1998（2）：61-62．

③ 张斌，谷晨．体育的迁移价值及影响它的教育因素：读马约翰《体育的迁移价值》［J］．体育文化导刊，2005（6）：62-63．

育教育思想进行分析。"①

以上研究的主要问题：（1）没有结合时代背景和人物求学历程，对其体育思想研究不够深入、准确；（2）有的论文研究不够全面、缺乏逻辑性，例如在未梳理马约翰先生主要体育思想的前提下谈马约翰体育思想的启示；（3）文献中有些观点针对性不强，观点的阐述并不完整且证据不足。因此，笔者认为对"马约翰体育思想"研究仍有很大的空间，马约翰的体育教育思想值得深入探讨。

三、马约翰体育观核心要旨

（一）提出"动"是健康的源泉——早期体育的反思

马约翰先生处在一个反帝反封建、割地赔款、军阀混乱的政治动荡的时代背景下；马约翰从小由基督教会抚养、教育，深受基督教的影响，使他的思想带有浓厚的基督教色彩，故此他的体育理论中带有"博爱"的思想；马约翰吸收了西方"提倡科学、讲求规范"的思想；杜威为代表的实用主义教育思想开始盛行，马约翰先生接受并实践了杜威的教育观点。

清末民初，帝国主义入侵，大炮轰开了中国大门，西方文化传入中国。20世纪初，旧中国弥漫着军国民主义思潮，"兵式体操"在学校体育中热烈开展，一些政权者将体育教育视为"救亡图存"的手段，兴起体育救国的热潮，过分强调体育的军事功能和体育的社会功能，而忽视了体育运动最初、最本真的价值，即健康的意义，马约翰先生对此进行了深刻的反思。

马约翰提出了一个非常重要的体育理念即"动是健康的源泉"。梳理马约翰的相关文献，笔者认为马老这一观点主要有两点缘由。其一，马约翰先生喜爱运动、崇尚运动健身。小时候的马约翰先生虽然不知何为"体育"，但却热衷于运动。读书期间看到"周围同学大部分面色苍白，文质彬彬，心里就很难过"②，升学到上海读书时，周围都是墙壁，学习环境缺乏运动的氛围，"体育非常重要"的想法在其心中生根发芽。其二，马约翰所处的社会环境以及当时的体育教育现状对他影响颇深。马约翰长大成年接受系统的教育后，更深感体育的重要性，他说："在四万万羸弱的人民中间，体育工作却刚刚处于幼年期，

---

① 王俊奇，童立涛．马约翰的大学体育教育思想［J］．体育文化导刊，2002（1）：41-42.

② 韦庆媛．马约翰体育思想述论［J］．福建师范大学学报，2011（3）：6.

任何人都可以想象到，他是多么需要开展工作。"① 马约翰先生看到当时中国的现状，呼吁"中国需要体育"并提出全面开展体育教育工作，通过体育教育来改善中国人口"羸弱或多病"的现状，以及通过体育教育传播体育健康知识，改善不良不卫生的生活状态，形成良好的健康状态，以提高国民身体素质。马约翰先生认为"体育是教育之重"并非毫无根据，他曾从多方面阐述了"动是健康的源泉"，并对体育进行了深刻的反思，在其发表的文章中留有佐证。

1. 反思之一：体育的健身功能

科学地进行体育运动可促进健康，从身体外部来讲体育运动能够促进骨骼和肌肉的正常生长发育，从身体内部来讲能够给机体内部器官及神经带来健康。马老强调说"运动是生命健康的源泉，体育运动是为了要增进健康"②。马约翰指明健康的体格包括骨骼、肌肉的强健和内部器官组织的健全，以及强健的神经系统，从生理到心理的健康才是真正的健康。马约翰曾在清华大学执教时，在《致八级毕业生的一封信》中这样告诫毕业生"坚持每天锻炼的习惯，以维护你们的健康，因为无论是谁，如果没有健康，就没有一切"③。马约翰提倡学生参加各种体育运动，积极劝诫不爱参加运动的学生投入到课外活动中，并亲身指导学生进行各项身体训练，以促进学生生理健康。1954年在《新体育》期刊上发表的《我热爱我的工作》一文中高度肯定了长期坚持体育锻炼所带来的健康效果，虽然"医学是诊治疾病与医疗损伤"的，但是只有体育才是从根本上提高人体的健康水平的，并以自己的几十年不间断地健身体验来证明这一观点。

2. 反思之二：体育的教育性

体育的一大作用就是可以辅助教育，通过体育锻炼磨炼人的意志，培养人形成优秀的品质，养成良好的习惯，马老视养成健全之体格为体育教育之首要目的。在《中国青年体育之重要》一文中表示"吾人若谈体育，对体育之观念，甚属重要"，他认为"普通人多以为体育是踢球赛跑，平常说教育救国，而体育不在内，这都不对，体育实在是教育最重要最有效的方法"④。马约翰在自己的

① 鲁牧. 体育界的一面旗帜：马约翰教授 [M]. 北京：北京体育大学出版社，1999：177.
② 马约翰. 我们对体育应有的认识 [J]. 新体育，1950（1）：18-20.
③ 鲁牧. 体育界的一面旗帜：马约翰教授 [M]. 北京：北京体育大学出版社，1999：293.
④ 鲁牧. 体育界的一面旗帜：马约翰教授 [M]. 北京：北京体育大学出版社，1998：292.

著作《体育的迁移价值》中写着这样的话："体育对于培养人的性格——勇气、坚持、自信心、进取心和决心，培养人的社会品质——公正、忠实、自由、合作都具有重要价值。"① 体育，除了给予运动者健康身体的作用之外，也是培养良好品质的重要途径之一，马约翰先生认为体育教育应当是中国教育救国的有力措施之一。

3. 反思之三：体育可修身养性

体育运动善用之能免染恶习。马约翰在学校教学工作过程中发现"一部分成年之学生，因无运动之习惯与嗜好之故，上者则爱玄谈，弄文艺，否则倾心于男女恋爱，下者或沉溺于博弈无益之事"②。马约翰先生看到这些现象认为很大一部分原因是没有参加体育运动所致，解释为"按照体育原理精力剩余说，人于正式工作外，尚有余剩精力，当即利用以从事运动；如此则不独可以修养身心，且可以免除一切不规则之举动或行为"。③ 并提出"运动可以修身养性，且可以免除不规则举动或行为。再人之进步，基于竞争，竞争愈激烈，进步愈速，此定理也"④。马约翰先生在其体育事业中深刻反思，践行合理利用体育教育优化、纠正这些不良现象。

在这样一个内忧外患的旧中国，毫无疑问只有教育才能救中国，在体育领域，解救民族、复兴国家的重任由体育承担。20 世纪初的很长一段时间中国效仿日本引进瑞典体操，在体育课程中进行军事化操练，爱国主义、富国强兵的思想渐变成军国民主义体育思想。教育体系需要革新，需要新兴力量的注入，体育教育制度也需要改变，马约翰通过深刻反思，他说："体育当然是所有教育因素之王。它不但带来机体的健康和身体的适应性，而且对青年们作为一个'人'的模型究竟是可怕的还是崇高的，具有积极的影响。"⑤ 马约翰先生认为国人需及时改变对体育的认识，运动参与者也能通过接受体育教育学到充分的养生知识，形成优秀的品质，从而为社会服务，对国家的发展带来益处。通过体育教育能够对人生起到"心身改造"的作用（"心身"指的是精神和身体），"体育活动不只是体育本身的教育，也是性格的教育。"等观点，主张让学生在

---

① 鲁牧. 体育界的一面旗帜：马约翰教授［M］. 北京：北京体育大学出版社，1998：53.

② 马小燕. 马约翰体育思想研究［D］. 南京：南京师范大学，2007.

③ 清华大学编辑组. 马约翰纪念文集［M］. 北京：中国文史出版社，1998：101.

④ 鲁牧. 体育界的一面旗帜：马约翰教授［M］. 北京：北京体育大学出版社，1998：281.

⑤ 鲁牧. 体育界的一面旗帜：马约翰教授［M］. 北京：北京体育大学出版社，1998：203.

体育运动的过程中，拥有强健的体魄、健康的心理和高尚的人格，在多年的体育教育事业中践行"动是健康的源泉"体育理论。

（二）强调体育的迁移价值——早期体育的探索

绝大多数人对于体育的作用和重要性认识都能谈上一两点，浅则认识到体育锻炼能够强壮筋骨、带来健康，深则认识到体育能够培养良好的道德品质，同时能够通过体育促进心理的健康发展。通过对西方体育理论学习积累和个人对体育的认识，马约翰先生在其硕士论文《体育的迁移价值》一文中写到"体育运动的教育价值，不仅限于运动场上而且能够影响整个社会"①。体育不仅对身心健康具有积极影响，还对社会领域、个人人生道路等多方面具有影响，在其之后的言论中都充分体现了他的这一体育理论。

1. 体育探索之体育对个人品德的影响

通过理论与实践的探索，马约翰认为体育对个人品德的影响非常深远，曾在其《体育的迁移价值》论文中提出"运动是使道德进行转化的基础"的观点，他认为："迁移意味着一个心理特征，或者思想影响，或者改变心理态度的可能性，它是在对刺激即对情况的反应中形成的。"② "从根本上讲，体育是尽力发展机体的健康和身体机能，但是因为精神和身体有无法摆脱的联系，所以任何一方面的发展都会影响另一个方面……体育运动和比赛中的锻炼，可以使青年人获得不同的道德基础，这是形成他们品质的要素。"③ 马约翰始终以"运动是使道德进行转化的基础"贯彻于体育实践中，他说"在训练代表队时，我特别强调运动员的体育道德。那时我很民主，比赛时不很在乎输赢，输了我也不生气，也不骂人，但我强调千万要讲运动道德，球可输，运动道德可不能输"。

2. 体育探索之体育对个人生活的影响

基于对体育运动项目深刻的认识，马约翰认为体育的迁移作用会潜移默化地被带入个人的生活中。其在《体育的迁移价值》一文中提出"运动使人敏感，并将敏感性发展为意识迁移到现实生活中"的观点，阐述了体育在实践中体现其独有的属性，并举例说明这种潜移默化的作用，如"运动使感觉更敏锐，使意识得到发展。意识是智力范畴中最基本的东西，运动激励未来工作的行动意

① 鲁牧.体育界的一面旗帜：马约翰教授［M］.北京：北京体育大学出版社，1998：63.
② 汤俊霞.马约翰体育教育思想研究［D］.苏州：苏州大学，2010.
③ 鲁牧.体育界的一面旗帜：马约翰教授［M］.北京：北京体育大学出版社，1998：202.

识，因而运动把性格的意识迁移到社会生活中去"① "做出特殊反映的每个因素在各种环境条件下起作用时，学习则有可能迁移，因为在这各种不同的环境中，这是一个共同的因素"②。之后又强调长期的体育运动会培养良好的习惯，成为生活的一部分，他说"身体锻炼是个长期的过程，仅凭一时的兴趣是不行的，要在锻炼过程中逐渐认识锻炼的意义、作用，培养锻炼的良好习惯。任何锻炼必须经常持续地去做，坚持下去，才能有效果。生活要配合锻炼，把身体锻炼与生活有机的结合，成为生活中不可缺少的一部分"③。

通过体育运动所获得的优秀的道德品质，体育赋予人更加坚强的性格、灵敏的感知觉等都在潜意识中影响着人们的学习、生活和工作，表现在人们的言谈举止下。"体育能够产生迁移价值"的体育理论指导马约翰 50 多年的体育从教生涯，马约翰将其科学的体育思想运用于教学实践之中，为体育教育事业的发展提供了重要的理论基础，也为他的一生留下了光辉一笔。

3. 体育探索之体育对儿童少年的影响

20 世纪，初杜威教育思想传入中国，对马约翰的体育教育思想的形成产生很大影响④，马老接受并肯定杜威的观点，将杜威教学理论和中国实情有机结合后运用于体育实践中。马约翰先生尤为关注儿童少年体育教育事业的发展并提出自己的体育理论。他认为："体育运动对青少年性格、品质等方面具有正面迁移的影响，在体育运动中形成的品质，能够迁移到个人的日后生活中。"⑤ 故此儿童时期接受体育教育对于人生健康成长至关重要，他于 1933 年发表的《大学与体育》一文中提出"对于婴儿究有如何之讲育？在婴儿入幼稚园前，究受何等健康教育？在小学中关于健康及体育有何计划？及在高小中之体育教育是否完备，并是否合于科学原理？"⑥ 等问题。马老主张在儿童少年体育教育时应该注意教育方法的运用，应当顺其自然，并以游戏激发体育运动兴趣。"教学的指导方法应当与学习者的天性和本能及环境相一致""教学体育的方法应当是顺乎

① 鲁牧. 体育界的一面旗帜：马约翰教授 [M]. 北京：北京体育大学出版社，1998：246.

② 鲁牧. 体育界的一面旗帜：马约翰教授 [M]. 北京：北京体育大学出版社，1998：220.

③ 马约翰. 大学与体育 [J]. 时事月报，1933（9）：5.

④ 肖卫兵. 杜威课程论的后现代意蕴 [D]. 苏州：苏州大学，2004：3.

⑤ 汤俊霞. 马约翰体育教育思想研究 [D]. 苏州：苏州大学，2010.

⑥ 王俊奇，童立涛. 马约翰的大学体育教育思想 [J]. 体育文化导刊，2002：1-42.

自然的，在适应孩子本能的意义上应当是自然的"。① 提倡积极开展儿童体育教育，兴建儿童游戏场，给儿童少年营造良好的学习氛围。

（三）倡导高校体育课程的设置——早期体育的践行

"体育这一门科学是以很多科学为基础的，依据各种科学构成了体育的原理、原则。"② 马约翰先生认为体育运动并非简单的只属于运动领域，体育运动是一个复杂的包容多门学科的交叉学科，体育课及体育运动的开展是各级学校不可缺少且应该积极开展的科目。

1. 主张开设体育课并设置为必修课程

马约翰先生应聘到清华学校的时候，清华并没有设置体育课，但是已经开展了"强迫运动"。③ 在马约翰先生的推动下，清华大学设置了体育必修课：首先，开设并安排了内容丰富的体育课程，如卫生保健课、运动生理课以及一些运动自我保护的相关理论课程，给学生科普运动常识；其次，针对不同体质学生对课程设置进行修订，开设不同的体育课程；最后，为使体育课的内容能够更加丰富，马老通过普及运动知识和基本技术，自创体育练习方法来激发学生的运动积极性和兴趣，例如，"尽量让学生掌握赛跑、跨越、器械操、各种球类活动的基本技术，激发学生参加体育活动的兴趣"④。

2. 积极开展课外体育活动，普及校园体育

马约翰先生置身于改善清华大学体育现状中，除体育课外，马约翰还积极促进课外体育活动的开展，并在清华大学积极开展体育工作，力图呈现清华学子全体总动员的校园风貌。他先是制定一系列体育规章制度，如早操、课间操制度，体育考核制度等；还有一些课外体育课程，为学生身心健康发展提供基础理论教育；提倡学习科学体育知识和进行科学的体育运动；并对传统的学校体育竞赛方法进行了改良——"'本校著名运动员'概不准登场"，以消除普通学生恐惧心理，让学生在同一运动水平下参加校运会，这一措施让更多的学生积极参与校运会中，体验运动比赛的乐趣。

3. 建议完善硬件设施，营造良好校园氛围

完善的硬件设施是体育运动开展的物质基础，为了给学生运动提供参与机会，让学生能在舒适的校园环境中学习运动，马老专为大学体育设备拟订了计

① 鲁牧. 体育界的一面旗帜：马约翰教授［M］. 北京：北京体育大学出版社，1998：205.
② 马约翰. 我们对体育应有的认识［J］. 新体育，1950（1）：18-20.
③ 汤俊霞. 马约翰体育教育思想研究［D］. 苏州：苏州大学，2010：3.
④ 清华大学编辑组. 马约翰纪念文集［M］. 中国文史出版社，1998：150.

划。计划包括"（1）宽50尺长百尺之健康室一所，（2）16头之喷水浴室一所（冷热水管兼备），（3）较大之储藏室一所，（4）为足球、棒球、运动场及400米竞赛用之场所，（5）六网球场（亦可做篮球场之用），（6）三排球场，（7）二手球场，（8）较大之男子竞技室一所以备练习国术、摔跤及西洋拳术之用。"① 8种大学体育设备，使学生能够有更多参与运动的机会和丰富多样的运动选择，享有良好的体育运动设施，为学校体育运动营造良好氛围。

4. 总结科学体育观，指导体育实践

课内外体育活动的成功开展，以完善的课程体系制度为前提，以良好的硬件设置为物质基础，还需要教育工作者保持科学的体育观，特别是与学生直接接触的体育教师。马约翰在《和青年谈体育锻炼》中指出"想要练好器械、跑、跳等运动，一定要掌握科学的根据，就是首先必须熟悉物理学、人体机动学、心理学、生理学、哲学等等，才能更好地发展体能，提高技术"②。结合自己的理论研究和教学实践经验，总结出五条科学健身的指导原则："（1）全面发展性的，不片面专练某一项；（2）平衡发展性的，不要过度地局部锻炼而使身体有畸形发展；（3）有锻炼性的，运动量要够，要出汗，才能启发生理作用增强体质；（4）从易到难，简单到复杂，先学会基本动作，而后再求提高；（5）逐步增加运动量，先打好基础再求提高。"③

上述马约翰先生在清华大学体育措施的有序开展，也使其普及体育的思想得到了有效的贯彻落实，他这样写道"至于普及全体学生体育一事，体育部尤为重视，深加注意者也"④。之后清华大学体育之盛况，融汇马约翰的毕生心血，倾之所有。

四、马约翰体育观当代启示

（一）体育教育的功能首先在于健身，更有助于形成健全人格

马约翰在清华大学执教时，《致八级毕业生的一封信》中这样告诫毕业生"坚持每天锻炼的习惯，以维护你们的健康，因为无论是谁，如果没有健康，就

---

① 马约翰.大学与体育［J］.时事月报，1933（4）.
② 马约翰.和青年谈体育锻炼［J］.新体育，1957（1）：4-6.
③ 黄延复.马约翰体育言论集［M］.北京：清华大学出版社，1986.
④ 鲁牧.体育界的一面旗帜：马约翰教授［M］.北京：北京体育大学出版社，1998：286.

没有一切"①。同时，马约翰还认为，体育活动不只是体育本身的教育，也是性格的教育，"体育对于培养人性格——勇敢、坚持、自信心、进取心和决心，培养人的社会品质——公正、忠诚、自由、合作都具有重要价值。"② 马约翰强调普遍、活跃、自动、勇敢的体育精神，认为"公正、自制、勇敢、坚韧、爽直等均为一运动家之特有的道德性也"③。

结合当下学校体育，体育课程的健身功能是众所周知的，虽然体育课程的心理与社会适应功能已被新课程改革所提倡，但把这些方面的功能真正落实在体育课程教学中还不明显，特别是体育课程的教育功能发挥还不显著，马约翰的体育观给予我们的启示在于以下内容。首先，体育的作用在于健身，健身的目的在于维护健康，只有健康的身体才能为国为民做出贡献。其次，通过体育教育发展学生完善人格的重要性。通过体育教育可培养学生公平竞争的运动道德，高尚的集体主义和爱国主义精神，培养学生成为拥有真、善、美的"真正的人"。最后，教师体育道德、生活作风能很好地影响学生。马约翰在《谈谈我的体育生涯》一文中写道"教师应该科学地训练学生，应该注意青年在体育道德上的修养；教师应该在体育道德、生活作风上以身作则……要学生健康，首先教师得健康；要学生有良好的体育风尚，首先教师得有良好的体育风尚。"④因此，作为体育教师不只是简单地传授知识技能，而是将道德品质教育渗透于体育活动中，贯彻于整个教学过程中，让学生在潜移默化中形成优秀的体育风尚，与此同时，也需要教师以身作则，用高尚的品行去感化学生，通过体育重申、发扬这些可贵的品质。

（二）体育的成效具有迁移作用

马约翰提出"体育的迁移价值"理论，认为"体育活动包括生活中所有的功能方面——体育的、智育的、社会道德的诸方面"⑤。以体育运动的形式来培养优秀的人格品质，塑造"人"模型，将体育的价值迁移至学习、生活、工作之中，对社会产生深远的影响。

马约翰还认为"迁移意味着一个心理特征，或者思想影响，或者改变心理

---

① 鲁牧. 体育界的一面旗帜：马约翰教授［M］. 北京：北京体育大学出版社，1999：293.
② 鲁牧. 体育界的一面旗帜：马约翰教授［M］. 北京：北京体育大学出版社，1998：53.
③ 马约翰. 大学与体育［J］. 时事月报，1933（4）.
④ 马约翰. 谈谈我的体育生涯［J］. 职业杂志，2001（5）：45-47.
⑤ 鲁牧. 体育界的一面旗帜：马约翰教授［M］. 北京：北京体育大学出版社，1998：208.

态度的可能性，它是在对刺激即对情况的反应中形成的"①。

马约翰在《体育的迁移价值》论文中提出"运动使人敏感，并将敏感性发展为意识迁移到现实生活中"的观点，并强调长期的体育运动会培养良好的习惯，使之成为生活的一部分。因此，马约翰的观点依然是最先进的，对照当下学校教育与学校体育，马约翰体育观的启示在于：一是身体教育与精神教育是密切相连的、不可分割的，体育在发展身体机能的同时，也促进了精神的发展；二是体育发展学生精神方面的成果具有迁移作用，有助于形成青少年学生良好的道德与品质；三是我们不能就体育论体育，而是要跳出体育论体育、体育仅仅是一门学科、生活与工作才是人生全部的思维模式，通过体育的历练来帮助培养生活与工作良好的态度与精神。

（三）开展体育工作需要坚持以科学理论

马约翰认为，体育需要"多种与体育专业有关基础课程"作为理论支撑，主张用科学理论去指导体育教学、运动训练和比赛，并提出要遵循体育运动规律。他在《和青年谈体育锻炼》中指出："要使一个人心脏机能增强，我们也一定要先熟悉解剖学、生理学、医学等，然后再针对个别情况，进行适当锻炼。假如锻炼反而出了毛病，那就是没有掌握好科学的根据。"②

结合当下的学校体育，要实现体育锻炼科学化，首先，要提升体育教师的学科专业理论知识水平，特别是有关物理学、人体机动学、心理学、生理学、哲学等，对于这些方面的知识，青年的体育教师是缺乏的、不扎实的；其次，在体育课程教学过程中，我们的体育教师要贯彻科学教育与科学健身的知识与方法，这在体育教学过程中也是很缺失的，因为体育教师只教运动技术、不教运动原理与方法的现象较为普遍，体育"放羊"等现象依然存在。这种不科学的体育课程教学将体育与教育独立起来了，其科学性大打折扣。故此，在现在教育事业不断发展的今天，我们应该学习马约翰先进的体育观，以科学主义态度对待体育教育，以综合学科知识为基础，遵循体育运动规律，符合学生身心发展趋势，合理发展体育教学工作，传播科学的体育技术和运动保健知识，培养学生形成正确的体育价值观，促进学生身心健全发展，为学生的健康成长做出努力，为社会强盛的明天担起发扬体育的职责。

（四）大力提出普及体育，使更多的学生受益

马约翰除了强调体育课的作用之外，还积极倡导清华大学的课外体育活动，

---

① 汤俊霞. 马约翰体育教育思想研究 [D]. 苏州：苏州大学，2010.

② 马约翰. 和青年谈体育锻炼 [J]. 新体育，1957（1）：4-6.

他先是制定一系列体育规章制度，如早操、课间操制度，体育考核制度；还有一些课外体育课程，为学生身心健康发展提供基础。同时，他还提出"'本校著名运动员'概不准登场，以消除普通学生恐惧心理，让学生在同一运动水平下参加校运会，这一措施让更多的学生积极参与校运会中，体验运动比赛的乐趣"。

结合当下的学校体育，能有多少体育教师特别是校长能达到这样的境界？对体育教师而言，他们都是业内专业人士，理应做好面向全体学生的学校体育各项工作，但运动训练与竞赛的功利性却常常使他们偏离工作重心，把主要的精力放在少数运动员身上。学校校长更是如此，因为他们是非业内人士，自然受功利主义的影响，认为学校体育搞得好就是多拿金牌，这种学校体育的金标主义思想使得全校学生的体质受到了不良影响。因此，我们需要转变观念，学习马约翰先进的体育观，处理好学校发展业余运动员与全体学生体质的关系，既重点关注全体学生的身体健康发展，又兼顾"本校著名运动员"的成长。

五、结语

综上所述，马约翰在亲眼看见旧中国体育实践的种种弊端之后，在强烈的民族责任感驱动下，以及出于对体育的热爱，马约翰撰写《体育经历十四年》《体育的迁移价值》《我们对体育应有的认识》等著作，笔者将马约翰的体育观总结为："动"是健康的源泉——早期体育的反思，体育的迁移价值——早期体育的探索，高校体育课程的设置——早期体育的践行。其中，"体育的迁移价值"是马约翰体育观的核心内容，他倡导了"动"是健康的源泉与较科学的高校体育课程设置。结合目前的学校体育现状分析，马约翰的体育观对当今学校体育的借鉴意义在于：体育教育的功能首先在于健身，进而有助于形成健全人格；体育的成效具有迁移作用；开展体育工作需要坚持以科学理论为基础；大力提出普及体育，使更多的学生受益。

第十三章

才德兼备，体魄健全：马寅初体育观

一、马寅初简介

马寅初（1882—1982），浙江嵊州人，我国著名的教育家、人口学家、经济学家。曾出任浙江大学校长、北京大学校长，后担任北大名誉校长。

马寅初毕生从事经济学及人口学研究，著述宏富，主要著作有：《马寅初经济论文集》（上、下册）《新人口论》《通货新论》《经济学概论》等。

马寅初留学美国，回国受现实所迫，为了生计也为了学有所用，曾在北洋政府财政部当官员，但在一段时间的工作后发现其在美国学的那套经济学在中国现实社会一点也不适用，同时看透官场的黑暗与肮脏，于是毅然离职，从事教育事业。马寅初可谓是一位真正的教育学者，曾立下"一不做官，二不发财"的誓言，只为修身治学，为国为民，结合中国实际情况，发展自身专业知识造福祖国。

马寅初是中国最早提出"计划生育"理论的人，主张有计划经济，也应该有计划生育，著有《新人口论》针对我国人口增殖太快、我国资金积累得不够快、从工业原料方面着想亦非控制人口不可等问题进行了探讨，比较全面阐述了我国人口问题的性质、表现形式和解决办法，并强调必须通过"积极发展生产，控制人口数量，提高人口质量"来解决中国人口问题。[①]

二、马寅初体育观前期研究评述

有关"马寅初"前期研究文章主要涉及的内容主要有以下四个方面：（1）对马寅初经济思想的研究，研究不同时期的马寅初经济思想及其理论，主要包括金融思想、财政思想等思想；（2）对马寅初人口学的研究，主要从人口控制

---

① 马寅初. 新人口论［M］. 长春：吉林人民出版社，1997：5.

理论、人口伦理理论、人口质量理论等方面对其思想进行研究；（3）对马寅初生平事迹的研究，主要从马寅初与朋友间的友谊、马寅初精神、马寅初生活点滴及对后人的影响等方面进行研究；（4）对马寅初教育思想的研究，研究马寅初校长的办学理念与方针，治校思路（人才培养与学科建设等方面），男女平等接受教育与下一代教育等教育思想。

关于马寅初"教育思想"的研究数量极少（不足 10 篇），其中对本研究具有参考价值的论文观点有以下内容。

蓝蕾、金灿灿认为，马寅初校长在浙江大学任职期间，对浙大做出巨大贡献，并且马寅初的教育思想对当前高等教育改革和建设业有一定的借鉴意义。其主要从以下几点对马寅初的教育思想进行梳理：教育目标和办学目的；重视思想政治教育；"坚持民主办校精神，加强学校管理"的建立制度创新；在教学方法改革上，采用"理论与实际一致"的新教学方法以及强调学生实践能力训练；重视服务社会。① 王显超认为，马寅初关于女子教育的论述主要在他的演讲集中，从经济学角度为出发点研究女子教育的地位与作用，强调女子接受教育可以使国家强盛发达，并且关系到下一代的教育问题；提出经济独立是女子教育的基础，提到女子要做到经济独立需要接受理财教育、保险教育和投资教育；认为马寅初的女子教育思想能解决女子职业单一的问题，同时提出要根据女子的特性进行施教。② 周谷平、朱绍英认为，马寅初在大学理念、治校思路等方面很有见地，其概括马寅初的大学理念为"一所大学，一所真正独立长存的大学，必须有自己独特的相对持久稳定的精神"；总结马寅初先生的治校思路主要表现在以下两方面：从培养目标、教学改革和师资力量三点谈人才培养，从院系设置、科学研究两点看学科建设；提出一流大学应以综合化为趋势，一流大学应以研究为主旨，一流大学应以民主管理为基础，一流大学应具有开放性四点创建"一流大学"的启示与借鉴。③

查阅有关马寅初体育方面的研究文献，没有该方面的研究成果，只是在一些教育类研究文献中略提一二，如《马寅初高等教育思想述评》（杨燕燕）、《执著于学术追求的教育家——纪念马寅初诞生 130 周年逝世 30 周年》（张翼

---

① 蓝蕾，金灿灿 . 马寅初教育思想初探［J］. 浙江大学学报（人文社会科学版），2010（5）：191.

② 王显超 . 马寅初女子教育思想初探［J］. 重庆科技学院学报（社会科学版），2008（12）：194-195.

③ 周谷平，朱绍英 . 马寅初的大学观：兼谈对当前高教改革的启示［J］. 高等农业教育，2004（1）：15-17.

星）等文献中提到了马寅初体育教育思想："德、智、体全面发展的社会主义的劳动者""十分关心受教育者的身体健康"，但未做深入研究。

综上所述，笔者认为，曾任教多所大学教授、担任浙大及北大校长的教育家、"百岁学者"马寅初对于体育教育思想方面有很大的研究空间，这位百岁老人坚持体育锻炼的"终身体育"思想和"活到老、学到老"的学习态度，这位"老海归"与时俱进的办学理念、教育思想都值得我们学习借鉴。本研究力求通过对马寅初著作、演讲集和生平事迹关于办学理念、教育思想进行整合归纳的基础上，对其体育教育思想进行系统梳理，探讨马寅初教育思想对于中国学校体育发展的借鉴与启示。

三、马寅初的体育观

（一）崇尚"德、智、体"全面发展的教育理念

体育教育是教育的重要组成部分，体育教育在教育中的地位和作用是不可忽视的。体育教育并非只为传授动作技能，教育之重在于通过体育运动的形式，在技能的习得过程中培养人的体育道德、体育意志品质（吃苦耐劳、坚韧不拔、团结协作等），实现育人、育德的作用。马寅初认为体育教育在学生全面发展中是不可缺少的，多次提出"培养才德兼备，体魄健全，有高程度的政治水平的人才"①，马寅初校长主张"德、智、体"并重的教育思想，学校体育作为学校教育的一个部分，培养学生成为德、智、体全面发展人才的目标与学校体育的发展也需要全校师生员工共同去建设。马寅初校长在北大就职期间按照国家教育要求，对北大实施一系列彻底的调整与改革措施：课程改革中充分考虑课程的统一性和完整性，以教学目标来考虑课程设置；教学内容改进上强调思想性和科学性，将中国丰富的文化遗产与苏联等国的进步思想相结合；在教学方法上，从学生实际情况出发，注重理论与实际的结合，提倡科研，通过大量科学研究来不断提高教学质量；在师资队伍建设上，提升教师素养，鼓励教师多学外语，并促进全校的师生在思想上真正认识到改革的必要和自愿进行思想改造等来贯彻"培养全面发展的人的教育方针""'身体好，学习好，工作好'，不仅应是学生努力的目标，而且也应是教师教育学生的准则"②。将师生健康工作作为学校计划的一部分，将"身体""道德思想"与"学问"放在教育的同一高度的地位上，提倡教师在教学中发挥主导作用并要以"德、智、体全面发展"

---

① 马寅初．马寅初全集：第 14 卷［M］．杭州：浙江人民出版社，1999：207.

② 孙大权，马大成．马寅初全集补集［M］．上海：上海三联书店，2007：346.

的观点来教育学生。

(二) 认为家庭与学校是体育教育的重要途径

马寅初先生认为读书是伴随人一生的行为，读书有着非常重要的作用，并从经济学角度加以诠释。马寅初的《读书与经济》一文中写到"读书时间内之所费，亦可视同为成本，所得者为一技之长，倘善于运用，可使此消费化为止小……欲减小成本，唯有多做事，做事愈多，成本愈小，成效愈大，无有极限，所以成本之大小，可不必介意……青年今日多读书，他日多做事，有成本既有效果，有效果既有价值，价值之来源虽由于成本，但不以成本之多寡定价值之高低"①。如何将读书产生的附加值大于读书时消耗的成本？国外有句谚语："知识就是力量"（Knowledge is power），这种力量从何而来？需要接受教育，教育的过程贯穿人的一生，学校教育与家庭教育是人生教育过程中的重要阶段。中国应试教育使学生学习压力繁重，家庭对学生教育的重视度虽然高但多落在智育层面，多数学校迫于升学压力也将教育重心放在学生的主要科目上，体育教育在如今已然成为末端教育，不受重视，学校体育的发展需要各界人士（从事教育事业的相关人员、家庭成员、社会公民）的共同努力，促进体育教育事业发展，提高体育教育在教育中的地位。家庭教育在人的全部教育和人的发展过程中也发挥着巨大的作用，马寅初先生提出"改良家庭"使家庭成员真正明白并以实际行动落实体育教育的作用与意义，使家庭教育在体育方面发挥真正的作用。马寅初在杭州拒毒运动宣传会上的演讲："中国小孩在家里念书，身体孱弱，自然要吃鸦片了。如果经常带出去游泳、散步，身体强健，自然就不会吃鸦片了。……第一要改良家庭，所以要道德、身体、学问并进的"②。

(三) 提倡养成终身锻炼的体育习惯

终身教育重要一点是教育要贯穿人生的始终，要将教育和生活密切地结合起来，终身体育思想源于终身教育思想，现代教育对于"终身体育"发展思想归纳总结为"终生体质达到完善的目的，以增强体质的长期效益为终身追求"。马寅初先生提倡形成终身锻炼的体育习惯，不管是学习还是体育锻炼都能在马寅初的教育理念中看到"终身教育"的身影，他年过七旬，不辞辛苦学习俄文，终身参加身体锻炼，身体力行地证明学习和体育锻炼是持久的事。在各种场合进行体育教育，鼓励师生加入体育锻炼的行列，例如，在杭州各届拒毒运动西湖博览会拒毒宣传大会上的演讲，他提出学习要与身体锻炼相结合；杂志社约

---

① 孙大权，马大成. 马寅初全集补集 [M]. 上海：上海三联书店，2007：327.

② 孙大权，马大成. 马寅初全集补集 [M]. 上海：上海三联书店，2007：14.

稿，马寅初先生《个人之来年计划》简明体育之意义有德育之价值；写《谈谈我锻炼身体的体会》宣传体育运动的作用，体育对个人教育的重要性；"在学校召开各种集会上，他总是反复说明他的教育思想，诸如学校一定要为国家建设培养人才，教师一定要发挥在教学中的主导作用，并要以德智体全面发展的观点来教育学生。"① "马老在广播里，在文章中，在大小会议等各种场合都介绍他登山、洗冷水澡的经验，动员全校师生员工锻炼身体，报效祖国。"②

同时，马寅初还身体力行，终身坚持锻炼。马寅初先生认为健康是一切行为的先决条件，马老曾在辩证"读书与经济"关系的时候，说到想要获得很大的读书效果，在有高上学问的同时还需要有健全的身体，有高上的学问没有强壮的身体，精神不振，则因读书而花费再大，以后发挥的作用也不能宏大并持久。我们赞同适当的体育运动能够强壮体魄促进健康，劳逸结合更能形成良好的精神状态，马寅初也通过坚持体育锻炼和良好的生活规律来保持长寿，曾立下"若无他故，我必活百年"的豪言壮语，看马老一生坚持体育锻炼并持之以恒，即使在年迈之时，下肢瘫痪之时，也坚持做力所能及的体育锻炼，长寿百年与体育运动是分不开的。体育锻炼不只体现在上述几点浅显的意义，更大的魅力在于可以通过体育锻炼来修身养性，体育既可育体亦可育人育德。马寅初曾在 1933 年应东方杂志社约稿做《个人来年计划》中将体育方面列为个人来年计划之一，并提出体育具有育人、育德的价值。其论著中也出现"锻炼身体，强健筋骨，莫如国术。盖国术不仅还有体育之意义，并建有德育之价值"③ 等字句。

（四）倡导优生优育，提高人口素质

陈友华曾在其著作《中国人口与发展：问题与反思》中这样写道："人口素质问题比数量问题更重要。"④ 这与马寅初的"新人口论"中"控制人口数量，提高人口质量"的论点一致，马老的《新人口论》（吉林人民出版社，1997）中提出的关于人口过多、增长过快引起的十大矛盾中，包括人口发展快与教育事业落后之间的矛盾、人口发展快与提高科学技术水平慢之间的矛盾、人口发展快与提高人民生活水平之间的矛盾等。

---

① 马寅初纪念馆．走进马寅初［M］．上海：上海三联书店，2008：214.

② 马寅初纪念馆．走进马寅初［M］．上海：上海三联书店，2008：220.

③ 马寅初．马寅初全集：第 7 卷［M］．杭州：浙江人民出版社，1999：2.

④ 陈友华．中国人口与发展：问题与反思［M］．北京：中国社会科学出版社，2012：125.

马寅初曾在北京大学人口问题研究会成立会的演讲上讲述其提出"新人口论"的缘由："我去年发表了'新人口论',这个'新人口论'如何来的呢?因去年小学生上不了中学,中学生上不了大学,张教育部长在政协会上报告说:'国家不能解决,没有这么多钱,所以动员学生到农村去。'很多教育界的人说:'可以开放民办学校。'我视察浙江温州时,一个农民告诉我,农村中一个礼堂还不如温州市马路上的一个厕所。"① 教育设施不全、教育资源缺乏,满足不了当时社会的需求,故此马寅初萌生"优生优育、提高人口素质"等想法。人口数量和人口质量是一对矛盾体,国内外大量研究证实,平均受教育水平较高的地区,妇女的生育率越低,反之,则高。因此,从人口质量角度来看,身体素质是一个重要方面,而其中优生优育可为上一代人遗传给下一代人的身体素质提供良好保障。

四、马寅初体育观当代启示

(一)树立校长"德智体"并重的教育观

马寅初在 1951 年正式就职北京大学校长演说结束后,他语重心长地说:"毛泽东主席把'身体好'放在第一条,就是叫我们青年人先要把身体锻炼好,这是建设国家的本钱。我虽然年龄大了,但我每天还坚持洗冷水澡,经常爬山,我要争取再活三十年,服务三十年。"② 马寅初认为,"'身体好,学习好,工作好',不仅应是学生们自己努力的目标,而且也应是教师们教育学生的准则。"③ 他在担任校长期间将师生健康工作作为学校计划的一部分,将"身体""道德思想"与"学问"放在教育同一高度的地位上,提倡教师在教学中发挥主导作用并要以"德、智、体全面发展"的观点来教育学生。

体育是学校教育的一个重要组成部分,但历来都受传统观念的影响,学校体育地位不高,体育是说起来重要、做起来不要的学科,要纠正这种错误观念,校长起到了一个重要作用,而纵观我们现在的校长,无论是小学、中学、大学校长,懂得体育、重视体育、理解体育的校长少之又少。因此,要解决当下学生体质水平持续下滑的问题,校长是第一关键人与责任人,如果每一个校长能像马寅初这样把身体放在三育之首,充分认识到学生身体好是学习好与工作好之基础,那么,我们的教育方向就是正确的,学生的身体素质就不会长期备受

① 孙大权,马大成.马寅初全集补集[M].上海:上海三联书店,2007:565.
② 彭华.初任北大校长时的马寅初[J].书摘,2005(6):7-9.
③ 孙大权,马大成.马寅初全集补集[M].上海:上海三联书店,2007:346.

应试教育的摧残，一定会好转。

（二）"优生优育"是提高下一代身体素质的首要因素

马寅初的"新人口论"在当时社会背景下具有十分重要的意义，特别是当时物质资源十分匮乏，在这样的社会背景与条件下，控制人口、优生优育是非常必要的。我们不难发现在同等社会资源的条件下，人口数量越少则个体享有的社会资源就越丰富，同理可推断人口数量得到控制后可集中投入到教育上的资源就多，加大教育投入（包括胎教、对婴幼儿早期智力开发、这种素质培养、各级学校教育）力度，则必然能够提高教育质量，从而提高人口素质。

"控制人口"是一个重大的战略，也是国家经济建设与发展的必要。"优生优育"则涉及了一个家庭、每一个社会成员的大事，要提高人口质量，后天因素固然重要，但先天的遗传因素也是非常重要的。由于当时我国还处于社会主义初级阶段，国家还比较穷，还考虑不到优生优育的问题，因此，马寅初提出的"新人口论"具有跨时代意义。

结合当下的学校教育与学校体育，要解决学生体质问题，光靠后天的学校体育是不够的，搞好先天的遗传工程，把优生优育工作做好，这就等于解决了一大半的问题。可想而知，一个遗传素质良好、先天身体健康的学生，再加上后天的体育锻炼，那么要让学生体质健康应该是轻而易举的事。相反，一个天生遗传素质差、身体羸弱多病或疾病缠身的学生，即使后天的体育锻炼再努力，也为亡羊补牢、为时已晚，这样的学生今后如何保家卫国、建设中国。

（三）家庭体育教育是促进孩子身体健康的重要因素

父母是儿童在接受学校正规教育之外非常重要的教育者，是儿童的启蒙教师，儿童的身体素质、言行举止等都受到父母的影响，因此家庭体育教育对于儿童尤为重要。

马寅初认为，"中国小孩在家里念书，身体孱弱，自然要吃鸦片了。如果经常带出去游泳、散步，身体强健，自然就不会吃鸦片了。"因此，马寅初认为要改良家庭教育，强调家庭教育中的道德、身体、学问并进。

西方的家庭教育非常重视身体教育，而中国的家庭却十分重视智力的培养、忽视身体的教育，这就是东西方教育的差别，这种差别是由于不同国家的文化背景形成的。由于中国历来都受"学而优则仕"传统思想的影响，且在国民思想意识中根深蒂固，因此，中国国民重视智力教育、忽视身体发展是必然的。要纠正这种错误的思想，我们不仅要吸收西方教育家的先进教育理念，还要吸收如中国教育家马寅初这样的教育观，更要在实践中落实家庭教育的身体教育行为，因为孩子身体的发展先于智力的发展，如果在婴幼儿时期，家长把他们的身体优先发展了，那么就为之后的学校教育提供了良好的基础。

因此，家长首要任务是转变对婴幼儿身体发展的认识，认识身体锻炼的真正价值，正确认识家庭体育教育的重要性，合理安排家庭身体教育在儿童家庭教育中的比例，并践行家庭身体教育活动，经常利用课外时间支持并陪伴孩子参加体育锻炼，通过父母对子女后天的影响，让学生首先有一个良好的身体基础，改善孩子身体健康状况，促进婴幼儿身体健康发展。

（四）培养学生终身体育锻炼习惯是促进身体健康的关键因素

马寅初先生身体力行所贯彻的"终身体育"思想可总结为三个方面：一是一生坚持学习与体育锻炼，使体育锻炼成为一种良好习惯，成为人生活中不可缺少的部分；二是无论何时何尽可能提高参加体育锻炼的频率，并因个人情况调控运动量，以促进人体健康，延年益寿；三是通过体育锻炼与体育活动磨炼人的意志，培养人的品格，达到体育育人、育德的目的。结合当下的学校体育，笔者认为，首先，学校体育要树立培养学生"终身体育锻炼习惯"的理念，以学生未来和终身的发展为出发点，深化学生对体育的认识；其次，在体育教学过程中让学生掌握一些基本的运动能力，领悟一些体育保健的基本理论知识，学会一些体育锻炼的方法，这将有助于学生形成终身体育观，养成体育锻炼的习惯；最后，在学校体育各项活动中，要重视育人价值，发展学生良好的心理品质，培养学生适应社会的能力。以上举措不仅有助于学校体育发挥健身功能，促进学生身体健康，还有助于培养学生终身体育观，促进一生的身体健康，为国工作至少"五十年"。

五、结语

结合学校体育领域，通过对马寅初体育观的相关资料梳理分析，马寅初体育观主要表现为：崇尚"德、智、体"全面发展的教育理念；认为家庭与学校是体育教育的重要途径；提倡养成终身锻炼的体育习惯；倡导优生优育，提高人口素质。首先，人口论中的人口质量是马寅初体育观的核心内容，其次他倡导了"德、智、体"全面发展、优生优育、提高人口素质，注重家庭体育教育等观点。马寅初以上的体育观对当今的学校体育的启示主要是：树立校长"德智体"并重的教育观，"优生优育"是提高下一代身体素质的首要因素，家庭体育教育是提高孩子身体健康的重要因素，培养学生终身体育锻炼习惯是促进身体健康的关键因素。

当然，马寅初在20世纪50年代因提出以节制生育、提高人口质量为中心的"新人口论"和综合平衡按比例发展的经济理论，遭到错误批判，把它等同于马尔萨斯的人口论，之后又证实了他的新人口论是正确的。但结合当前的中国社会人口问题，马寅初的理论又一次遭遇质疑。因此，他的人口论与教育观体现了一定的时代局限性。

第十四章

强民之道，唯在养成健全之个人：蒋梦麟体育观

一、蒋梦麟简介

蒋梦麟（1886—1964），中国近现代著名的教育家。美国哥伦比亚大学哲学、教育学博士，师从杜威，继承了杜威的"实用主义"教育思想观。他接受过中国私塾教育和西洋学府教育，身兼"秀才"和"博士"两种头衔。蒋梦麟先后担任过浙江大学校长，南京国民政府第一任教育部长，北京大学校长等职。蒋梦麟教育思想的核心是反对封建旧教育，提倡新教育。而蒋梦麟的教育理念透露的体育思想具有十分明显的实用主义特点。蒋梦麟主要著作有：《西潮》《新潮》《孟邻文存》等；主要论文：《中国教育原则之研究》《高等学术为教育之基础》《过渡时代之思想与教育》《个人之价值与教育之关系》《世界大战后吾国教育之注重点》《改变人生的态度》《和平与教育》《新旧与调和》等。

二、蒋梦麟体育观前期研究评述

输入"蒋梦麟+体育"篇名，查阅中国学术期刊网（中国知网），仅获得有关蒋梦麟的体育研究论文 2 篇，其中核心期刊论文 1 篇。对本研究具有参考价值的主要观点有以下内容。

韩立云指出："蒋梦麟认为，对于'身体虽弱，不可过于爱惜，精神愈用而愈出'的观点，他认为当有界限，要适度。'逸居饱食，以养精神，则精神必僵；若但用精神，不强体力，则终亦必踣。'"[①] 张翼星认为："在培育健全人格的方式上，蔡元培主张德、智、体、美育的全面结合，比较重视世界观和道德教育，并强调通过美育陶冶人的情感，因而侧重于人文精神方面。"[②] 熊春文

---

① 韩立云. 蒋梦麟个性主义教育思想及其实践 [J]. 教育史研究，2014（4）：141.
② 张翼星. 蒋梦麟在中国现代教育史上的作用与贡献 [J]. 现代大学教育，2011（6）：47.

指出："蒋梦麟认为中国应该学习希腊人主张个体在德智体美诸方面和谐发展的生活观及教育观。"① 张景认为："蒋梦麟强调学校要让学生有丰富的校内运动，增加体育锻炼，扩展体育项目，使学生兴高采烈地做种种使体格强健的运动，从而养成活泼自动的个人，最终拥有强健的体魄。由于每个人的先天秉性的特殊及差异，教育就要根据每个人的特性而发展之，并进而达到极点。"②

综上所述，笔者认为他人前期对蒋梦麟的体育教育思想的研究较为匮乏，仍有较大的研究空间及价值；前期研究不够全面、比较零散，因此，笔者认为有必要对"蒋梦麟体育观"进行深入探究。

三、蒋梦麟体育观

（一）提出"体育是美育之基础"的观点

蒋梦麟在外访学时，"念了柏拉图和亚里士多德之后，使我对希腊人穷根究底的头脑留有深刻的印象。我觉得四书富于道德色彩，希腊哲学家却洋溢着敏锐的智慧。这印象使我后来研究希腊史，并且做了一次古代希腊思想和中国古代思想的比较研究。"③ 在加州学习时针对学校里摆放的裸体像，蒋梦麟的理解是，"让女学生们多看些男人的裸体像，可以纠正她们忸怩作态的习惯……学校通过这种方式灌输'完美的思想寓于完美的身体'的观念，在希腊人看起来，美丽、健康和智慧是三位一体而不可分割的"。④ 蒋梦麟的教育观受此影响很大，突破传统观念，从生理、心理上认同了"德育、智育、体育的全面发展，才可以正确地认识自己，塑造健全的人"。蒋梦麟以美学寄托情感，体育与美的结合，使体育更加富有内涵，使运动的本身更增添色彩。蒋梦麟在1919年4月《教育宗旨研究案》的教育调查会提案中，提出"养成健全人格"的教育思想。"盖希腊人之观念，美丽者必健全，健全者必美丽，二者不可须臾离也。故欲发扬美感，非有健全之身体不为功。体育者美育之基础，两者并进，健全之个人乃成。欲增进个人之能率，此又一端也。"⑤

蒋梦麟从师于蔡元培先生，二人有相似的文化素养和教育背景。"蔡元培认

---

① 熊春文. 过渡时代的思想与教育：蒋梦麟早期教育思想的社会学解读［J］. 北京大学教育评论，2007（2）：68.

② 张景，黄亚飞. 蔡元培与蒋梦麟体育思想比较研究［J］. 体育文化导刊，2010（9）：152.

③ 蒋梦麟. 西潮［M］. 天津：天津教育出版社，2008：70.

④ 蒋梦麟. 西潮［M］. 天津：天津教育出版社，2008：72.

⑤ 曲士培. 蒋梦麟教育论著选［M］. 北京：人民教育出版社，1995：62.

为美的欣赏比宗教信仰更重要。蔡先生的思想中融合着中国学者对自然的传统爱好和希腊人对美的敏感，结果产生对西洋雕塑和中国雕刻的爱好。"①

（二）提出了"个人强健是社会进化之基础"的观点

"盖合健全之个人，而后始有健全之社会。"② 另外蒋梦麟还指出："强国之道，不在强兵，而在强民，强民之道，唯在养成健全之个人，创造进化的社会。"③ 蒋梦麟进入南洋公学时，"包括德、智、体三要素的斯宾塞尔教育原则这时已经介绍到中国。"④ 通过对中西贤哲的了解和研究，"于是我开始发展以理解为基础的判断能力。不再依赖传统的信仰。这是思想上的一次大解放，像是脱下一身紧绷绷的衫裤那样的舒服而自由……导向正确思想的途径还是从思想本身开始，然后从经验中学习如何思想。"⑤ 蒋梦麟很尊重儒学的修身思想，"儒家说正心、诚意是修身的出发点，修身则是治国、平天下的根基。因此，我想，救国必先救己。于是决心努力读书、思考，努力锻炼身体，努力敦品励行。"⑥ 蒋梦麟于 1908 年走出国门，受西方环境的影响，他在加州的学习期间，对西方注重学生个性发展的教育观点是非常肯定的，"我在这里的四年生活的确是轻松愉快的。……离剧场不远是运动场，校际比赛和田径赛就在那里举行。青年运动员都竭其全力为他们的母校争取荣誉。美育、体育和智育齐头并进。这就是希腊格言所称'健全的心寓于健全的身'——这就是古希腊格言的实践。"蒋梦麟在西潮中"回忆旧时同学之英俊，学而成夭折者，不可胜数。作者留外十年，返国访旧，乃打扮已入鬼乡。以孱弱之身体，遇复杂之文明，不其怠哉！更念当时在外留学，十年之中，同学青年夭亡者，不过数人，卫生有道，非寿命也。"⑦

在外国留学的几年，蒋梦麟发现欧美个人强健、社会进化的秘诀在于"体操也，网球也，野球、足球也，游泳、舞蹈也，皆所以延年之道。球场，游泳池，舞蹈厅，到处皆是。彼国人士，群趋而游戏焉。野球比赛，举国若狂。其活泼运动之精神，贯彻于全国人民之生活。此实欧美个人健强社会进化之秘诀。而反观今日吾国则如何？其他且勿论，但以学界言之，日课以外，则无娱

---

① 蒋梦麟．西潮［M］．天津：天津教育出版社，2008：110-111.
② 蒋梦麟．过渡时代之思想与教育［M］．上海：商务印书馆，1933：95.
③ 蒋梦麟．过渡时代之思想与教育［M］．上海：商务印书馆，1933.：67.
④ 蒋梦麟．西潮［M］．天津：天津教育出版社，2008：56.
⑤ 蒋梦麟．西潮［M］．天津：天津教育出版社，2008：57.
⑥ 蒋梦麟．西潮［M］．天津：天津教育出版社，2008：57.
⑦ 曲士培．蒋梦麟教育论著选［M］．北京：人民教育出版社，1995：68.

乐之地。好学者读书，读书愈多，而身体愈弱；不好学者玩扑克，扑克愈多，而志气愈消。读书过度，祸同扑克，臧谷亡羊，其失均也"。① 另外，蒋梦麟提出，养成健全之人格，不可过分地爱惜身体，"夫逸居饱食，以养精神，则精神比僵；若但用精神，不强体力，则终亦必踣"。② 蒋梦麟指出："故欲造成国家的人民，必将生徒与社会隔绝，使不为恶习所污。学校之中，建一理想的国家，其学生即为理想的国民。欲实行此政策，须注意下列数端。（一）独立之思力。……（二）健全之体力。苟一旦国有大难，咸须舍身救国。故以国防而论，体力更为重要。"③ "世界战争结局之条件。一曰经济之能率。……二曰个人之能率。无健全之个人，必无强壮之士卒；无强壮之士卒，其能组织强有力之军队乎？美之初入战团也，议者谓美国向不重军事训练，驱一无训练之国民而与德国战，其前途恐多悲观。然而近日美军之在欧洲战线者，已成德人之劲敌矣。此无他，美国人民素具强伟之体质，独立之精神，故易于训练也。"④ 所以蒋梦麟对于美国在大战期间出现"反败为胜"的局面异常吃惊，他将这归功于人民。"美国以七万五千之常备军，期年之间，集雄兵达四百万；运到法国者，每分钟计七人。每小时四百二十人，每日一万人。十月十一日宣告停战之日，美军在法者约计二百万人。其征集运输之神速，令人惊骇。此无他，其国民之个人强也，其社会之进化率高也。……然而各个皆良兵，人人皆勇士。非国民个人之强健，而孰能臻此乎？"⑤ "故有健全之个人，进化的社会，则可战可和；无此，则战固不足恃，和平亦不足恃也。"⑥ 另外，蒋梦麟在 1919 年 5 月发表的《教育评论》中指出："个人健全，社会进化。立国之本也。"

蒋梦麟认为："欲养健全之个人，则独立不移之精神，筋血充实之体格，思考精确之头脑，皆为至要。三者不具，虽有爱国道德等训练，终亦归驻无用而已矣。个人强健，社会进化之基础也。非此则成一不关痛痒之社会，今日之中国是也。……个人与社会，固相互为用者也。"⑦

（三）体育是培养活泼个性的手段

蒋梦麟幼时的教育是"在我的家塾里，课程里根本没有运动或体育这个项

---

① 曲士培．蒋梦麟教育论著选［M］．北京：人民教育出版社，1995：68-69.
② 曲士培．蒋梦麟教育论著选［M］．北京：人民教育出版社，1995：68.
③ 曲士培．蒋梦麟教育论著选［M］．北京：人民教育出版社，1995：49.
④ 曲士培．蒋梦麟教育论著选［M］．北京：人民教育出版社，1995：59.
⑤ 曲士培．蒋梦麟教育论著选［M］．北京：人民教育出版社，1995：67-68.
⑥ 曲士培．蒋梦麟教育论著选［M］．北京：人民教育出版社，1995：67.
⑦ 曲士培．蒋梦麟教育论著选［M］．北京：人民教育出版社，1995：70.

目。小孩子们不许拔步飞跑，他们必须保持'体统'一步一步慢慢地走。吃过中饭以后，我们得马上练字。我们简直被磨得毫无朝气"①。对此，蒋梦麟认为："我国的老式教学方法似乎已足以应付当时的实际需要。我怕许多有前途的孩子，在未发现学问的重要以前就给吓跑了。"②"教育因尊重个人，故曰自动、曰自治、曰个性。"③蒋梦麟在《个性主义与个人主义》（1919，2）一文中直言道："教育因尊重个人，故曰自动、曰自治、曰个性。"④"近世西洋之教育，平民主义之教育也，皆所以增进个人之价值，而使平民主义发达而无疆也。……故欲言和平之教育，当先言平民之教育；欲言平民主义之教育，当自养成活泼之个人始。"⑤

蒋梦麟认为智育、体育和美育的作用，就是要使"我身体能发育，则极我之能而发展我之体力至其极。我能好美术，则极我之能而培养我之美感至其极"⑥。"体操也，网球也，野球、足球也，游泳、舞蹈也，皆所以延年之道也。球场，游泳池，舞蹈厅，到处皆是。彼国人士，群趋而游戏焉。野球比赛，举国若狂。其活泼运动之精神，贯彻于全国人民之生活。"⑦

蒋梦麟指出："五四运动以来，学生团体有两大缺点：（1）内容太偏枯了，（2）组织太不完备了。内容偏枯的补救，应注意各方面的俱分并进：（1）学术的团体生活……（2）体育的团体生活，如足球、运动会、童子军、野外幕居、假期旅游等等。（3）游艺的团体生活，如音乐、图画、喜剧等等。（4）社交的团体生活……（5）组织的团体生活。"⑧

（四）重视"科学与人文"协同发展观

蒋梦麟提出："十八世纪尚天然，十九世纪尚科学，二十世纪则科学之效用大著，而事事不能逃科学矣。"⑨蒋梦麟在1918年5月发表的《建设新国家之教育观念》一文中指出："物质科学以外，将兼及精神科学也。西洋近数十年来之进步，皆归功于物质科学。""当注重自然科学——这是很重要的；现在文化运动基础不稳固，缺点就是因为不注重自然科学。我们若想来使文化运动的基础

① 蒋梦麟．西潮［M］．天津：天津教育出版社，2008：23.
② 蒋梦麟．西潮［M］．天津：天津教育出版社，2008：22.
③ 曲士培．蒋梦麟教育论著选［M］．北京：人民教育出版社，1995：39.
④ 曲士培．蒋梦麟教育论著选［M］．北京：人民教育出版社，1995：76.
⑤ 曲士培．蒋梦麟教育论著选［M］．北京：人民教育出版社，1995：68.
⑥ 蒋梦麟．过渡时代之思想与教育［M］．上海：商务印书馆，1933：102.
⑦ 曲士培．蒋梦麟教育论著选［M］．北京：人民教育出版社，1995：68.
⑧ 曲士培．蒋梦麟教育论著选［M］．北京：人民教育出版社，1995：199.
⑨ 蒋梦麟．过渡时代之思想与教育［M］．上海：商务印书馆，1933：283.

稳固，便不得不注重它。西洋文化之所以如此发达者，就是因为他们的根基，打在自然的科学上。而且现在我们首当明白的，要晓得在中国十年或十五年后，必有一种科学大运动发生，将来必定有科学大兴一日。"①

蒋梦麟认为："我们谈思想问题，就会谈到逻辑，盖逻辑之于思想，犹文法之于文字……不过文法可以帮助作文，逻辑可以帮助思想。"② "社会之进化，有两种根本也。曰物质上的……曰精神上的，即奖进学术是也。学术者，一过精神之所寄。学术衰，则精神怠；精神怠，则文明进步失主动力矣。故学术者，社会进化之基础也。"③ "作者又为教育部忠告曰：教育部为全国教育界观感所系也。当设种种方法，奖励学术，为全国倡。人民亦当结社研究，激发一般社会尊重学术之精神。学术兴，则中国之精神必蓬勃蒸发，日进无疆。"④ "吾国自有史以来，学问之堕落，于今为甚。今先不进学术，而望大教育家出，是终不可能也。无大教育家出，而欲解决中国教育之根本问题，是亦不可终也。"⑤ "自十九世纪科学发达以来，西洋学术，莫不以科学方法为基础；即形上之学，亦以此为利器。至今日一切学问，不能与科学脱离关系，教育学亦然。故今日之教育，科学的教育也。"⑥

四、蒋梦麟体育观当代启示

（一）重视体育与美育的协调发展

蒋梦麟与蔡元培既是同乡，又是师徒，二者所接受的文化背景都很相似，因此蒋梦麟对于蔡元培先生提出的五育方针是推崇的。但他在蔡元培的基础上，更加关注对德育、美育的教育，以发展人们的精神快乐。在美学方面，蒋梦麟在美国时期受希腊"注重美感"的教育精神的影响很大，因此，他主张将美术与体育结合起来，以美学寄托情感，体育与美的结合，使体育更加富有内涵，使运动的本身更增添色彩。

当下的学校教育，德、智、体、美分别代表了学校各个不同的学科，谋求各自学科的发展是学校教育的宗旨之一，但强调各学科融合发展也应成为学校教育的重要目标，因为培养身心和谐、全面发展的人才既需要各学科独自努力，

---

① 曲士培．蒋梦麟教育论著选［M］．北京：人民教育出版社，1995：213.
② 明立志．蒋梦麟学术文化随笔［M］．北京：中国青年出版社，2001：395-397.
③ 曲士培．蒋梦麟教育论著选［M］．北京：人民教育出版社，1995：72.
④ 曲士培．蒋梦麟教育论著选［M］．北京：人民教育出版社，1995：73-74.
⑤ 曲士培．蒋梦麟教育论著选［M］．北京：人民教育出版社，1995：22.
⑥ 蒋梦麟．过渡时代之思想与教育［M］．上海：商务印书馆，1933：93.

又需要各学科协调发展。因此，体育与美育的结合是体育学科联合其他学科的切入点之一。有关体育与美育在中小学教育中的联合发展问题，虽有不少的前期研究，但还是显得苍白无力。蒋梦麟的体育与美育结合观可为我国学校体育提供以下几个方面的启示。一是体育是美育的基础。没有好的身体，何来谈审美？因此，加强体育强化体能、促进体质健康是培养学生审美的基础。二是以美学寄托情感，体育与美的结合，使体育更加富有内涵，使运动的本身更增添色彩。体育运动中到处都存在美感，其中有静态的身体之美、更有动态的身体之美，如果在运动过程中，学生能运用审美的角度去感悟运动之美，那么，学生的心灵将会得到更好的熏陶与净化。相反，如果产生错误的运动审美观，则会使得学生的心灵蒙上灰尘。三是体育审美是一种高尚的境界。主张蒋梦麟先生的"美既是一种信仰"的观点，就是把美奉为自己的行为准则和活动指南，是做什么和不做什么的根本准则和态度。体育与人的高尚道德是息息相关的，体育最终要发展为体育道德，才能升华为更高的境界。因此，体育是美育的基础，美育是体育的升华，德育是体育的最高境地。

（二）国民体质的增强源于个体的体质发展

蒋梦麟师从杜威，继承了杜威的实用主义，所以他主张将个人体育教育置于社会体育发展之前，先有"健全"个人，才有"健全"的社会。所以蒋梦麟提倡个人的优先发展，良好、活泼的个体精神可以为社会注入新鲜的动力，以达到改造旧中国"萎靡不振"的目的，改变以往"好读书者，读书越多，而身体越弱"的传统。蒋梦麟认为，个人生活的丰富程度和社会的开明程度是成正比的，健全的社会需要健全的个人来构成，而社会的开明使得人民的生活越来越丰富、和平。

结合当下个人与社会的发展问题，类似的情形何尝不是如此。对全民身体健康而言，目前已经漏洞百出了，如社会征兵工作产生了困难：既招不到兵，又招不到合格的兵。全民现代文明病的患病率急剧增加：高血压、糖尿病、高血脂等三高人数剧增等。这些可怕的现象来源于何处？不就来自人的个体吗！这是从横向的视角来查看的。从纵向来看，个体的发展是一个循序渐进的过程，其中青少年儿童阶段是身体发展的关键时期。由于青少年儿童的生存环境不容乐观，从而形成了当下青少年学生体质水平不断下滑的现状。其中，难以突破的瓶颈之一就是长期以来形成的异常坚固的应试教育，要改变这种现象，笔者认为应采取以下几个方面的策略。一是每一个公民要有忧国忧民的意识、爱国的意识。只有国家强大了，人民才能安居乐业。二是大局的意识。从我做起、从现在做起，美好的家园才能造就，每一个人就是国家与社会的每一个细胞，只有个体的知识、智慧、修养、道德、体质等水平提高了，社会的整体水平才能更上一层楼。三是家庭要关注子女的身体健康发展。要坚决抵制应试教育的大潮，关注子女的身体健康投入，提高他们的体质健康水平，这样才能从个体做起，优化青少年学生的身体素质，共同谋求与提升全民健康水平。

（三）重视体育教学中的个性化教育

蒋梦麟提出的"个性主义"即"平民主义"，两者都主张人性的自由平等。蒋梦麟幼时接受的是传统的私塾教育，他认为这种教育泯灭了儿童的天性，使得新的生命力量毫无生气。蒋梦麟认为，体操、网球、足球、游泳、舞蹈等运动皆是促进人的个性自由发展的很好手段。因此，蒋梦麟大力提倡通过运动来促进个性发展。而传统的应试教育却把学生牢牢地捆绑在桌子与凳子之间，长时间的题海战术使得学生失去运动的自由、活泼的个性，被死气沉沉与目光痴呆所替代，这是多么可悲的事。因此，笔者认为，强调"个性主义"教育的蒋梦麟对当下的学校体育的启示应有三个方面。一是尊重个人在体育教学中的价值。在体育课程中，任何一个个体，都有其存在的价值和优势，如篮球运动中，需要控球技术高的后卫、篮板技术好的中锋等，应该尊重个人价值，让每个人的特性都发挥到极致。二是体育是一门以身体练习为基础的特殊课程，所以在体育教育的过程中应该遵守学生身体的发展规律，循序渐进。在体育教学中，身体练习的动作要从简单慢慢过渡到复杂，这样才能使教学和学习过程变得容易。对于学生的身体练习，要因材施教，根据学生的特点，培养他们走、跑、跳、投的能力，尊重天赋和秉性，让每个人的特性发挥到极致。三是尊重学生的兴趣爱好。每一个学生具有不同的个性，因此，我们在落实体育教学过程中，既要考虑到学生的共同运动需求，又要关注不同学生的各自需求，并在两者之间形成一种协调。当然，这里不是推崇让学生进行"自由活动"，而是多方面结合的体育练习，如竞赛、游戏等，激发学生的兴趣度，在快乐中学习体育精神。

另外，蒋梦麟的一生，从始至终都将教育能改变人生态度和培养健全的社会人民结合在一起。蒋梦麟重掌北大时，就发动了北大管理制度的一个大的变革，将学术与事务分工开来，北大从此走上了教授治校的道路，为实现民主精神、学生自治提供了助力。蒋梦麟先生认为学生的自治精神就是团体意志。受意志的影响，这个团体内的所有东西会不知不觉受它感化，从而达到学生的自治。学生自治的主体是学生团体，所以五四运动之后，在北大的校园里逐渐增加了许多学生团体以促进学生对团体的融入，这其中包括了体育团体，"如足球、运动会、童子军、野外幕居、假期旅游等"，通过体育的团体活动，提高学生互助以及团体协作的能力，促进团体意志的培养，从而达到自治的目的，实现将学生培养成健全个人的目标。让学生自治而不是"治自",所以学校要依靠由团体活动带来的团体意志指引情感导向,而不是严格遵守某一法纪。

五、结语

通过查找文献与认真研读蒋梦麟著作,笔者认为,蒋梦麟体育观主要体现在四个方面:提出"体育是美育之基础"的观点,提出了"个人强健是社会进化之基础"的观点,体育是培养活泼个性的手段,重视"科学与人文"协同发展观。首先,"个人强健是社会进化之基础"是蒋梦麟体育观的核心内容。其次,他进一步提出了"体育是美育之基础"、体育有助于培养活泼个性等观点。蒋梦麟以上体育观对我国学校体育教育改革的启示:重视体育与美育的协调发展,国民体质的增强源于个体的体质发展,重视体育教学中的个性化教育。总之,蒋梦麟的体育教育思想观在当代依然具有重大的意义,有待我们进一步挖掘与借鉴。

当然,由于历史条件的限制,蒋梦麟的教育思想也存在一些不足,如受历史条件的限制,蒋梦麟提倡"教育救国"的思想是简单、片面的,只能是一种幻想。

第十五章

将灵敏的脑力寓寄于健全体魄之中：梅贻琦体育观

一、梅贻琦简介

梅贻琦（1889.12—1962.5），字月涵，1889 年 12 月 29 日（清光绪十五年腊月初八）生于直隶（今河北）天津。我国近代著名高等教育改革家和高等教育思想家，清华大学"终身校长"。第一批留美学生，1915 年留学归国，任清华学堂物理教师，后任教务长和留美学生监督处监督等职，1931—1948 年，任清华大学校长。1955 年，于新竹市创办台湾"清华大学"并担任校长。其代表作包括：《梅贻琦自述》《中国的大学》《中国人的教育》等，此外，还包括梅校长秘书黄延复编写的《梅贻琦教育论著选》《梅贻琦教育思想研究》《一个时代的斯文——清华校长梅贻琦》等相关著作。

梅贻琦在长达 47 年的教育实践中，逐步奠定了清华的校格，其间严格遴选和延聘师资人才，推行一种集体领导制度。以我国儒家"大学"教育思想为基础，融合中外大学教育思想的精髓，提出"通才教育"的教育理念；坚持培养学生全面的人格，至少应有知、情、智三方面；倡导学术自由；有着深厚的体育实践经历。

二、梅贻琦体育观前期研究评述

输入"梅贻琦+体育"篇名，查阅中国学术期刊网（中国知网）资料，获得有关"体育"主题的研究论文 4 篇，其中核心期刊论文 1 篇。对本研究具有一定参考价值的文献与观点有以下内容。

崔晋静主张："梅贻琦体育思想的基本内涵包括：乐事运动，人人讲求；培养道德，养全人格；增进健康，建设国家。"[1] 刘世金认为："梅贻琦始终不渝

---

[1] 崔晋静.论梅贻琦之体育观［J］.体育文化导刊，2003（8）：71-72.

地施行德、智、体、美、群诸育并进的方针，他倡导'通才教育'；在梅校长看来，体育具备双重教育价值，即强身健体和人格养成。"① 单婷认为："梅贻琦的体育思想是：体育目的'救国的根本问题'，体育习惯'乐事运动'，体育运动：道德为重。"② 段润涵认为："梅贻琦提出了'乐事体育''体育为人格培养之最佳方法''体育救国'等大学体育思想。"③

综上所述，首先，有关梅贻琦的前期研究较少；其次，研究的深度不够和层次不高，研究文献刊发的杂志层次偏低；再次，未充分解读原著，不少具有研究价值的体育观点尚未深入挖掘，仅有的几篇相关研究也出现大量的内容重复现象；最后，现有研究未能结合当下学校体育发展的现状，进一步揭示其体育观对当下我国学校体育的启示。

三、梅贻琦体育观核心要旨

梅贻琦体育观的形成主要有以下三方面的背景。

首先，受老师张伯苓的影响。1904年，15岁的梅贻琦进入天津南开学堂（它的前身是由严范孙创办的"严氏家塾"，当时称"私立中学堂"，后又曾改称"敬业中学"）成为张伯苓先生的得意高徒。在张伯苓看来，国家欲强盛必先让国民强大，国民强大必先使其身体强健，他非常注重体育。1901年，25岁的张伯苓在严氏家馆首创了体育课，名为"做体操"。张伯苓高度重视体育活动，极力引进近代体育，为当年脑后拖着辫子的孰馆学堂带来了生机。④ 他在私塾中对体育的高度重视在那个年代是极为罕见的。1904年至1908年，梅贻琦在"严氏家塾"学习期间深受这样的体育教学思想熏陶。"1909年梅贻琦赴美深造，1915年学成归来，在清华学校物理系任教。半年后，他利用假期回天津看望张伯苓，表示对教书没有兴趣，想换一个工作。张先生听了以后有些生气，他带着教训的口气说：'你才教了半年书就不愿意干了，怎么知道没有兴趣？青年人要能忍耐，回去教书！'这短短的几句话，决定了梅贻琦一生投身于教育的命运。"⑤ 作为张伯苓的得意高徒，同样是一生奉献于教育事业的梅贻琦无疑是

---

① 刘世金. 梅贻琦的体育课程思想研究 [J]. 和田师范专科学校学报, 2009 (9): 177-178.

② 单婷. 梅贻琦体育教育思想探析 [J]. 教育与教学研究, 2014 (1): 63-65.

③ 段润涵. 梅贻琦大学体育思想简析 [J]. 安康学院学报, 2014 (6): 102-104.

④ 张伯苓. 不认识体育的人, 不应该做学校的校长 [EB/OL]. http://www.doc88.com/p-749825979325.html.

⑤ 智效民. 张伯苓与梅贻琦轶事 [J]. 晚报文萃, 2010 (10): 47.

受到了深刻影响。可以说张伯苓对梅贻琦体育思想的影响始于他进入天津南开学堂，甚至一直持续到他担任清华大学校长，乃至一生。

其次，国外留学经历的影响。1909 年梅贻琦赴美深造。众所周知，与中国不同的是，美国当时已经有相对完善的教育体系，美国倡导体育教育，对体育极其重视。在这种完全教育的影响下，梅贻琦的体育观必定受到了深刻的影响。

最后，当时时代背景。梅贻琦倡导体育，还有一方面的重要原因在于当时正处于社会动荡，民族灾难深重时期，迫切需要体育强国来达到御敌卫国的目的。这一思想可以从《清华大学校刊》中梅贻琦的一段言论中看出来，"今天欢迎清华大学体育部主任马约翰先生讲述体育问题。体育至关重要，众人皆知，特别在我国当前的形势之下，外患紧迫之际，体育尤应人人注重，身体强健方能承担艰难之工作，否则任何事业皆为空谈。……而体育之主旨，非在于腕腿之粗壮，而重在团体道德之培养也。……是以国势寝弱，现今倡导体育，其目的不仅在于操练个人之身体，更在于借此养成团体合作之精神。"① 其中，明确地道出了国家需要体育，体育至关重要。

（一）提出了"体育服务社会"的观点

1933 年，在《时局与健康等问题》的讲话中，梅贻琦主张体育为救国的根本问题。"看起来觉得平常，其实即救国的根本问题：本校历来重视体育，然而还有不少学生体力衰弱，这应当引起重视，……身体之优劣，于个人的成就影响甚巨，倘若体气与精神不足，发展前景亦属可忧，而关系寿命之修尤大，将来毕业从事任何工作，无不以体力精神为基础保障；外患如此紧急，如此长期抵抗，有赖于各位的全副精力去工作。我们要寓灵敏之脑力于健全之体魄中。而后方可肩负重任，方可言及救国。"②

1934 年 11 月 5 日，梅贻琦邀请马约翰先生在全校大会上讲演体育，讲演前他做了一个开场白。比较充分地阐发了这种思想："今天请体育部主任马约翰先生讲述体育问题。体育至关重要，人所尽知，特别在我国目前的国势之下，外患紧迫之时，体育尤应人人去讲求，身体健强，才能担当艰巨工作，否则任何事业都谈不到。今天马先生欲讲者，一方面要大家明了校内体育设施的状况，同时要大家知道体育在今日之重要。从前教育注意智育德育体育三者，后又并重群育，希望养成服务社会、团体合作精神。青年对于学问研究、精神修养各

---

① 清华大学校刊：第 619 号，1934 年 11 月 12 日。
② 梅贻琦，文明国．梅贻琦自述［M］．合肥：安徽文艺出版社，2013：157.

方面，均需有人领导提倡，而体育主旨，不在练成粗腕壮腿，重在团体道德的培养。……"①

（二）根据"通才教育"的理念提出了学校教育诸育并重的观点

梅贻琦任清华校长期间，极力倡导"通才教育"，坚持推崇德、智、体、美、群诸育全面发展的方针，体育是教育的重要组成部分，因此梅贻琦极为重视体育。

1927年，在谈到《清华学校的教育方针》时，梅贻琦将体育作为在大学学程中的重要部分，体育为每学期的必修课，"唯体育及格者，方可参与毕业考试"。同时，梅贻琦重视每位同学的健康，不以选拔比赛为最终目标，而是"必使在校各位学生，均获相当之练习，促进其体力增长，以满足将来从事工作之需要，而毋为心知之累，斯为体育之真目的，斯为在校学生人人必须注意之工作"②。

1934年，梅贻琦在清华大学开学典礼上发表了以"体育之重要"为主题的讲话，开篇则提"吾们在今日提倡体育，不仅在操练个人的身体，更要借此养成团体合作的精神，吾们要借团体运动的机会，去联系舍己从人、因公忘私的习惯"③。

纵观梅贻琦有关体育的论述，发现其体育教育思想深深地打上了20世纪三四十年代的烙印。梅贻琦对体育开展的重视并不只是停留在言论层面的，而是身体力行，鞠躬尽瘁，具体表现在两个方面。（1）梅贻琦亲自参与体育有关的活动，开办暑期体育学校，当名誉校长，并在开学典礼上强调体育的重要性。从1928年至1931年，共举办了3期暑期体育学校，虽然培训时间短，但规模宏大，聘请马约翰、郝更生、董守义、美籍教师许特灵、袁敦礼，吴蕴瑞等为教员，同时借用清华大学所有体育器材及场地，教学课程全面，理论与实践相结合。3期培训共有近300人参加，为体育师资的建设做出了巨大的贡献。（2）"教授治校"，重用人才。在罗家伦当校长期间，一度瞧不上体育，对马约翰降薪降职，直到马约翰带队比赛取得冠军，教授之职才得以恢复。梅贻琦接任清华校长后，一反罗家伦对体育的态度，高度重视和依赖马约翰教授，并与马约翰教授一同确定了"以提倡各种运动，促进生理之健康，训练身体各部之协作，并使个性得以适当之展现，同时养成良好品性"为方针，进行了正课教练和指导、组织

①　黄延夏.梅贻琦教育思想研究［M］.沈阳：辽宁教育出版社，1994：139.
②　梅贻琦，文明国.梅贻琦自述［M］.合肥：安徽文艺出版社，2013：7.
③　梅贻琦，文明国.梅贻琦自述［M］.合肥：安徽文艺出版社，2013：159.

学生课外运动等工作。① 同时，"扩大体育部工作人员的数量，并为他们提供与其他系科教师同等的职称与待遇"。

在当时国内各大学中，只有清华的体育课是普遍（4 年）必修课，而且明文规定："体育不及格不得毕业。"在此规定推出之后，清华大学学生们的体育积极性就更高了。

（三）提倡"乐事运动"观

梅贻琦非常热爱体育运动，倡导体育，并且积极投身于体育运动。"自马约翰先生来到清华后，清华一向贯彻周治春校长首先提倡的学生普及体育运动，得到了进一步的促进。只要晴天，一到下午四时，所有教室、宿舍、图书馆，甚至小卖部尽行关闭，学生必须到体育场上活动一小时，为了支持这一有利学生健康的措施，不少教师也自动响应号召，组织了各种体育活动。梅先生在这方面也是表率。他本人也是篮球运动的积极参与者，时常兴趣盎然地加入学生们的篮球练习和比赛。"②

在清华大学任教期间，梅贻琦极力倡导"乐事运动"。他在《清华之一年来之校务概况》中提到"清华对于体育，素来以普及为原则，以养成全体学生有乐事运动习惯为目的"③。在分析了当时体育普及不足的原因后，他也给出了相应的建议："故本校体育部，大力鼓励学生各人对于自己比赛，稍有进步，则嘉勉之，如此各自留意，既不难周到，也兴趣浓厚，久之养成人人可赛，随时随事是比赛，则普及之目的便自达矣。"④

为了达到真正意义上的普及，梅贻琦做出了相应的改进策略。（1）扩充并完善场地设施，应感场地设备不敷应用，梅贻琦花巨资对场馆和设备进行了扩充，建成后规模可与发达国家同类型的高等学校相媲美。（2）对清华体育发展提出要求，"提倡学生吃苦耐劳，体育课上加授一英里之长程跑；依据清华大学历届学生的体育成绩，编制体能检测表，全体学生每年按项检测两次；注重基本训练，以达体育普及；鼓励学生各自比赛；注意运动道德；提倡国货，除本国无出品者外，运动器械均为国货。"⑤（3）体育列为必修课，在当时的国内大学中，只有清华的体育课是普遍（4 年）必修课，规定"体育不及格不得毕

---

① 黄延复. 梅贻琦教育思想研究［M］. 沈阳：辽宁教育出版社，1994：139.

② 吴泽霖. 记教育家梅月涵先生［M］//北京：市政协. 文史资料选瞬：第18辑.

③ 梅贻琦，文明国. 梅贻琦自述［M］. 合肥：安徽文艺出版社，2013：35.

④ 清华大学校史研究室编. 清华大学史科选第2卷（上）（国立清华大学时期1928−1937）［M］. 北京：清华大学出版社，1991：38.

⑤ 梅贻琦，文明国. 梅贻琦自述［M］. 合肥：安徽文艺出版社，2013：36.

业"。(4) 积极组织、参与**体育**比赛，注重运动精神的培养。梅贻琦认为"我们运动时采用正当手段，充分展现自身的技能。胜固可喜，败亦无愧。而面对'对手'，应当持以光明正大之态度，而后方能提高求胜之品格"①。(5) 编制体能检测表，对学生的体育基础能力进行测评。梅贻琦说："我国大学生的体能测试还缺乏明确的标准，为了积极鼓励大学生达到其各人可能体能成绩起见，体育部参考历年清华学生体育成绩，自行编制一套体能测验表，并且每年按项测验全体学生体育两次，预计四年之后，便能拟制成清华学生体能检测表，更可为中国各大学提供借鉴。"②

(四) 提出培养"体育道德"的重要性

梅贻琦注重体育道德的培养，难能可贵的是，梅贻琦并不把体育纯粹地视为"粗腕壮腿"之手段，而是将其看作"养成高尚人格之最佳方法"。此处的"高尚人格"则具体包括"群育观念""团体精神""急公好义""守纪律"等。

他提倡学生注意运动道德："体育运动从事者，必先以道德为重，精神次之，否则尽管健壮如牛，也犹如无羁之马，奔放逐斗，无往而非害事之母，如此影响其将来一生事业，实非浅鲜，因而体育部高度重视于此。"③

与其他的教育家相比，梅贻琦对体育有更深刻的认识。他将体育视为"养成高尚人格"之最佳方法，此外，他还主张体育是培养学生"吃苦耐劳"精神的重要途径之一。本质上而言，这是倡导体育与教育的其他方面内容建立联系，彼此结合，相互促进。④

他在《体育之重要》一文中强调："我们今日对体育的倡导，其目的绝不仅仅局限于个人身体之操练，更欲藉此养成团体合作之精神，我们要借助团体运动之机会，去促进学生养成舍己从人、因公忘私之习惯。"⑤

梅贻琦强调群育更是要注重"服务社会""团体合作"的精神。梅贻琦说："从前教育注意'智育''德育''体育'三者，之后又注重群育，期望藉此养成服务社会、团体合作之精神。"⑥

"针对学问研究、精神修养等方面，都应该受到青年的重视与提倡，然体育

---

① 梅贻琦，文明国. 梅贻琦自述 [M]. 合肥：安徽文艺出版社，2013：139.
② 清华大学校史研究室 [M] //清华大学史料选编：第 2 卷，上，国立清华大学时期 1928—1937. 北京：清华大学出版社，1991：38.
③ 吴洪成. 梅贻琦教育论著选 [M]. 北京：人民教育出版社，1994：142.
④ 吴洪成. 梅贻琦教育论著选 [M]. 北京：人民教育出版社，1994：101.
⑤ 翰青. 德智体美劳群诸育并举的教育思想 [J]. 石家庄师范专科学校学报，2003 (1)：4.
⑥ 清华大学校刊：第 619 号，1934 年 11 月 12 日。

之主旨，非在于练成粗壮之四肢，而重在团体道德之培养。"① 在这里我们可以看出，梅贻琦认为练成粗腕壮腿不是体育的主旨，而是重在体育道德的培养。

梅贻琦认为："对于选手比赛，促进队员养成的合作守法的习惯，也尤其独特的价值，但是学校之间的竞赛，往往过于注重比赛的胜负，而忽视此竞赛之真正意义，在于使参加者与旁观者所受之训练，竟害多而利少，因而今日学校体育之大目，当在彼不在此也。"②

在后来的《清华体育概况》一文中，梅贻琦为清华体育改进指明了方向，在开展体育过程中应"注重运动道德建设，参与体育运动的人，必须以道德为核心，精神尚在其次，不然即便被训练的健壮如牛，亦好似无羁之马，奔放逐斗，无往而非害事之母，这样必将对其将来一生事业带来重大影响，时非浅鲜，所以体育部对此应当格外注意"③。

因此，梅贻琦对运动比赛的目的定义为"不在能胜任选手，取胜争荣；而在于一展所能，使本队精神得以充分发挥，如果能取得最后的胜利固然理想，但失败了也不必感到惭愧。如果碰到比赛，事先感到没有取胜的可能性，就避免参赛，忽略其为团体中应尽之责，这是最为根本的错误"④。

四、梅贻琦体育观当代启示

（一）梅贻琦的"体育服务社会"观为学校体育工作提供新思路

梅贻琦认为："身体之强弱，与将来自身成就密切相关，倘若体气不充，精神不足，事业前途诚为可忧，而关系寿命之修尤大，未来走出校门去承担任何工作。"⑤ 事实上，身体康健不仅是关乎个人之健康，还是将来贡献国家之保障，更是关乎民族兴亡之事。

基于当下青少年学生体质水平不断下滑的现象，学生的体质健康问题更应该受到学校的高度重视。然而，不少学校教育工作者对于这个问题认识不充分，甚至还停留于传统观念，仅片面重视对学生的智育，忽略德育与体育在学生全面发展中的重要作用，此等错误观念亟待纠正。造成此等错误观念的原因诸多，其一，受传统"重文轻武"思想的影响。自古至今，我国一直高度重视文化教

① 《清华大学校刊》第 619 号，1934 年 11 月 12 日。

② 《清华周刊》1927 年第 426 期。

③ 翰青. 德智体美劳群诸育并举的教育思想［J］. 石家庄师范专科学校学报，2003（1）：4.

④ 梅贻琦，文明国. 梅贻琦自述［M］. 合肥：安徽文艺出版社，2013：159.

⑤ 吴洪成. 梅贻琦教育论著选［M］. 北京：人民教育出版社，1994：85.

育，即"万般皆下品、唯有读书高"，对学生身体的发展不关注。其二，因于校领导的错误导向。作为学校校长，对学校的思想与行为发挥统领作用，一般而言，大部分校长都重视文化教育、忽视体育教育。"在梅贻琦前任校长罗家伦出任期间，对体育充满鄙视。他曾一度将体育课学时和体育任课教师的数量均砍去一半，将著名的马约翰教授降格为'主任训练员'，并大幅度降低其薪资待遇，致使清华体育一度受到无情摧残。梅贻琦继任之后，则增加了体育部的工作人员，并给他们和其他系科教师同等的职称和待遇。"① 这也侧面反映了校长对学校体育工作的重要性。

结合当下的学校体育现象，笔者认为，首先，提升校长的体育意识是当前非常重要的工作。其次，深化学校体育改革，落实学生体质健康工作乃是重中之重。因为仅靠校长的支持是远远不够的，还需学校体育工作者的协同努力，应根据体育学科自身特点积极实施学校体育改革，竭力提升学生体质健康水平。最后，体育的稳步发展离不开相应的资金支持，因而，相关体育经费的财政投入显得至关重要。当然这也与学校领导有一定的关系，但体育教师也应充分利用学校体育场地器材资源，合理组织学校体育活动的开展工作，切实服务于学生的体质健康，为"通才"的培养奠定坚实的基础。

（二）梅贻琦校长身体力行地进行体育锻炼，为学校领导树立榜样

梅贻琦终其一生致力于教育事业，力行于学校体育实践，积极开展学校体育的推广与普及工作，加强学校的体育设施建设、体育课程、体育目标的设置，创设体育系，增加了体育部的工作人员，落实并提高了体育在教学中的地位，奠定了中国教育体育教学学科建设的基础，为学校体育的发展开辟了一片新天地。

从梅贻琦校长一生的体育实践经历中不难获悉，作为学校建设工作的总指挥，校领导在学校发展过程中发挥着举足轻重的作用。21 世纪以来，伴随"阳光体育"的开展与实施，我国学校体育曾一度呈现一片生机勃勃的盛景，然事实上，其迅猛发展的背后，也暴露了一系列学校体育建设根基不扎实的现象，部分学校体育课程的设置存在不完善、不合理的现象；还有一些学校，甚至以体育为牟利之手段；有部分学校体育课程的授课、管理乃至学生的体育成绩评测均存在敷衍行事等情况。从学科规范化建设视角考虑，完善制度、依制度行事是体育学科稳步发展的重要保障。此外，学校领导在学校体育的建设工作中

---

① 吴洪成. 生斯长斯　吾爱吾庐：清华大学校长梅贻琦［M］. 济南：山东教育出版社，2004：259.

应发挥积极的作用，唯有领导重视体育，从根基开始抓起，规范行事，注重对体育的倡导、推行和有效决策，建立具备可实践性的体育良性发展路径，方能为学校体育建设奠定更为坚实的基础。

（三）梅贻琦的"体育必修"课程理念有助于提升学校体育地位

梅贻琦将体育正式纳入大学学程中每学期的必修课，体育没有及格的学生，不能够参加毕业考试，把体育当作其他学科考试的敲门砖。同时，梅贻琦尤为重视各位学生的健康，反对将选手比赛视为终极目标，相反，体育应致力于"使全体学生都能得到适当的锻炼，促进其体力增长，满足将来工作和做事的需要"。

事实上，类似的情形在当下学校体育教育中也较为普遍：一方面，体育也作为重要的考试内容被纳入高考之中，尽管我国已经出台了相应的体育考核标准与制度，但仍有不少学校为谋求升学率，在高考体育成绩中没有做到严格地监控和把关，甚至体育高考成绩还存有大量的伪造现象；另一方面，大学之中尽管也配置了体育必修课，但是体育教师为学生体育素质未能达标，却又难以在短时间内得到提升而发愁，同时还不希望在学生因重修而压力倍增的情况下，给予学生体育成绩合格，并且上级领导对此也是持"睁一只眼闭一只眼"的态度。而梅贻琦的体育必修理念，带给今人深刻地启发与思考，告诫相关体育工作者应坚持落实相关体育高考制度，严格把控学生体育成绩。其原因有二：其一，只有严格把控，才能够引起学校、学生的重视，实实在在为学生的身体健康着想，使学生认识到体育锻炼的重要性，促使学生积极参与体育锻炼，正视体育锻炼的价值。其二，这样才有助于遴选德智体美劳全面发展的合格人才，选出来的人才才能够适应社会发展的需求，为国家的建设提供人才支撑。

（四）梅贻琦关注体育道德培养的理念有助于学校体育落实"育人"目标

梅贻琦非常重视对学生完善人格和体育道德的培养，他将体育当成"高尚人格养成的绝佳方法"，他认为高尚人格是"群育观念""团结精神""急公好义""守纪律"等。这些观念均为人在适应社会生活过程中不可或缺的优良品质，而体育则为培养这些品格的有力手段和可行途径之一。梅贻琦先生所倡导的塑"全人格"理念主张体育应始终站在"育人"的高度，这为当下的学校体育的改革与发展带来了深刻警醒。

在梅贻琦看来，体育不仅有助于培养学生的"团结精神""守纪律""群育观念"等优秀精神品质，而且它还有利于学生公平竞争、积极进取的优良品行的培养，进而收获健身、健心的双重功效。因而，学校体育应受到高度重视。学校除了始终重视学生的体质健康外，在学生进行体育技能和行为的时候，除了要教授体育知识以外，更要从学生的品格发展出发。学校体育建设要以人为本，培养全面发展、适合社会需求的人，要加强体育"育人"的人文精神模块建设，注重学生的精神文明塑造。

五、结语

梅贻琦终其一生致力于教育事业，其教育思想与实践给我国 20 世纪初期高等教育的发展带来了深远影响。在体育教育领域，他的一些教育理念也跨越了时代。梅贻琦的体育观的核心要旨集中体现于四个方面：提出了"体育服务社会"的观点，根据"通才教育"理念提出了学校教育"诸育并重"的观点，提倡"乐事运动"观，提出培养"体育道德"的重要性。其中，"通才教育"的理念是梅贻琦体育观的核心内容。上述梅贻琦体育观对我国当前与未来学校体育改革的启示包括：梅贻琦提出的"体育服务社会"观为学校体育工作的开展带来了新思路；梅贻琦校长身体力行地参与锻炼，为学校领导树立体育模范；梅贻琦大力主张的"体育必修"课程理念有助于提升学校体育地位；梅贻琦重视体育道德培养的理念有利于落实学校体育"以体育人"目标。

因时代背景的因素，梅贻琦理论也暴露出一定的局限性。如他在抗战结束后与其他知识分子共 751 人发布了《为争取胜利敬告国人》的进言，但由于中国政治社会风云的巨变，导致了他封建正统观念思想上的不适应，并于 1948 年离开了多年经营的清华与大陆。

第十六章

活的教育、有用的教育、真实的教育从生活中来：胡适体育观

一、胡适简介

胡适，安徽人，生于 1891 年，我国新文化运动的领导者之一，是将实用主义教育思想引入我国的先驱，致力于将人本主义和实验主义纳入我国教育体系的典型代表，他的一生致力于高等教育、职业教育的改革和完善，一生培养出许多著名的教育者。胡适不仅在国内备受推崇，而且在世界教育领域也是享誉盛名的，被认为是对中国的高等教育做出贡献最大的人之一。1910 年他获得清华庚子赔款的第二批美国留学名额，作为杜威的学生进入哥伦比亚大学学习哲学。1917 年夏天，胡适毕业于哥伦比亚大学，随即回北京大学任文科教授；1927 年被选为中国教育基金理事会的董事；1928 年出任中国公学校长；1946 年出任北京大学校长。

胡适在教育事业推广上的贡献使得他的著作被翻译成多国语言进行传播，他的教育思想广泛影响了中国学校体育的变革，融入平常的教学之中。随着胡适教育著作的不断传播，其教育观被越来越多的人所接受、研究，促进了胡适教育理论研究的发展。20 世纪初，我国体育教学是以模仿德国和日本教育体制为主的军国民教育模式，这种教育模式虽然在一定程度上促进了我国学校体育的发展，但在实际教学过程中出现了许多问题与矛盾。在新一轮的课程改革浪潮中，教学越来越强调学生自身的发展和兴趣爱好，主张在学校教学中安排体育教育，学校教育开始关注学生的实际需要。胡适留学期间深受杜威实用主义的影响，随着胡适教育思想的传播，实用主义思想在中国传播开来，并逐步地形成了符合中国国情的"胡氏实用主义"，并在新时期的体育教学改革和发展中发挥着重要的作用。因此，本研究在对胡适体育观进行整理和归类的基础上，深入探讨胡适的体育观对当前学校体育改革方面的启示。

二、胡适体育观前期研究评述

通过阅读有关书籍和在中国学术期刊网（中国知网）上进行检索发现，有关研究胡适的论文5127篇，其中有关"教育"主题的文章共有173篇，有"体育"主题的文章6篇（核心期刊文章3篇）。对这些文章进行分类整理后发现，对本研究具有参考价值的观点主要有以下几个方面。

1998年，由北京大学出版社整理出版的胡适著作《四十自述：在上海》一书中，首先说明了胡适对于体育活动的态度从一开始的抗拒，转变为积极参加，并且认为勇于进取、团队精神和集体责任感是体育活动中最重要的东西，也是在体育活动中最需要培养的东西。胡适认为，胜利与失败并不是体育所追求的最终结果，积极地参与到活动之中才是体育所追求的，并认为只要大家参与到体育活动中去，就是光荣的。以上的这些观点表现出了实用主义教育培养模式中宝贵的精神——首在参与。①

在众多研究胡适教育观的文献中，关于胡适体育观的论文只有6篇，其中李静波、田春阳在《体育科学研究》杂志上发表了题为《胡适体育思想探颐》一文，对胡适的体育观进行了如下分析：（1）李静波认为民间的私学和西式学堂的教育对胡适的体育观点产生较大冲击，而中美大学之间体育文化的对比又更加深刻影响了胡适体育观点的发展；（2）李静波认为胡适在中国公学任校长时期所作的运动会会歌能够体现胡适对奥林匹克精神的推崇；（3）通过胡适所赞扬的一些人，如张伯苓、蒋梦麟等人的体育主张及其在学校体育方面所做出的努力来展示胡适对于体育教育价值的理解。②

牟艳在《体育文化导刊》杂志上发表了题为《胡适的实用主义体育思想探析》的文章，认为胡适的体育思想分为以下三方面：（1）参与比取胜更重要的体育伦理观念；（2）对于体育活动的参与，更多注重的是积极参与体育活动的态度；（3）参加体育运动能够培养人们的合作和分享精神，能够加强人们对于责任的承担。牟艳认为，胡适的体育思想体现了实用主义思想的核心——注重科学的方法，认为胡适的体育教育主张是建立在科学基础之上的，制定出符合人体的生理和心理发展的体育规划，在文章的最后，她将胡适的体育教育思想概括为：以科学为指导，以人为本，并认为胡适所提倡的这种主张能够更好地

① 胡适.四十自述：在上海［M］.北京：北京大学出版社，1998：1-8.
② 李静波，田春阳.胡适体育思想探颐［J］.体育科学研究，2009（1）：51.

促进学生智育和体育的发展。①

综合以上陈述，笔者认为对于胡适体育观研究的文献主要有以下几个问题：（1）有2篇论文主要是以胡适的教育观为体系进行构架和移植的，并没有全面对胡适的体育观进行陈述；（2）对胡适体育观的研究非常零散，缺乏一条主线，观点之间缺乏一定的逻辑性；（3）对于胡适体育观对当代中国学校体育的启示方面存在不足。本研究力求在整合胡适教育理论的基础上，对胡适的体育观进行梳理，希望能够对我国学校体育的发展和改革起到一定的借鉴作用。

三、胡适体育观核心要旨

五四运动前后，随着新旧思潮的涌动，实用主义开始传入中国，并产生了多方面的影响。胡适在实用主义的推广过程中起到了非常重要的作用，他早年曾经师从于杜威，深受实用主义的熏陶，但他并没有照搬西方的实用主义，而是将实用主义思想与中华优秀传统文化相接轨，创造符合中国特点的中国化实用主义。实用主义体育思想传承了卢梭的自然主义思想，他们的口号是"学校即社会""教育即生活"，强调教育主体的设置应当注重儿童天性的发展，教学目标的设置应当以儿童兴趣的发展为第一要务，注重学生在教与学过程中的主体地位，在胡适的实用主义体育观中这些思想都有所体现。胡适推广实用主义教育主张不仅得到了帝国主义的支持，还受到了北洋军阀的推崇，因此，实用主义在中国教育界的地位逐渐提升，并且深远地影响着我国学校体育事业的发展。

由于胡适论著中论述教育方面的内容较多，而涉及体育方面的较少，因此，我们需要从胡适的哲学观、教育观、教育实践活动等中梳理胡适的学校体育观。

（一）主张在高等教育中推广学校体育

胡适在高等教育中推广学校体育的主张是根据当时国内的情况决定的，胡适清楚地认识到，在国家教育体制内实施涵盖初级和中级教育的方针在短期内不能取得良好的效果，面对国家所缺乏的各种人才，唯一的方法是加大对高等教育的投入力度，加快培养实用型人才。胡适曾说："如果我们要为中国建立一个新的教育制度，那就非从改变高等教育入手不可。"② 从这段话中我们不难看出，胡适对于当时社会情况的分析是非常透彻的，他认为，要改变中国当时的状况，只有从教育入手，而要在短时间内培养各行各业所需要的人才，就要从

---

① 牟艳．胡适的实用主义体育思想探析［J］．体育文化导刊，2004（8）：69.

② 胡适．提高和普及［M］//胡适文集．北京：北京大学出版社，1998：89.

重视高等教育入手。另外，这种做法在当时的中国也是无可奈何，面对外部强敌，通过系统的改革来达到国富民强的目标是不可能的，因此大力发展高等教育就成为开明知识分子救亡图存、快速培养国家各类紧缺人才的主要措施。

胡适强烈地批评了旧中国没有一所世界一流大学的问题，在自己的精品集中写道："一个有 5000 年历史的国家，却没有一所超过四十年的大学，甚至没有一所学科完善的大学，这是近代教育的最大羞耻。"① 他主张在国内建立一所完善大学，他认为大学是一个国家、民族教育和学问的中心，如果一个国家没有大学，那么这个国家的学问就大打折扣，而体育作为学校教育的重要组成部分，也是学校教育中不可缺少的。胡适主张在国内建立属于自己的一流大学而不仅仅是出国留学，他说："留学只是能够缓解一时的缺乏，却不能弥补长久的不足，使国内高等教育振兴才是利在千秋的事情。"② 胡适认为与其每年花费几百万的资金来提供学生出国留学，不如将这笔经费用来建设几所国内的一流大学，他认为出国留学只是缓解一时的人才短缺，而建设自己的一流大学才是国家教育发展的长久规划。从这些主张可以看出，胡适培养学生的独到之处。胡适的一生中有 1/4 的时间是在大学里面教书和推广实用主义思想度过的，他于 1917 年回国，进入北京大学担任教授；1920—1933 年担任中国公学校长等等。他的这些教育实践和教育活动，都大大推动了中国学校教育的发展，尤其是在摸索中前进的中国学校体育，可以说胡适在促进学校体育的发展方面花费了巨大心血。

（二）注重体育锻炼对于学生社会化的作用

在胡适看来我国学校培养人才的模式应该更注重培养学生适应社会生活的能力，使学生掌握社会上所需要的技术和学问。他认为，对于学校里面纯粹的书本知识学习，是学不到在社会上生存所需要的能力的。他主张对于学生社会适应能力的训练应该从身体上的训练开始，即训练眼睛、耳朵、手脚、身体、头脑的各种机能，提高接收外界信息的能力。对于近代中国封建时期的教育体制，胡适曾尖锐地批评道："吾国旧教育之大病在于放弃管能之教练，诵读习字之外，他无所授。"③ 胡适回国以后，在演讲中多次强调学生的身体训练。他把体育看作培养人群体生活的一个重要手段，认为体育能够为人的社会生活积累更多的交流经验，人们参与体育活动无形之中就可以建立一种相互配合、相互

① 胡适. 领袖人才的来源，学问与人生 ［M］. 北京：外语教学与研究出版社，2011：393.
② 胡适. 非留学篇 ［M］//胡适学术文集. 北京：中华书局，1998：79.
③ 胡适. 胡适留学日记：第 3 册 ［M］. 北京：中华书局，1998：856.

尊重、默契的团队关系，这些都是社会生活中不可缺少的，在胡适组织的活动中很多就是对这些品质的训练，如足球、运动会等。胡适认为学生在体育活动中有两种不可缺少的精神：一是在团体活动中分享和承担的精神，对于个人的失误，要勇于承担自己的责任，并能够包容别人的错误，积极帮助他人改正，并且避免自己犯相同的错误，对于成功的经验，要积极与队友进行分享；二是对于团体活动负责的精神，在团队活动中要有自己的主张，并且能够用合理的方式宣传自己的主张，能够处理好与队友之间的配合问题。胡适认为团体活动最能够训练一个人的集体荣誉感，尤其是体育类的团体活动，由于体育类团体活动就像一个小的"社会"，通过这些活动能够让学生体会到社会生活，培养学生的社会适应性，为以后的社会生活打下基础。

胡适提倡学校教育要与现实的社会相结合，主张教育要从现实生活中来。他说："教育不完全靠书本，不完全靠课堂上的教科书知识，不完全依靠学校上课。活的教育，有用的教育，真实的教育可以从生活里得来，可以从工作中得来，这种从工作中得来的教育往往比课堂上书本里得来的教育还要管用，更有价值。"① 胡适认为，从生活和工作中所得来的教育比课本上得到的教育对学生的意义更大，胡适还曾说过："杜威认为手工传授的目的并不是为了专教手工，也不仅仅是为了增进知识，而是应该以养成群性的习惯为目的。"② 他的观点也从另一个方面反映了传统学校教育与学校体育教育方式的不同，劳动与身体活动相结合的学习方式更能达到学校教育的目标，比单纯的脑力活动对于学校教育的意义更大，学校中的体育教育能够给学生提供一种新的学习模式，能够弥补文化教育方面的不足。

（三）强调体育竞赛中"道德素质"培养

胡适曾说："当我还是小孩的时候，身体不好，外出求学以后，身体渐强。重要的原因，我想那是因为我在两年半的求学生涯中不曾缺乏一点体操功课。虽然我从不参加体育比赛，但我总是很努力地做各种体操。"③ 胡适从身体健康的方面表明了参与体育活动的重要性，体育除了能够使人保持健康的体魄之外，还能调节人的情绪，使人面对日常事务的时候保持积极的精神态度。胡适把参加体育锻炼视为提高自身身体素质和减少疾病的一个重要方法，而且有着以此为目的的态度和决心。在胡适的观念里，体育仅仅是一种方法，一种能够促进

---

① 胡适．胡适文集 12 ［M］．北京：北京大学出版社，1998：641.

② 胡适．杜威之道的教育 ［M］．海口：新教育杂志，1919：3.

③ 胡适．四十自述：在上海 ［M］．北京：北京大学出版社，1998：6.

身体健康的最好的方法和良药。虽然他不经常参加体育竞赛，但他还是十分关注运动竞赛的，正如牟艳所陈述的那样，号召学生和老师积极地参与到体育活动中去的这种主张跟奥林匹克精神具有极其相似的地方。

1930 年 4 月 28 日，胡适亲自为中国公学的校运动会写了一首《中国公学运动会会歌》，歌中这样唱道："健儿们，大家上前！虽然第一只有一个，但个个要争先，胜利了是该庆祝的，失败了也要坦然，运动员们，大家一起竞争！运动员们，大家一起参加！所有的荣耀归于我们集体所有。胜利了要胜的光荣，失败了也要失败的坦然。"① 这首歌表明了胡适对体育的态度以及体育对运动员集体精神的培养，在体育参与的过程中胜败不是首要的，胜利要胜的光荣，失败也不要灰心丧气。他把参加体育活动作为一种提高自身身体素质和减少疾病的一个重要方法，胡适认为运动会的参与过程就是对运动员进行道德教育的过程。他认为体育成绩不论好坏，重在参与，在参与的过程中体会体育所带给我们的快乐，提高我们自己的道德素养。胡适注重运动会中体育道德培养的观点，在近代中国学校体育教育中具有很深远的意义，首先，他在一定程度上点明了体育对道德教育发展的特殊作用，拓宽了学校体育的发展道路；其次，这种重视体育道德培养的教育主张，打破了以往强身健体、救亡图存的思想禁锢，丰富了学校体育的内涵。

1922 年，胡适发表了一篇他对于运动会感想的文章，在文章中回忆了他在美国上大学的时候观看足球比赛的场景："我第一次观场，看见那野蛮的奋斗，听着那震耳的呼声，实在不惯。心里常想，还真是罗马时期的摔跤的风格，很不人道。后来我发现，叫声不仅仅存在于人群中的男孩和女孩面前，靠近我的植物学罗里教授跟着一群白发苍苍老人也在其中，他们同时拼命喊叫加油。"② 在体育活动的参与过程中胡适认为不应当有年龄的界限，不论男女老少都能参与到体育运动当中，感受体育带给我们的快乐。在美国的几年时间里，胡适渐渐地把书生意气丢开，积极地参与到体育活动中去，他认为即使不能参加体育活动，在观众席上为自己喜爱的项目呐喊助威也能够起到道德教育的作用。胡适认为参加体育活动不仅能够改变人的情绪状况，而且能够促使人们养成和他人分享的习惯。胡适认为青少年就应该这样，就应该具有热情奔放的性格，在该呐喊的时候就要呐喊，该活泼的时候就要活泼，并且还一再地倡导中国的学

① 胡适 . 胡适的日记：下册 [M] . 北京：中华书局，1985：169.
② HU SHI H. The Personal Reminiscences Dr. Hu Shih [M] . Columbia University（1915—1917）. Beijing：Foreign Language Teaching And Research Press. 2012：81.

生也应该这样去做。胡适试图通过体育活动的参与，促进人们道德品质的形成，把体育活动视为一种相互交流、提升人们道德品质的方式，这种观点在当时无疑是一大进步。

（四）重视体育师资的培养和学校体育体制改革

胡适立足国情，提出创建世界一流大学、建立完整的教师培训系统等一系列教育改革措施，他认为"今天祖国的一切事物都需要人才，我们不能不博采众长学习国外，进而培养能够作为国内学生导师的储备人才"①。从这段话中我们可以看出，面对刚起步的近代中国学校教育，胡适就意识到师资力量培养的重要性。

胡适对于近代中国的教育发展还提出过一个十年规划，即利用十年时间争取建立中国自己的独立教育科研体制。他认为："（1）中国应当有自己的大学来充分负担本国在科研方面的任务，能够对本国青年进行科研锻炼；（2）国内应该有足够的设备和良好教师的地方进行专门性的研究；（3）国内需要解决的各种问题，应该有自己的科研机构进行解决；（4）国内学者应该与世界上的学者分工合作，承担科研任务，并且分享学术成果。"他的这些设想为我国教育事业的发展起到了很好的借鉴作用。②

为了更好地发展我国学校教育，他致力于对我国学校体育体制的改革，1902年，最后一个封建政权颁布实施了中国近代教育史上第一个普遍实行的近代学制，即《奏定学堂章程》，这个法令是由胡适等参与和主导制定的，它以国家法令的形式采取自上而下的方式实施教育方案，明确规定了培养体育师资的重要性，并且在制度上明确规定了公立和私人学堂的学制、课堂制度和课堂学时，对于老师和学生也提出了一系列的要求，来促进我国教育事业的发展。这个学制系统的制定，为我国近代教育制度的推广开创了一个重要起点。该章程对于学校体育也做出了详细的规定：（1）初等小学堂的体育是体操课，一年级是有益的运动和游戏，二年级以上采用的是教学课程，在游戏的基础上增加了普通体操；（2）高级小学堂的体操课设置主要是发展学生身体各方面的发育均衡，四肢的动作协调灵敏，使他们的精神振奋，并使他们养成积极参加团体体育活动和服从命令的习惯，以兵式体操为主，规定了体操课的时间为三小时，并且各年级的要求相同，以军式体操、体操和常见的运动为主；（3）中学堂的

---

① 胡适 . 吾之择业［M］//胡适留学日记 . 合肥：安徽教育出版社，1999：156.

② HU SHI H. English Wrightings of Hu Shih Chinese Literature And Society［M］. Ten-year Plan for China's Academic indenpendence. Beijing：Foreign Language Teaching And Research Press，2012：233-239

体操宜讲求实用，其普通体操应该首先教给学生准备活动、纠正动作、徒手的负重练习等体操，其次教学生棍子和球棒等体操活动；（4）师范学堂的体操课要教授有益之运动与士兵训练的运动。从以上的这些学校体育的规定我们可以看出，体育的教学依然是以陈旧的体操为主，随着时代的发展，一些进步的知识分子已经看到了它的弊端，认为它不适合我国教育的发展，在蔡元培和胡适的号召下，他们又提出了一系列学校体育的改革方案：（1）加强武术；（2）力求完备体育的设备及器械；（3）开始对于民间的自由研究进行嘉奖，并积极倡导教学方法的改进；（4）重视学校教育中的课外活动的重要性；（5）主张提高对体育教师的重视程度；（6）详细提出了体操教师与运动教练的考试方法。这些措施的确立，标志着我国的学校体育事业分工日趋明确，成为以后学校体育的科学化基础。

（五）重视"生活体育教育"的推广

胡适所提倡学生的全面发展并不是简单的全面，而是强调在体育教育的过程中更注重学生生活的教育，这是学生全面发展的另一种体现。教育并不是培养死板的人，而是培养会生活、会学习的人。胡适提出"注重生活教育"，更好地促进学生的发展。他批评"教育与社会脱节，生活与社会脱节"的现象。他强调，必须在普通教育中注意训练学生应付社会生活的能力。他提出，学生应该注意以下几个方面的训练：第一，学问的生活，这自然是学生主要应当用力的地方；第二，社团的生活，应使学生多参加一些有组织的活动，培养自治的能力；第三，服务于社会的生活，比如，开办演讲、宣传科学、改革民风、开办平民夜晚学校等。很明显，这些所谓的生活的训练，与学生将来在社会上所必需的能力是息息相关的，这些更能促进学生的全面发展，他的这种思想同杜威的实用主义教育思想是密切联系在一起的。

胡适一生致力于民族教育事业，并付出了巨大的努力。胡适的一生虽然很少直接参与体育政策和体育法规的制定和改革，但他的某些思想观念和方法都直接或间接地影响到了近代中国体育的变迁和发展。他认为体育能够为人的团体生活积累更多的经验，人们参与体育活动无形之中就可以培养相互配合、相互合作、互助互爱的精神。学生活动被主要分为三部分；首先是学习的生活，其次是团队协作的生活，最后是融入社会的生活，这些都是我们的社会生活中非常实用的。虽然这些活动很实用，但是仍有几处缺点：首先是团体活动的内容太单调，其次是团体的组织太过松懈。为了解决以上的问题，胡适提出体育团体活动应该包含于各种各样的团体活动中，比如，足球、运动会、野营和团队旅行等，这些体育活动更能让学生体会到体育的实用性。

胡适认为教育应该建立在社会生活上，而且认为学校教育包含了许多儿童社会生活的技能，并认为学校是这些功能集中的体现。杜威认为，教育是一种社会生活知识和技能的延续，主张将教育融入生活，但并不是将教育看成为将来生活所做的准备；认为我们应当将教育的目标和教育的实施结合起来，不能分开看待，更注重了教育的实用性。

胡适的很多思想都是对杜威实用主义教育思想的继承，杜威是实用主义的创始人，注重教育的实用性，胡适延续了杜威的思想，这在他起草的"六三三学制"教育制度中有所体现。这个学制是以美国为蓝本设置的，更注重了它的实用性，学制中提出了七项标准：第一，培养的人才需要适应社会的需要；第二，积极推广普通民众能够参与的教育；第三，注重学生个体的兴趣爱好的发展；第四，对于国民经济发展的重视力度加大；第五，提高了对学生有关生活方面的培养；第六，将教育的难度降低，使教育的普及性更高；第七，多考虑地方的条件限制，给地方教育的开展留有余地。从这七项标准我们可以看出教育的宗旨更加注重了实用性，这次改革的最大变化就是我国学校教育从对于日本军国民教育思想的全盘照搬，转变为对美国教学模式的取长补短式的学习，这种转变模式对我国的学校体育事业具有非常大的推动作用。在学校体育方面，"体育科"代替了"体操科"，其内容也不断丰富，对于学生健康的重视程度加深，初级中学增加卫生课，高中则增加生理课。学校体育的教材也增加了田径、球类、团体游戏等，在教学模式上也将体育课分成作用明显的三个模块——准备运动、主动运动和整理运动，表明了我国的学校体育在制度上的逐步完善，学校体育的内容越来越丰富，体育教师的专业性越来越强。

四、胡适体育观当代启示

胡适的实用主义教育思想与杜威的实用主义虽然在内容上都是以科学方法做指导，但是由于中西方文化的差异，两国的政治经济体制的不同，国民受教育程度的不同，胡适与杜威的教育主张存在很大的差异。相对于杜威所提出的儿童中心论，胡适则提出了"高等教育中心论"，胡适一生中有19年时间是在北大度过的，他所任教的学校大多是高等院校，而且当时的中国正处于内交外困、百废待兴的时期，缺乏各种人才，落后的生产力和连绵不断的战火让国家一再积贫积弱，胡适从一位开明的资产阶级知识分子角度出发，主张教育救国，提倡改革高等教育制度，提出了建立专门的师范学院培养教师的举措，为我国培养大批的专业化人才。胡适的教育主张对于我国改革学校体育方面的借鉴价值主要有以下几点。

（一）因地制宜地大力开展高校体育活动

胡适等一批高级知识分子对于高等教育的投入，使他们忽略了初级教育的重要性，造成我国学校教育发展的不均衡，出现这种情况的原因是多方面的。就当前而言，由于我国学校体育的快速发展，学校体育的基础设施建设严重滞后，这就造成了我国部分地区学校体育发展的不平衡，这些不平衡表现在，富裕城市的体育场馆和体育设施建设得较为完善，学校体育开展得较好，而贫穷地区基本没有学校体育课程或者学校体育开展得较少。针对这种学校体育发展不平衡的现状，结合胡适的体育观，我们能够得到这样的启示。

首先，对于高校体育活动的开展要体现地方特色。如沿海地区可以借助地理优势，进行游泳、帆船等水上项目的学习；而内陆地区如多山区的地方，可以开展登山等体育活动。其次，结合地方和学校特色开展"一校一品"，建设学校特色体育项目和优势体育项目。这种因地制宜开展学校体育活动的方式能够最大限度地利用地理优势，能够在节约体育资源的同时，使学校体育的内涵更加丰富。

总之，近年来的学生体质健康检测结果表明，中小学学生体质下降的趋势基本受到遏制，但高校大学生的体质依然呈下降趋势，因此，我国当下学校体育的重点在高校。高校体育必须顺应时代特点开展顶层设计，并结合地方特色，因地制宜地开展高校体育活动，提高高校体育的成效与大学生体质健康水平。

（二）加强学校体育的品德教育与道德教育

胡适的体育观为我国今后学校体育的发展指出了很好的方向，首先，他非常重视体育活动的参与过程，他提倡体育的一种拼搏精神，而不是在乎在体育比赛上的名次。他的这种思想在中国公学运动会上得到了很好的体现，也给我国学校体育活动的开展以很大启示。其次，胡适非常重视对学生体育道德与优良品德的培养。

道德体现了一个国家的文明程度，面对当下在体育在发展过程中所出现的体育异化现象，例如，参赛者年龄造假、黑哨、假球、兴奋剂等违反体育道德的问题，体育道德的培养是我们必须要注意的。道德的培养是一个漫长的过程，所以我们要从学校开始注重对学生体育道德的培养，培养学生严格遵守体育规则的意识，使他们能够在自觉遵守比赛规则的前提下，进行公平的竞争。

学生道德品质的培养与运动项目类型有较大的关联。集体性项目能够培养学生分享和团队协作的意识，能够使学生在参加体育活动的同时抛弃功利化的体育思想，学生会积极地参与到体育活动中去。团体运动项目对学生社会化的培养起到了很重要的作用，2011年体育与健康课程标准规定体育的学习目标是：

"在团队体育活动中能较好地履行自己的职责，形成合作意识与能力。"① 我国著名的体育教育家吴蕴瑞也曾说过："体育之种种活动均含社会成分，在近日教育社会化趋势之下，体育是促进社会化最为典型的代表。"② 团体运动项目是一种特殊的体育，在这种运动项目中对学生社会化的培养更为有效。

因此，我们可以从以下几个方面入手培养学生的体育道德：（1）在学生学习运动技能的过程中，对学生进行遵守比赛规则的道德教育，使他们在将来的运动生涯中能严格、自觉地遵守比赛规则，尽量减少体育异化对于参赛者的影响；（2）对于竞赛者遵守竞赛规则的道德培养，使他们在转入教练和教师岗位的时候，给下一代学生产生良好的影响；（3）对参赛者与观看者进行体育道德迁移到社会生活品德中的教育。

（三）重视体育教育与生活教育的相结合

胡适认为，教育应该建立在社会生活上，而且认为学校教育包含了许多儿童社会生活的技能，并认为学校是这些功能集中的体现。学生活动主要分为三部分：首先是学习的生活，其次是团队协作的生活，最后是融入社会的生活。虽然这些活动很实用，但是仍有几处缺点：首先是团体活动的内容太单调，其次是团体的组织太过松懈。为了解决以上的问题，他提出体育的团体活动应该包含于各种各样的团体活动中，比如，足球、运动会、野营和团队旅行等，这些体育活动更能让学生体会到生活体育。

结合胡适的生活教育观，笔者认为，体育教育应更多地与生活教育相结合，其主要的策略为以下内容。一是在小学体育中落实体育教材生活化。体育教材生活化就是把体育教材与日常生活中的游戏、动作结合起来，以便于在体育教学中让学生更好地理解体育教材，即学懂教材，否则学生无法理解枯燥乏味的体育教材，进而产生厌学心理。二是在高校体育教学中，要结合学生喜闻乐见、感兴趣的运动项目进行教学，并大力开展运动俱乐部、社团体育活动、校内外体育竞赛活动等与生活相关的体育活动，这些活动有助于提高大学生社会生活能力，并有效促进大学生的身体健康。

（四）避免学校体育竞技化发展

随着竞技体育的发展，学校体育的培养方向出现了一定的偏差，一味追求学生的体育成绩，使学校体育竞技化，而不注重学生其他方面的发展，这样的体育培养方法学生以取得优异的成绩而进行训练和竞赛，失去了体育本来的娱

---

① 体育与健康课程标准［M］．北京：北京师范大学出版社，2011.

② 吴蕴瑞，袁敦礼．体育原理［M］．上海：上海勤奋书局，1933：162.

乐性、锻炼身体、教育等的价值。通过对胡适体育观的研究，我们了解到胡适在新中国成立初期就积极地提倡避免学校体育的竞技化，充分发挥学校体育的育人作用，结合当前学校体育的发展状况我们了解到这个观点的意义。

结合胡适主张完善大学教育，建设完备的初级、中级学校，并且做好各教育阶段的衔接，避免学校体育的竞技化发展，结合学生长远发展来开展的学校体育给我国学校体育的启示主要有：一是学校体育应该有一些必要的体育竞赛活动，这些竞赛活动有助于培养学生的竞争精神、体育道德与品德，提高学生的社会生活质量，但学校体育毕竟不是竞技体育，学生也不是运动员，因此，要以学生的体质发展为主，不能以运动竞赛成绩为主；二是学校体育应面向全体学生，建立学校运动队是搞好学校体育的一项必要工作，它的主要作用在于让一些具有运动才能与天赋的学生运动员进行体育训练，提高他们的运动能力与技术水平，并激发其他学生对体育活动的兴趣，帮助学生学习体育。但我们必须把握学校体育的总体方向，绝不能只搞运动队，忽视全体学生体质的发展。

五、结语

作为近代中国著名的教育家，胡适的实用主义体育言论，对学校体育的发展产生了较深远的影响。尤其是科学方法与民主的提倡，对我国的传统体育产生了巨大冲击，这种思想将我国学校体育引到了一条科学的道路上来，为中国学校体育的发展做出了巨大贡献。

本研究通过研读胡适先生的原著、论文，对其体育观进行了全面的梳理，总结了胡适体育观：主张在高等教育中推广学校体育，注重对学生社会化的作用，强调体育竞赛中的道德素质的培养，强调体育活动促进学生的全面发展，重视实用性体育的推广等观点。其中，胡适的体育观的主线为："高等教育中心论。"第一，基于当时的背景，中国迫切需要快速充实各领域的实用型人才，发展高等教育刻不容缓；第二，高等教育和职业教育是对学生影响最大的阶段，这个阶段的教育会对学生的人生观、价值观产生直接的影响；第三，由于在高等教育中，大学生接受新事物的能力更加迅速，而且身体的发育也已经成熟，因此能够在学校教育中进行系统的体育教学；第四，在高等院校中实施体育项目教学要注重体育理论基础的教学，使他们毕业之后能够利用自己所学的体育知识来影响他们周围的人等。总之，"高等教育中心论"贯穿于胡适一生的教育实践和教育活动中，我们只有把握好了这条主线，才能把胡适的体育教育主张全面联系在一起，构建较为完整的胡适体育观。胡适以上体育观对我国学校体育改革发展的借鉴：学校体育活动的开展要因地制宜，学校体育课中多加入团体类体育活动，加强体育教育中的道德教育，提升教师和学生的考核标准，避免学校体育竞技化发展等。

由于历史的原因，胡适的教育观也体现了一定的局限性，如由于当时我国常年的战火和基础教育的不足，胡适的教育模式只是培养那些上层社会的贵族，并不能扩展到广大的人民群众，所以他的教育模式在一定时期的局限性很快地暴露了，他对于高等教育的极力推广导致了初级、中级教育与大学教育的脱节，这种做法最直接的表现就是学校教育只能培养少量的优秀人才，而大部分人才可能因为得不到良好的培养而流失。同样，由于没能很好地理解和运用胡适所倡导的实用主义教学方法，因此，在教育过程中出现了一些偏差，如对学生的心理、兴趣和爱好过于注重，导致了教师在教学中的主导地位逐渐降低；在分组教学中，老师成为一个旁观者等，这种教学容易走向"放羊式"教学的道路，这是我们需要避免的。

第十七章

健康是生活的出发点，也是学校教育的出发点：陶行知体育观

一、陶行知简介

陶行知原名文濬，祖籍浙江绍兴府会稽陶家堰，1891 年 10 月 18 日生于安徽省歙县西乡黄潭源村。陶行知的童年和少年时期生活艰难，早年的艰辛劳动在他心里留下了深深的烙印，对周围农民生活困境的深切感知，为他以后致力于乡村教育、大众教育、平民教育奠定了深厚的感情基础，也成为他开拓并终身践行的"生活教育"之路的思想源泉。

1911 年，陶行知受学校教师的影响，研究王阳明的"知行合一"学说，以至入迷，并根据"知是行之始，行是知之成"，而将自己的名字改作"知行"。沿用 20 多年后，又悟到"行是知之始，知是行之成"的道理，于 1934 年改名为"行知"。

在金陵大学读书期间，陶行知思想上虽然很受宗教精神的影响，但他并没有数典忘祖。他屡次倡导要将国文植进校园，并提出在金陵大学英文学报中增加中文版。1913 年，取名《金陵光》的金陵大学学报中文版面世，陶行知题写了《〈金陵光〉出版之宣言》的发刊词，并担任中文编辑、主笔等职。1914 年，陶行知以优异成绩完成大学本科学习，获文科学士学位。在毕业会上，陶行知用法语演讲，并与另外 2 名同学获准留学美国。1915 年 9 月，陶行知转入哥伦比亚大学师范学院研究教育，开始攻读博士学位，矢志以教育管理为终身职业，为实现正义与自由的理想之民主国家而奋斗。其间，得到著名教育家杜威、孟禄、克伯屈的器重。①

他的主要著作有《中国教育改造》《古庙敲钟录》《斋夫自由谈》《行知书信》《行知诗歌集》等。作品《陶校长的演讲》被选入苏教版小学语文教材第

① 四川省陶行知研究会编．陶行知生活及其生活教育［M］．成都：四川教育出版社，2008：3-5.

九册，《自立立人歌》4 首中 2 两首被选入北师大版小学语文教材第十册。

二、陶行知体育观前期研究评述

输入"陶行知+体育"篇名，查阅中国学术期刊网（中国知网），获得有关的体育研究文章 152 篇，其中核心期刊 8 篇。进行整理后，对本研究具有参考价值的主要观点有以下内容。

律海涛指出，"陶行知认为，体育运动不仅可以强身健体，同时也促进个体形成健康的心理、健康的人格，使人的身心获得全面协调发展。体育之价值在于身心两健，这是由体育本质属性所决定的，也正是由于这一特殊价值，陶行知给予体育教育以高度的重视"。[1] 徐家杰认为，"陶行知重视体育，主张全面教育，倡导'三育并重'，他总是把体育视为人的发展并和国家的兴衰紧密地联系在一起。他认为，'体育为德、智二育之基本'"。[2] 郭可雷提出，"胡适与陶行知体育相同点是：把体育视为人全面发展不可或缺的一部分；强调体育与社会实践相结合"。[3] 李宗堂强调，"陶行知认为，成人体育除了有促进健康、增强体质的功效外，作为教育的补充，更重要的是完善人格，陶冶人的情操"。[4] 陈秀玲认为，"陶行知先生主张'教学做'合一。其实，体育骨干的培养和使用也是在'教'中'学'，在'学'中'教'，在'做'中'学'，在'学'中'做'"。[5] 张建平认为，"陶行知先生从教育强体开始，立志普及教育，强调'健康第一'的体育思想，以人为本，进行强种保国的体育教育"。[6] 陶克祥说，"陶行知体育健身的主要方法：运动与健身，陶行知不仅大力倡导运动健身，强调与教学合一，使之融入实际生活之中，而且高度重视追求健身的实际效果"。[7] 杨望友指出，"康健民族，这是陶行知先生体育的民族健康之目的的第一个含义；保护国家，这是体育的民族健康目的另一含义；改造社会，这是陶行知先生体育的民族健康之目的的第三个含义。"[8] 胡小明认为，"陶行知的体

① 律海涛.陶行知与杨贤江体育思想之异同［J］.湖南社会科学，2010（9）：203.

② 徐家杰.陶行知体育思想研究［J］.武汉体育学院学报，1999（5）：1-2.

③ 郭可雷，惠珍.胡适与陶行知体育思想之比较［J］.体育文化导刊，2012（7）：132.

④ 李宗堂.陶行知体育思想对成人体育改革的启示［J］.成人教育，2011（3）：99.

⑤ 陈秀玲.实践陶行知教育思想培养中学生体育骨干［J］.体育学刊，2000（5）：40.

⑥ 张建平.试论陶行知"健康第一"的学校体育思想［J］.体育文化导刊，2002（5）：57.

⑦ 陶克祥，周志俊，周坤.陶行知"健康第一"思想的理论与实践［J］.中国体育科技，2005（1）：18-19.

⑧ 杨望友，徐家杰.陶行知体育思想初探［J］.武汉体育学院学报，1991（4）：24.

育思想和实践大致可分三个阶段：第一阶段中生活教育理论的形式对其体育思想的发展有一定影响；第二阶段的体育思想受其生活教育理论的影响最大，他把普及体育纳入普及教育的活动之中；第三阶段大力宣扬'健康第一'的体育思想。"①

　　综上所述，笔者认为，他人的前期研究较为一致的主要有以下几个方面。其一，学者普遍认为体育思想是陶行知教育思想的组成部分，并认为陶行知先生对体育是非常重视的；其二，陶行知体育思想是以其"健康第一"的认识论为基础的，即健康是一切之根本；其三，成人体育被视为是陶行知体育思想的一部分，透过其对体育的观点，映射了其"终身体育"的思想。从总体而言，陶行知体育观的前期研究为本研究提供了一定的基础，但对其体育观的整理比较零散，缺乏从整体性视角来梳理其体育观。

三、陶行知体育观核心要旨

　　（一）强调"健康是生活的出发点，也是学问与道德的基础"之观点

　　陶行知认为，"作一个整个的人，有三种要素：（1）要有健康的身体——身体好；（2）要有独立的思想——要能虚心；（3）要有独立的职业，为的是要生利"。② 他说"健康是生活的出发点，亦就是学校教育的出发点。学问、道德应当有一个活泼稳固的基础，这基础就是康健"。③

　　在"每天四问"的论述中，陶行知说，"现在我提出四个问题，叫作'每天四问'，第一问，我的身体有没有进步？第二问，我的学问有没有进步？第三问，我的工作有没有进步？第四问，我的道德有没有进步？"④ "首先，我们每天应该问的，是'自己的身体有没有进步？有，进步了多少？'为什么要这样问？因为'健康第一'。没有了身体，一切都完了！"⑤

　　陶行知认为："体健是人生的一个最要目的，也是学问的一个最要目的。学生是学习人生之道的人。学以厚生则可；学以伤生是断断乎不可的。"⑥

---

①　胡小明．陶行知与体育［J］．成都体育学报，1989（4）：26.

②　陶行知．陶行知教育箴言［M］．哈尔滨：哈尔滨出版社，2011：110-111.

③　陶行知．陶行知教育箴言［M］．哈尔滨：哈尔滨出版社，2011：119-120.

④　陶行知．陶行知教育箴言［M］．哈尔滨：哈尔滨出版社，2011：106-107.

⑤　陶行知，中央教育科学研究所．陶行知教育文选［M］．北京：教育科学出版社，1981：284.

⑥　陶行知，江苏省陶行知教育思想研究会，南京晓庄师范陶行知研究室．陶行知文集［M］．南京：江苏人民出版社，1981：63.

"我主张以国术来培养健康的体魄。"① "健康之堡垒有三道防线：第一道防线是制造扑灭病菌、绝缘病菌及携带病菌者之工具……第二道防线为实施环境卫生……第三道防线是赤裸裸的靠着身体的力量与病菌肉搏。这道防线所包含的是营养、运动、防疫针、生理卫生之认识。"② "尤其是每一个人自己要爱惜他的身体。这身体要留着，锻炼着，与民族和新人类的敌人拼。"③

陶行知还认为"适当的休息，是健身的主要秘诀之一，万不可忽略。忽略健康的人，就是等于在与自己的生命开玩笑"④。"育才卫生教育二十九事……十二、不用功或运动过度；十六、饭后半小时内不得看书、运动、游泳；二九、适当的运动。"⑤

（二）倡导"教、学、做一体化"的教学观

陶先生认为，"中国教育的一个普遍的误解是以为：用嘴讲便是教，用耳听便是学，用手干便是做；中国教育的第二个普遍的误解，便是一提到教育就联想到笔杆和书本，以为教育便是读书、写字，除了读书、写字之外，便不是教育。"⑥ "教学做是一件事，不是三件事。我们要在做上教，在做上学。在做上教的是先生；在做上学的是学生。从先生对学生的关系说：做便是教；从学生对先生的关系说：做便是学。先生拿做来教，乃是真教；学生拿做来学，方是实学。不在做上用功夫，教固不成为教，学也不成为学。"⑦ "在生活里，对事说是做，对己之长进说是学，对人之影响说是教。教学做只是一种生活之三方面，而不是三个各不相谋的过程。同时，教学做合一是生活法，也就是教育法。"⑧

"那么，先生究竟应该怎样教才好？我以为好的先生不是教书，不是教学生，乃是教学生学。教学生学有什么意思呢？就是把教和学联络起来；一方面

---

① 陶行知，中央教育科学研究所．陶行知教育文选［M］．北京：教育科学出版社，1981：106．

② 陶行知，中央教育科学研究所．陶行知教育文选［M］．北京：教育科学出版社，1981：275-276．

③ 陶行知，中央教育科学研究所．陶行知教育文选［M］．北京：教育科学出版社，1981：296．

④ 陶行知．陶行知教育箴言［M］．哈尔滨：哈尔滨出版社，2011：106．

⑤ 陶行知．江苏省陶行知教育思想研究会，南京晓庄师范陶行知研究室．陶行知文集［M］．南京：江苏人民出版社，1981：682-683．

⑥ 陶行知．陶行知教育箴言［M］．哈尔滨：哈尔滨出版社，2011：11．

⑦ 陶行知．陶行知教育箴言［M］．哈尔滨：哈尔滨出版社，2011：5．

⑧ 陶行知．陶行知教育箴言［M］．哈尔滨：哈尔滨出版社，2011：7．

要先生负指导的责任，另一方面要学生负学习的责任。"① "从学习的原则看起来，事怎么做，就须怎样学。比如游泳要在水里游，学游泳就须在水里学。若不下水，只管在岸上读游泳的书籍，做游泳的动作，纵然学了一世，到了下水的时候，还是要沉下去的。"②

由"教学做"陶先生进而对"知识""技能"发表了见解。"真知识是思想与行为结合而产生的知识，真知识是安根在经验里的。从经验里发芽叶、开花、结实的是真知灼见。"③ "教学做合一不太偏重技能而忽略知识吗？""技能与知识是分不开的。……达尔文没有辨别物种变异的技能便不能发现天择的学说。王木匠若没有欧几里得的几何知识，便要做出七斜八歪的桌子来。可是达尔文与王木匠有个不同之点：王木匠把知识化成技能，达尔文则用技能产生知识。"④ "我们所提出的是'行是知之始，知是行之成'。行动是老子；知识是儿子；创造是孙子。有行动之勇敢，才有真知的收获"。⑤

（三）提出"小先生"教学观

陶先生提倡"小先生"教学，他说，"要把教育、知识变成空气一样，弥漫于宇宙，洗荡于乾坤，普及众生，人人有得呼吸"。"我以为'民众教育'的根本意义，就是教人把知识广散给大众。"⑥ "普及生活教育所要树立的第一信念，便是小孩能做先生。"⑦ "课本虽是需要，但教人的人不可死靠课本，他必定要运用补充材料及临时材料，以适应特殊及当前生活之需要。"⑧ "我们的目的不是要得一个小先生的头衔，乃是要运用'即知即传'的原则，把知识公开给没有机会受教育的人。……总而言之，小先生的责任不单是教学生，而且是教学生做小先生和传递先生。"⑨

"其实，做小先生并不要花这么多的时间。……只要天天不间断，连十分钟

---

① 陶行知. 中国教育改造［M］. 北京：东方出版社，1996：14-15.

② 陶行知. 中国教育改造［M］. 北京：东方出版社，1996：20-21.

③ 陶行知，中央教育科学研究所. 陶行知教育文选［M］. 北京：教育科学出版社，1981：93.

④ 陶行知，中央教育科学研究所. 陶行知教育文选［M］. 北京：教育科学出版社，1981：103.

⑤ 陶行知，中央教育科学研究所. 陶行知教育文选［M］. 北京：教育科学出版社，1981：148.

⑥ 陶行知. 陶行知教育箴言［M］. 哈尔滨：哈尔滨出版社，2011：45-46.

⑦ 陶行知. 陶行知教育箴言［M］. 哈尔滨：哈尔滨出版社，2011：44.

⑧ 陶行知. 陶行知教育箴言［M］. 哈尔滨：哈尔滨出版社，2011：45-46.

⑨ 陶行知，中央教育科学研究所. 陶行知教育文选［M］. 北京：教育科学出版社，1981：198.

二十分钟也是好的。我诚恳的劝告小先生每天教人不要超过半小时。若费时太多，恐怕难以持久。每天教人半小时，是于人有益无损，于自己也有益无损。这样才能活到老，学到老，教到老，不至于半途而废。"① "小先生必须用功求学，才能教人。……我所写的小先生歌里有一首是注重这个教学相长的关系。" "其次，因为要教人就不得不把所教的知识弄明白。"② "最后，你还要跟你的学生学。你要知道你的学生需要什么才教他什么。这个，你必得虚心请教你的学生，才能知道。……最好的教育是有来有往。老是靠你一方面讲话，你不变成了一个话匣子吗？"③ "你要盯住你的学生，也让你的学生盯住你。" "做小先生，要有恒心，虎头蛇尾是没有出息。'即知即传'是一个终身的工作。你不能把你的学生教了几天或几个月就把他丢掉。"④

"关心儿童教育的父母往往对子女说：'你不要和那个孩子玩，别给他带坏了。'这就是小孩教小孩。小孩是怎样教别的小孩呢？他在做上教。他一面做，一面学，一面教。他的教育力量有时比教师大得多。……不但如此，小孩也能教成人。小孩的一举一动也影响到成人。"⑤

（四）提倡"生活即教育"的观点

陶行知认为："生活即教育，是生活便是教育；不是生活便不是教育。"⑥ "生活教育与教学做合一之总要求。我们要活的书，不要死的书；要真的书，不要假的书；要动的书，不要静的书；要用的书，不要读的书。总体来说，我们要以生活为中心的教学做指导，不要以文字为中心的教科书。"⑦ "生活教育是一个东西，不是两个东西。在生活教育的观点看来，它们是一个现象两个名称，好比一个人的小名与学名。" "没有生活做中心的教育是死教育。没有生活做中心的学校是死学校。没有生活做中心的书本是死书本。"⑧ "中国的教育太重书本，和生活没有联系。教育不通过生活没有用的，需要生活的教育，用生活来

① 陶行知，中央教育科学研究所．陶行知教育文选［M］．北京：教育科学出版社，1981：195-196.
② 陶行知，中央教育科学研究所．陶行知教育文选［M］．北京：教育科学出版社，1981：197.
③ 陶行知，中央教育科学研究所．陶行知教育文选［M］．北京：教育科学出版社，1981：197-198.
④ 陶行知，中央教育科学研究所．陶行知教育文选［M］．北京：教育科学出版社，1981：201.
⑤ 陶行知．中国教育改造［M］．北京：东方出版社，1996：108.
⑥ 陶行知．陶行知教育箴言［M］．哈尔滨：哈尔滨出版社，2011：8.
⑦ 陶行知．陶行知教育箴言［M］．哈尔滨：哈尔滨出版社，2011：9-10.
⑧ 陶行知．陶行知教育箴言［M］．哈尔滨：哈尔滨出版社，2011：15.

教育，为生活而教育。为生活需要而办教育，教育与生活是分不开的。"① "生活教育是大众的教育，大众是自己办的教育，大众为生活解放而办的教育。"②

"从定义上说：生活教育是给生活以教育，用生活来教育，为生活向前向上的需要而教育。从生活与教育的关系上说：是生活决定教育。从效力上说：教育要通过生活才能发出力量而成为真正的教育。'教学做合一'，是生活法亦即教育法。"③ "我们生活教育运动自从制定了四大方针，即民主的、大众的、科学的、创造的方针。"④

"'生活即教育'是教育从书本的到人生的，从狭隘的到广阔的，从字面的到手脑相长的，从耳目的到身心全顾的。"⑤ "问题是在生活里发现，问题是在生活里研究，问题是在生活里解决。"⑥

四、陶行知体育观当代启示

（一）为当下"健康第一"的思想提供了可靠的理论依据

陶行知认为，健康是生活的出发点，亦就是学校教育的出发点。学问、道德应当有一个活泼稳固的基础，这基础就是健康。陶行知强调在"每天四问"中的第一问就是：我的身体有没有进步？有，进步了多少？虽然他不是第一个提出"健康第一"的思想的人，但他的论述中包含了"健康第一"的思想。因此，笔者认为，陶行知的体育观对当前学校体育落实"健康第一"具有以下几个方面的重要启示。第一，可为当下"健康第一"的思想提供可靠的理论依据。对于"健康第一"的含义是什么？它与德育、智育教育的关系是什么？等问题，陶行知已有明确的阐析。第二，"健康"是人在世界上最基本、最重要的事情，教育作为人生活不可或缺的一部分也不例外，应秉承"健康第一"的指导思想。第三，"健康"既是教育的目的之一，又是生活目的之一，这就要求学校教育者要把健康第一的思想落实到体育学科之中，更要落实到生活教育之中。第四，健康身体的培养需要适度的运动、良好的休息以及科学的卫生保健。由此看出，

---

① 陶行知．陶行知教育箴言［M］．哈尔滨：哈尔滨出版社，2011：16.
② 陶行知．陶行知教育箴言［M］．哈尔滨：哈尔滨出版社，2011：17.
③ 陶行知，中央教育科学研究所．陶行知教育文选［M］．北京：教育科学出版社，1981：267.
④ 陶行知，中央教育科学研究所．陶行知教育文选［M］．北京：教育科学出版社，1981：330.
⑤ 陶行知．陶行知教育箴言［M］．哈尔滨：哈尔滨出版社，2011：19.
⑥ 陶行知．陶行知教育箴言［M］．哈尔滨：哈尔滨出版社，2011：62.

在认识论上，陶先生首先对"健康"有足够充分的认识，将其提到了第一的位置，而光有清醒正确的认识是不够的，其次提出了保持健康的方法，其中适度的运动作为方法论之一受到重视。

结合当前学校体育的现状，学生体质水平连年下降有以下几点原因：首先，是学校没有真正认识到学校体育的重要性，没有把身体健康上升到一个教育之基础的高度；其次健康第一依然停留于口头上，没有真正落实于实际行为上；最后，在行动上没有贯彻"适度运动"的原则，所谓"适度"是既不应过度又不应不足。从目前来看，因为家长、学校、社会普遍对学生知识能力的重视导致学生没有更多的时间去参与运动。注重学生短期文化知识的成效，忽视学生长远、全面的发展是我国学校教育、学校体育急需思考与解决的问题。

（二）强化体育知识与技能"从做中学"的理论与实践

陶行知提到中国教育的两个误解，一是"教""学""做"的误解，其误解原因一方面是将其分解开来认识，另一方面是仅从字面理解，进而延伸出"说是教，听是学，干是做"的简单认识；二是"教育"的误解，即除了"读、写"以外便不是教育的狭窄认识。陶行知还主张"手""脑"不分家，认为如此才是真正的"做"即有效的"做"，而"蛮干""空想"则是"手""脑"分离的结果，只有将其结合起来才能达到一加一大于二的效果。

尽管陶先生批判中国教育误解的年代已是 20 世纪初的事情，但是反思当前的教育现状，依然存在"教、学、做"相互分离的现象。

结合学校体育领域，与其他学科不同的是，体育动作既涉及了体育知识，又涉及了体育技能，陶行知认为知识与技能是断然不能分开的，知识一方面可以转换为技能，而技能另一方面又能产生知识。按照陶行知的理解，在体育教学过程中，体育知识与体育技能是互为转化，这就要求我们在学习体育知识时不能脱离运动技能的学习，否则将会成为"空中楼阁"。运动技能的学习与掌握更需要"从做中学"，离开了运动实践，运动技能是无法掌握的。纵观当前的学校体育现状发现，灌输式教学方式现象严重，教师授课基本以教师为主，形成了教与学的相互脱节与分离现象，如讲解喋喋不休，学生真正练习时间较少，如此，即使学生学习运动技术若干年，但要掌握一些熟练的运动技能也是一句空话。这就是当下学校体育普遍存在的"体育学习 16 年，学不到一项熟练技能"的现象。因此，陶行知的"教学做一体化、从做中学"的教学观对我们体育教学具有以下几方面的启示：首先，教应以学为基础，即体育教师的教要在研究学生学之基础上，缺乏了这个环节，就变成了以教师为中心的教，这样的教是缺乏根基、低效的；其次，体育知识的掌握需要结合体育学科特点，在运动技术传习过程中学习体育知识，这样的学习结果必然是牢固的；最后，有关运动技能的学习更要从实践出发，从运动技术练习出发，让学生更多地进行"做"的练习，才能熟能生巧，掌握运动技能。

（三）发挥"小先生"在体育课堂教学中的巨大作用

"小先生"是指要学生自己不仅学会学习，而且学会教他人学自己学到的东西，正如陶先生所说，学生之间的相互影响往往是很大的。这是一种潜移默化的影响，同龄人之间具有很多的共性，学生在教授时能够很容易地体会到同学的感受，进而找到更合适的方法去帮助同学学习。将其应用于体育教学中，让学生进行互帮互助的练习可谓益处很多。其主要的作用在于：其一，能够解决大班授课教师指导有限的困难，可以充分地利用好课堂的练习时间；其二，能解决教师在分层教学过程中的无力全面指导学生的问题；其三，能锻炼学生的指导能力，通过这样的相互沟通方式增强学生间的友谊和团队的凝聚力；其四，对"小先生"来说，也是巩固体育技能的过程，加深对体育技能的印象。

目前，在体育课上很多教师已经认识到学生互帮互助的好处，并在课堂上进行大胆的尝试，且取得了很好的效果。因此，笔者认为，"小先生"教学应用于体育课堂是一种较好的方法，值得广大教育研究者探讨和广大教师思考。当然，在具体实践过程中，可能会出现一些问题，如掌握较好学生优越感的增强或掌握较差学生自卑感的增强等，但从整体而言，若广大教师在教学中不断思考与总结，很多问题还是可以规避的，且该方法的使用效果将利大于弊。

（四）加强学校体育的"生活化教育"

陶行知认为，生活即教育，是生活便是教育，不是生活便不是教育。陶行知生活教育思想是其教育理论的重要组成部分，陶行知认为教育不应该脱离生活，相反，应以生活为中心去思考教育，脱离生活的教育是死的，是没有意义的教育。

结合学校体育领域，笔者认为，学校体育应与生活教育紧密相连。其切入点应是：第一，学校体育教学内容应来源于生活，那些已被前人抽象了的体育教学内容，体育教师在教学过程中应尽力使之还原生活，这样学生不会感到陌生，学习起来也有兴趣；第二，把生活中一些简单的动作充实到体育教学过程中，特别是一些游戏内容，生活中丰富多彩，体育教师可以借助它们让学生参与教学活动，这样就可使学生学而有趣；第三，发掘一些与生活紧密相连的校本教材。校本教材的优势在于它们适合本地区、本校的学生，本地区、本校自有很多的传统项目、特色项目，我们可以把它们与体育教学结合起来，如温州地区的竹竿舞是他们的传统舞蹈，它虽然不是竞技运动项目，但它喜闻乐见，深受广大学生喜爱。

五、结语

本研究在对我国就陶行知教育、体育相关研究进行整理和评述的基础上，重读陶行知所著教育著作，从中提炼以"教学做一体化"为核心内容的体育观。由此展开的体育观为：强调"健康是生活的出发点，也是学问与道德的基础"之观点；提出"小先生"教学观；提倡"生活即教育"的观点。陶行知以上体育观对当下我国学校体育改革的启示：为当下"健康第一"的思想提供了可靠的理论依据，强化体育知识与技能"从做中学"的理论与实践，发挥"小先生"在体育课堂教学中的巨大作用，加强学校体育的"生活化教育"。

当然，陶行知的教育思想有一定的局限性，首先，陶行知的"教育救国思想"并没有触及社会的根本问题，教育救国思想自然高估了教育在社会改造中的作用；其次，把"生活即教育"的概念延伸到生活层面的观点容易导致教育与生活概念的混淆不清，抹杀了教育的特殊性等。

第十八章

教育缺体育，不能称为完全之教育：吴蕴瑞体育观

一、吴蕴瑞简介

吴蕴瑞（1892—1976）我国最负盛名的体育家之一，中国近代学校体育现代化的奠基人。1924 年毕业于东南大学体育系，当时师从麦克乐，他是自然主义体育思想的传播者，深受自然主义思想的熏陶。1924 年他来到美国学习医学，主要研究方向为生理学与人体解剖学，后来转入体育专业继续深造，师从威廉士教授，这使他的自然主义体育主张更为成熟。为了使自己的体育主张更为成熟，他先后赴英、法、德三国考察学习。1927 年吴蕴瑞回到中国，先后担任东北大学体育部主任、中央大学体育部主任；1932 年起草《国民体育实施方案》；1952 年在新中国成立的第一所体育学院华东体育学院任院长，这段时期也是他体育教育主张传播的顶峰时期。

吴蕴瑞一生发表了大量的体育教育论文和著作，给我们留下了非常宝贵的财富。其中最有影响力的著作有：《运动学》《体育原理》《体育教学法》《田径运动》等。他的这些书籍都是非常宝贵的教学资源，因此结合中国学校体育现状，加强对吴蕴瑞体育观的研究，将有助于我国学校体育教育的深化改革。

二、吴蕴瑞体育观前期研究评述

输入"吴蕴瑞+体育"篇名，查阅中国学术期刊网（中国知网）学术论文，获得有关吴蕴瑞研究论文 26 篇（有部分是报道性文章），其中核心期刊论文 9 篇。通过阅读以上文献，对本研究具有一定借鉴意义的观点主要有以下内容。

姚颂平等认为："吴蕴瑞体育思想的核心内涵与特色主要体现为'身心一统、德技相长、文理兼修、服务社会。'"① 徐本力认为，"吴蕴瑞体育思想为，

---

① 姚颂平，肖焕禹．身心一统和谐发展：上海体育学院首任院长吴蕴瑞体育思想论释［J］．上海体育学院学报，2005（5）：1-5.

心身一统体育教育思想：强调大脑和神经系统的重要作用，左右脑与左右侧肢体的交叉互促，人体是统一的整体，机体内在的一统性"。① 律海涛认为，"吴蕴瑞基于'身心一元论'的全面发展观，主张体育学术化；倡导体育普及化；坚持洋土体育的融合互用"②。马向敏认为，"吴蕴瑞体现了'身心一统论'、以人为本的身心和谐体育思想，'德技相长'身体素质全面发展的体育人才思想，'文理兼修'提升文化素养的体育专业办学思想'，'服务社会'以为终极目标的体育教育思想"③。匡淑平等认为，"吴蕴瑞较早地关注到国民体育发展的窘境，并极力提倡普及全民体育。他剖析了选手制与锦标制的弊端，参与制定国民政府体育法案，对女子体育和竞技体育等有着独到精深的论述"④。吴贻刚等认为，"吴蕴瑞体育思想的主要观点即创新是体育改革发展的必由之路、发展体育要促进社会进步、体育要以文化优先"⑤。高宝龙等认为，"吴蕴瑞体育教育思想可以概括为'身心一统，德技相长，文理兼修，服务社会'"⑥。覃兴耀认为，"《运动学》一书是吴蕴瑞体育教育研究学术化成果的标志，《体育教学法》一书则是吴蕴瑞将体育理论与实践相结合的结晶"⑦。舒盛芳认为，"吴蕴瑞在'土洋体育之争'中'开眼看世界'，认为体育发展既要适应个性也要适应社会的需要，他肯定了西方体育的教育价值，理性地看待中国体育未来发展的问题"⑧。

　　通过对这些文献资料的梳理，发现有关吴蕴瑞体育观的前期研究还是比较全面的，其中体育类核心期刊论文9篇（因吴蕴瑞曾担任上海体育学院院长，因此，上海体育学院学报发表其文章较多，有4篇），硕士论文3篇。说明前期研究基础较扎实，但纵观以上文献发现，其中存在的主要问题有：一是总结吴

---

① 徐本力. 从"身心一统体育教育思想"到"全脑体育教育思想"：兼论吴蕴瑞、袁敦礼"心身一统体育教育思想"的形成、内涵与价值 [J]. 山东体育学院学报，2008（2）：81-85.

② 律海涛. 吴蕴瑞体育思想及其核心价值 [J]. 上海体育学院学报，2011（2）：25-28.

③ 马向敏. 吴蕴瑞体育思想研究 [D]. 苏州：苏州大学，2008.

④ 匡淑平，虞重干. 吴蕴瑞之普及体育思想 [J]. 上海体育学院学报，2009（1）：38-42.

⑤ 吴贻刚，王瑞平. 论吴蕴瑞体育思想的当代价值 [J]. 上海体育学院学报，2008（1）：13-15.

⑥ 高宝龙，彭杰. 科学与人文的和谐：吴蕴瑞体育教育思想之渊源与特质 [J]. 体育与科学，2008（2）：92-93.

⑦ 覃兴耀. 吴蕴瑞体育教育思想及其历史贡献 [D]. 南京：南京师范大学，2008.

⑧ 舒盛芳. 论吴蕴瑞体育学术思想的历史地位和社会价值 [J]. 体育文化导刊，2008（1）：111-113.

蕴瑞体育思想缺乏一定的主线，观点之间缺乏一定的逻辑性；二是部分研究没有结合吴蕴瑞所处的时代背景，没有深入吴蕴瑞的哲学思想和其思想所体现的中国文化等方面，因此研究的深度有待加强；三是文献中的某些观点有待商榷，没有整理发掘吴蕴瑞自然体育观的核心思想，而是笼统地定义为"身心一体"，没有发现游戏对于儿童实施自然主义教育的重要性；四是研究内容重复现象较多。

三、吴蕴瑞体育观核心要旨

在近代中国的体育思想领域中，19世纪末20世纪初，中国学校体育的主流一直是军国民体育思想，五四运动之后，随着国内形势的变化，人们开始认识到军国民体育思想的不足，人们意识到学校体育是为了促进学生的全面发展，而不是枯燥的军事化训练。在这种情况下，自然主义体育思想逐渐占据了主流。而吴蕴瑞是自然主义体育主张的积极倡导者，其目的在于让人们认识到学校体育的重要性，及其育人价值，希望以此来改变旧中国的教育现状。因此，吴蕴瑞体育观是基于上述历史背景下产生的。

（一）身、心兼修的一元论体育哲学观

要了解吴蕴瑞身心一元的哲学观，就必须要了解身心"一元论"。自从笛卡儿提出身、心二元论之后的一段时间深深地影响了西方的哲学体系，随着二元论弊端的逐渐显露，人们看待事物的视角转向一元。吴蕴瑞在国外学习期间受到了自然主义的深刻影响，他对于身体和心理一元论的说法有着自己的诠释："从生物学来看，生命是一体的，那么心理与身体就不能分开看待；从心理学来看，身体活动总是伴随着心理活动的进行而变化。"① 吴蕴瑞所持有的心身一元论决定了他对待知识和认知事物方面的看法。吴蕴瑞主张："那种只将体育定义为身体上教育的观点，是由于传统身、心二元学说的侵害，这种观点将受教育者看作解剖台上的尸体一样。"②

吴蕴瑞认为："所谓'身体之教育'者，即传统的二元之遗毒，亦即以人之身体视为解剖台上尸体之见解也。吾人既知凡属教育即不能分之为人之何部分之教育……故体育之意义，乃以身体活动为方式之教育也。"③ 由此可见，吴蕴瑞所指的体育并非简单的身体外在形体之教育，而是指人的整个的机体之教育，

---

① 吴蕴瑞. 吴蕴瑞文集 [M]. 哈尔滨：黑龙江科学技术出版社，2006：47-49.
② 吴蕴瑞，袁敦礼. 体育原理 [M]. 上海：上海勤奋书局，1993：126.
③ 吴蕴瑞. 吴蕴瑞文集 [M]. 哈尔滨：黑龙江科学技术出版社，2006：12.

当然包括心理等方面。

关于体育运动中的身体和心理问题，吴蕴瑞这样认为："我们知道身、心并非分开，体育的功能不仅仅在于增加力量、保持强健的体魄和身体缺陷的矫正，传统不合理的观念已经显而易见了。"① 吴蕴瑞这样写道："我们所认为的体育，是为了人的整体所实施的教育，即以身体活动为主要的教育手段对人进行教育。"② 吴蕴瑞认为在体育活动中，人的身体和精神是分不开的，是一个整体，在身体运动的同时，人的思想也在不停地跟随着身体运动思考，这才是吴蕴瑞的身、心并行的哲学教育观。

吴蕴瑞将一元论作为衡量体育教育的重要因素，他曾这样说：我们认识到身体是一个统一元素，不仅选择的教学方式要考虑到这个原理，还要在引导方法和教学环境的选择上参考这个原则。体育教学的过程要围绕着身心一体进行，不能将二者分开来考虑教学。因此，吴蕴瑞认为教育的过程中在身心一体的基础上充分地考虑学生的主体性。

（二）提出了体育"社会之贡献"观

吴蕴瑞认为，体育对于社会之贡献，有以下几个方面作用。

一是消极方面之补救。具体又表现为两个方面：

其一，生活改变的补救。他说："社会进化，生活改变，使用身体之机会减少，身体方面退化，体育可以补救其缺点，得分两端：1. 体育对于分业之补救各种生活进步，各事之分业增加。业分愈细，则劳心或劳力各有专门，社会上始有劳心与劳力两类民众。因机器之发达，即劳力者之肢体，亦十分偏用，全体无整个使用机会。体力、耐劳力及技巧等，均有退步之倾向，唯有体育可以补救之。"③

其二，体育对于交通方法进步之补救。他说："交通之方法愈便利，则徒步之时间愈少，体力之应用亦愈少，于是体力及耐劳力等均将退化，唯体育可以维持之。"

二是积极方面之助力。具体又可表现为以下三个方面。

其一，增加工作之效能。他说："职业有两种，即劳心职业与工厂中之劳力职业是也。体育能使从事职业者，恢复精神疲劳及身体局部之疲劳；工厂中工人之有体育训练者举动敏捷，精力充足，工作能持久，加添工作之效能，增多

① 吴蕴瑞. 吴蕴瑞文集［M］. 哈尔滨：黑龙江科学技术出版社，2006.
② 吴蕴瑞，袁敦礼. 体育原理［M］. 上海：上海勤奋书局，1993：126
③ 吴蕴瑞. 吴蕴瑞文集［M］. 哈尔滨：黑龙江科学技术出版社，2006：36.

工厂之出品，至为经济。据美国麻省春田大学 Dr. Yoerger 及 E. Dawson 两人研究之结果，可以知体育训练之增加工作效能，实十分可靠，兹列举其结果于下。（1）感觉之灵敏。有训练之体育组学生，食指感觉之锐敏，高出于学院普通学生 25%。（2）运动感觉。关于位置者，比普通一般男生高出 15%；关于重量者，高出 45%。（3）视觉、听觉及触觉之测验。视觉高出 22%，听觉 80%，触觉 12%。（4）动作之快速。有体育训练者，每分钟做 379 动作，寻常之学生做 352 动作，体育原理有体育训练者多出 8%。"①

其二，加增良好欲望。他认为："原始人类的欲望极少，其满足欲望之方法更少；文明人则欲望多，而满足欲望的方法亦多。除衣、食、住之外，欲望有属文艺、美术者，有属戏剧、歌舞者，有属游戏运动者，有属食、色、货利者。文明人之余剩精力，须有相当发泄之所。中国之旧官僚常好古玩字画，新官僚多好女色，鲜有以游戏运动作其欲望之一者。一社会中体育若能普及，则诸欲望之中，添一良好欲望。若社会上有满足之设备，则参加者必多，社会上多一正当之消遣。"

其三，社交性之养成与人群间互相谅解之促进。他说："在古代闭塞之社会中，一山之阻，一河之隔，人们老死不相往来，言语不统一，思想有隔阂，人群间之纷争，往往以起。国家之不统一，原因固多，而为天然之碍所阻挠，人民间无接触之机会，亦属一大原因。体育启人群接触之机会，练习社交之手段，训练交际之道德，并促进人群间互相之谅解，对于国家之统一，大有助力，即对于世界之和平，亦是一种促进手段。今之世界运动会，原本此旨而发起者，惜乎今之参加运动会者，多半不明了此点也。"

吴蕴瑞的以上论述不愧于他是一个体育家，他把体育的功能与社会发展、人类进化联系在一起，体现了对体育认识的独特视角。

（三）注重青少年体育道德与社会品德的培养

吴蕴瑞这样理解体育与德育的关系，他认为："体育的主要目的不是让参与者练出强壮的肌肉，体育是为了让参与者学会培养团体的品德，他所提倡的体育是一种旨在通过身体的锻炼，而培养出具有团队精神的人。只有以身体活动为基础建立起来的体育，才能在实践活动中才能显示它的特性。"② 他还主张："我们要借助团体运动的机会来培养自己舍己为人和因公忘私的品质。"③ 他将

---

① 吴蕴瑞. 吴蕴瑞文集［M］. 哈尔滨：黑龙江科学技术出版社，2006：37.

② 吴蕴瑞，袁敦礼. 体育原理［M］. 上海：上海勤奋书局，1933：114.

③ 吴文中. 体育史［M］. 台北：正中书局，1995：64-65.

体育活动看作一种社会生活的准备，一种模拟社会生活的场景，他希望学校体育能够在学生踏入社会之前进行社会生存能力的培养。

吴蕴瑞尤其重视儿童和青少年的德育教育，在培养青少年和儿童的思想品德和体育道德方面，他还提出从"个人品格、社交品格、公民品格"三个方面入手："（1）要注重培养英勇、坚强、信心、自尊、自制、克己、积极、热情的品质；（2）在社交方面要注重仁爱、友善、正直、进取、热心的品格；（3）注重合作、忠诚、乐观、自由的品格的培养。"①

为了使学生的品格得到发展，他对体育教师也提出了要求："教师应该要懂得体育的真正目的，并且掌握合理的训练方法，才能够起到熏陶学生品格的目的，如果不然，则会使学生养成欺骗、自私、虚伪的品行。"② 吴蕴瑞对体育教师进行了新的定义，认为体育教师的任务首先是促进学生身体的全面发展，其次才是品格方面的教育。

吴蕴瑞认为对于青少年全面的教育培养应当从两个方面入手："既要有科学的教育方法也要有合理的技术手段，这样培养出来的人才能够具有优秀的品德和高尚的道德素养；体育是增强体质、促进健康与道德品质完善的过程，必须把两者有机地结合起来，否则难以有它的实际价值和效果。"③

另外，吴蕴瑞体育观的主要目标是培养社会人，他说："体育之种种活动均含社会成分……体育是促进社会化最为典型的代表。"吴蕴瑞还说："社会的存在与否，完全在于人的合作对于社会发展的促进作用或是阻碍作用，个人身体是否健全是十分重要的影响因素。"④ 他的老师威廉姆斯也曾说："体育是在身体教育的基础上来完成对人的社会化教育，体育就是教育。"⑤

吴蕴瑞认为良好的人格是适应社会的基础，他认为，"要培养能够满足社会需要的人才首先要通过教育塑造良好的人格，良好的人格由多种态度集合而成，就是诚实和遵守规则、不怕困难、努力、合作、自信、自我控制与公正的态度。"⑥ 而体育在培养人的品格方面有着非常重要的作用，所以体育能够培养人的社会属性。

---

① 吴蕴瑞，袁敦礼.体育原理［M］.上海：上海勤奋书局，1993：115.
② 吴蕴瑞，袁敦礼.体育原理［M］.上海：上海勤奋书局，1933：115.
③ 崔永乐，杨向东.中国近代体育思想史［M］.北京：首都师范大学出版社，2012：202.
④ 吴蕴瑞，袁敦礼.体育原理［M］.哈尔滨：黑龙江科学技术出版社，2005：13.
⑤ WILLIAMS J F. The organization and administration of physical education［M］. New York：Macmillan，1922：10.
⑥ 吴蕴瑞，袁敦礼.体育原理［M］.哈尔滨：黑龙江科学技术出版社，2005. 86.

吴蕴瑞认为，人在参与运动竞赛的过程中，能够感受到在公平机会下的竞争，在共同的约束条件下奋斗，培养胜不骄、败不馁的精神，体育本身就是合作运动，只有在体育活动的过程中有意识地培养参与者的合作意识和合作精神，才能更好地促进学生社会能力的发展。他还说："适应个性乃以儿童为本位，只要能合乎儿童天性之需要。"① 威廉士也认为："教育的功能，以及体育在教育中所扮演的角色，就是以儿童未来进入社会生活做准备。"②

（四）提倡"普及"体育教育

为了改变人们对体育的看法，认识体育的重要性，吴蕴瑞开始积极地推广体育教育。

他告诫人们对于体育研究应着手于"身体结构、保持健康和推广教育"这三个方面。③

针对当时的现状，吴蕴瑞认为我国学校体育主要是由于清政府的主导，留日学生增多，但是由于当时中国对日本教育制度的学习只停留在表面，因此并没有涉及将体育普及学校以外的地方去。民国初年，仿照美国学制建立的学校教育体制虽然比日本教学方法先进，但多数体育关注竞技运动与训练，并没有提出适合普通民众开展的体育活动。吴蕴瑞认为这些照搬外国教育体制的做法深深荼毒了中国的青少年，为了达到推广体育的目标，吴蕴瑞做了很多努力，提出了一系列的改革措施。具体措施有："普及体育，首先应从普及学校体育开始。"④ 他在提倡设立专门体育院校培养体育师资和专业运动员的同时，加大对非体育专业开展体育课的力度，使所有专业的学生都能有一个健康的体魄。吴蕴瑞担任中央大学体育系主任时就主张在非体育专业开设体育课程，要求学生必须完成两个到三个小时的体育课程，并且根据学生体能状况的不同，将学生分为3个等级，体能相近的学生可以被分到同一班级上课，可以激发学生体育学习的兴趣，维护学生尊严，消除自卑心理。他说："教育而缺体育，不得称为完全之教育，故普及体育，即所以完成教育。"⑤ 此外，他还强调不能忽视女子体育，要重视男性与女性体育的发展，这样才可以复兴民族的体格。⑥ 在他的教

---

① 吴蕴瑞. 今后之国民体育问题之我见 [J]. 体育周报，1932（1）.

② WILLIAMS J F. Principles of physical education [M]. 2nd Ed. Philadelphia：W. Be Saunders Company, 1932.

③ 崔乐泉，罗时铭. 中国体育思想史 [M]. 北京：首都师范大学出版社，2012：202.

④ 何叙. 中国近现代体育思想的传承与演变 [M]. 北京：人民出版社，2013：272.

⑤ 吴蕴瑞. 普及体育之意见 [J]. 体育杂志，1929（2）.

⑥ 吴蕴瑞，袁敦礼. 体育原理 [M]. 上海：上海勤奋书局，1933：273.

育主张里，他认为国家复兴必须要有强大的国民体格为支撑，结合当时情况来看只有倡导体育才可以增强国民的体质。而提倡女子体育对于改革我国教育体制具有重要的意义，也有利于建立新的教育体制。

在吴蕴瑞的积极倡导下，国民政府对体育给予了很高的重视。1932 年，由吴蕴瑞、袁敦礼等领导起草的《国民体育实施方案》通过审议，该方案对普及体育所要达到的目标、行政方案、体育设施、体育的推行、考核的方法和分年实施计划都做出了详细的规定，主要是想在全国人民中进行普及体育。此计划包括所有性质的体育活动，实施对象包括国家设立的体育学校、国民参加的社会性质的体育活动、国家的奖励政策以及短期和长期的督导计划等。

（五）游戏是实施自然主义教育最好的途径

对于游戏，吴蕴瑞指的是任何形式的体育活动，这里并不是指专门的运动，只要是能够使孩子在活动中尽情地享受玩的乐趣的一切活动，对于活动的形式没有特殊规定。吴蕴瑞对于游戏在教育中起的作用评价很高，他认为："运动场上尽情玩耍的儿童是最能显示出他们真实面目的，因此游戏中的儿童是实施自然主义教育的最好的机会。"① 他认为儿童能够在游戏中显示自己的天性，而且认为儿童在游戏中能够同样获得知识，所以游戏是对儿童实施体育教育最好的方法。

吴蕴瑞的自然主义体育观是建立在道家"无为而治"的基础之上的，他结合中国的优秀传统文化对自然主义体育思想进行了中国化的定义，从而形成了吴蕴瑞以游戏教育为主的自然主义体育观。他所说的自然主义教育是指在体育教育活动中人们能够忘却世俗，没有掺杂任何邪念的教育，想要达到"无为而治"的教育目的，根本的方法就是实施游戏教育，教师与教材的选择十分重要，他说："教师应当根据环境、上课的人数、场地设备等来选择适当的游戏，在游戏的过程中要观察儿童对游戏的兴趣，选择孩子感兴趣的游戏，使他们不会对游戏产生反感，使他们能够了解游戏的意义，对儿童进行教育。"② 最早的自然主义思想由夸美纽斯提出，随即在欧洲盛行，最终经过威廉姆斯的发展，建立了完整的知识体系，并逐渐成为美国学校体育的代表思想，吴蕴瑞在早期师从威廉士，受到威廉士的言传身教，他的这些体育教育主张是自然体育思想集中体现。

在教育的过程中，吴蕴瑞非常推崇自然活动，倡导符合学生特点的活动，

---

①　吴蕴瑞，袁敦礼. 体育原理［M］. 上海：上海勤奋书局，1993：126.
②　吴蕴瑞，袁敦礼. 体育原理［M］. 上海：上海勤奋书局，1993：193.

如舞蹈、田径、攀爬、球类等，充分发掘体育游戏的功能。杜威曾经这样评价过游戏的意义："无论什么时代，人们对于幼儿的教育主要都是依赖游戏和娱乐。"①

（六）提倡"文理兼修"，提高体育专业学生的文化素养

吴蕴瑞的另一个重要主张是体育能够提升人的文化素养。吴蕴瑞认为："办体育应当以宣传体育文化为首要的基本原则。"② 体育活动不仅是一种锻炼身体的手段，还是一种文化传播的方式，而体育本身就是一种文化，在体育教育的过程中进行文化的传播和创造，更能体现体育的育人价值。

吴蕴瑞认为："从人格陶冶方面而论，由旧运动道德及个人之人格特质扩充而为社会及公民之人格特质，更由运动道德扩充为寻常生活之道德。所以根据文化教育的意义而言，体育的作用和目的更大，绝对不是简单的，局部的运用这么简单。体育的目的如果只是在技术动作上，或者是通过体育运动达到和文化没有关系的目的，是根本错误的。"③ 为了提升学生的文化素养，吴蕴瑞主张文理兼修，并从以下几个方面表现出来：

（1）吴蕴瑞认为："要想真正地了解人体的性质，必须在生理学的基础上及其发展到现在的现状的基础之上。"④ （2）吴蕴瑞认为："体育系学生，是中国体育界的领军人物，应以传播体育作为自己的终身事业，尤其应注意体育原本是一门科学，如体育原理、体育教学、体育生理等科目均需修习。"⑤ （3）他认为研究体育必须要有渊博的文化知识和丰富的历史史料，这样才能深入了解近代体育产生与发展的社会背景和发展过程，运用高度成熟的社会学原理来解决体育在发展过程中产生的社会化问题等。

四、吴蕴瑞体育观当代启示

（一）吴蕴瑞的身心一元论为学校体育"身心和谐发展"提供依据

吴蕴瑞认为："体育的意义，不论是为了身体教育，还是在身体活动的基础上实施教育，和身心两方面都有着非常密切的关系。"⑥ 威廉士（Williams, J.

---

① 杜威，赵祥磷. 学校与社会. 明日之学校［M］. 北京：人民教育出版社，2005.

② 吴蕴瑞，袁敦礼. 体育原理［M］. 上海：上海勤奋书局，1933：136.

③ 吴蕴瑞，袁敦礼. 体育原理［M］. 上海：上海勤奋书局，1933：136.

④ 吴蕴瑞，袁敦礼. 体育原理［M］. 上海：上海勤奋书局，1933：65.

⑤ 吴蕴瑞. 国立中央大学体育概况［J］. 体育杂志，1929（1）.

⑥ 吴蕴瑞. 吴蕴瑞文集［M］. 哈尔滨：黑龙江科学技术出版社，2006：39.

F.）认为："体育必须是全人教育，身心、品格并重，健全的体格具有人性的控制。"① 威廉士是美国体育教育家、自然主义体育思想的核心人物，吴蕴瑞的老师，由此可见吴蕴瑞对自然主义体育思想的诠释是非常深刻的。杜威也曾说："余不知区分与隔离之传说。影响于任何事物，竟有如此心身问题之不幸者。"可见身与心是分不开的。

吴蕴瑞还说："为了健身进而参加体育教学或体育锻炼的人而言，其最终的目标就是将动作技术做得更加完美，我们可以将他们的技术动作看成是静止不动的机械式地模仿，将他们动作的效果，看作类似动作技能的学习，他们在考虑自己动作的选择以及要求别人对自己的动作进行指导的时候却要求自己的动作与其他人的动作一致。即绝大多数人在参与体育运动时只重视动作技术的表现，而不重视自身的精神和内在修为。"② 他认为，在体育教学活动中，学生一方面要重视技术的学习，另一方面还要重视自己内在精神的修炼。吴蕴瑞强调："我们要想使体育在教育上有一定的地位……必须依靠科学所说的身心一元论学说，必须推倒'障碍物'——'身心分界之墙垣'。"③ 把被心身分界之说所蒙蔽的东西挖掘出来，展现给世人，这样我们就能够开拓出新的天地。吴蕴瑞的这一教育观对于教学实践有重要的参考价值，他提示我们在体育教学中要敢于创新，敢于向传统的观念提出挑战。

（二）吴蕴瑞的"体育社会之贡献"观为开拓学校体育价值提供思路

吴蕴瑞从生活改变的补救、交通方法进步之补救等方面阐述了体育的价值，同时他还指出了体育的积极作用，具体是"增加工作之效能、加增良好欲望、社交性之养成与人群间互相谅解之促进等"，特别是在增加工作之效能方面具体谈到了以下内容。"（1）提高感觉之灵敏。有训练之体育组学生，食指感觉之锐敏，高出学院普通学生25%。（2）提高运动感觉。关于位置者，比普通一般男生高出15%；关于重量者，高出45%。（3）提高视觉、听觉及触觉之测验。视觉高出22%，听觉80%，触觉12%。（4）提高动作之快速。有体育训练者，每分钟做379动作，寻常之学生做352动作，体育原理有体育训练者多出8%。"

吴蕴瑞以上观点具有独特的见解，它无论是对于普通群众还是对于体育专业人士同样都具有特殊的意义，特别是对于体育业内人士而言，我们要宣传体育的价值与意义，不能仅仅停留在"就体育而论体育上"，而要像吴蕴瑞一样，

① 江良规.体育学原理新论［M］.北京：商务印书馆，1946.
② 吴蕴瑞.吴蕴瑞文集［M］.哈尔滨：黑龙江科学技术出版社，2006：4.
③ 吴蕴瑞.吴蕴瑞文集［M］.哈尔滨：黑龙江科学技术出版社，2006：49.

跳出体育论体育框架,这样,学生才会感觉到体育的真实性、贴近性与可信性。同时,也提醒了体育业内人士不仅要具备体育专业知识与技能,还要具有广泛的社会学、心理学、历史学等知识,完善体育专业人士的知识结构。

(三)吴蕴瑞注重"体育道德与社会品德"理念对于学校体育育人提供支撑

吴蕴瑞认为:"个人和社会不能分离,一方面社会的存在,是因为人们之间的相互合作,社会的兴衰进退,和个人的健全与否是紧密相连的,所以社会和个人是必不可分的。"① 威廉士认为体育不仅是为个人服务的,在社会的发展中也为社会所用。就体育而言,它的实施大都是通过合作来完成的,在体育运动的过程中,一个人是不可能进行的,所以说体育活动就相当于一个小集体,可以培养学生团体协作的能力。

随着社会的进步与发展,人类的文明程度越发受到广泛关注,提高人类道德素养对国家的发展与社会的进步具有重要的推动作用。体育有助于培养人类的道德素养,因此,在体育教育的过程中,教师应该注意把体育的这一特性充实到教学中去,让学生在学习体育技术动作的同时培养良好的道德品质。尤其是在儿童和青少年阶段,孩子的心灵是无比纯洁的,而且性格也是比较容易塑造的,所以教师要抓住孩子身心发展的特点,加强对孩子的引导,培养学生道德素养。

吴蕴瑞早在几十年前就注意到了社会品德培养这个问题,他在其代表著作《体育原理》中指出:"体育倡导竞争与合作。各种体育活动都有社会化的成分,在现代的教育形式下,体育是培养竞争和合作最有效的方法。竞争比赛,为社会上普遍之现象,体育处处为比赛与竞争……合作是现代社会最需要的,而体育活动到处都是培养合作能力的地方,体育训练的方法,绝对服从命令,在这里彼此相互了解,各尽其长,相互合作。"

因此,学校体育不仅能够增强学生体质,而且能够在团队活动中培养分工明确和良好的合作意识和能力。学校教育应突出体育这一特性,加强体育内容的社会性,培养学生合作、竞争、责任等一系列社会属性,从而帮助学生们更好地适应社会生活。

(四)吴蕴瑞的普及体育观为学校体育普及的问题提供思路

吴蕴瑞非常重视体育的推广,为了达到普及体育的目的,吴蕴瑞从以下方面进行了改革。

---

① 吴蕴瑞,袁敦礼. 体育原理 [M]. 上海:上海勤奋书局,1933:44.

（1）从普及学校体育开始："每周 2 小时的普通体育课，且是全校的必修课，每学期只准选修 1 学分，不及格者下学期补修"①；（2）他还强调重视女子体育；（3）改良运动教材，他说："十年前各学校所用体操教材，为变相之瑞典式。须知此类体操，乃认为机械运动，本为训练士兵之工具，而吾国一般体操教师，徒知抄习，用以敷衍学生至光阴"②；（4）起草《国民体育实施方案》，自上而下地进行普及。

吴蕴瑞还认为："普及体育应当从小学开始，小学生有更多的学习机会，而高中生和大学生的学业较重，难有学习的机会。"③

长期以来，普及与提高这个问题对于学校体育而言，总是一个两难的问题，理论上应该是以普及为主、提高为辅，普及是关键，提高是亮点。但在实践过程中，由于学生运动员的成绩、奖杯等总是会给学校带来光环，而面向全体学生的普及，其收效较慢，因此，学校领导、体育教师也是急功近利，片面追求业余运动员成绩，这是需要纠正的错误观念。吴蕴瑞的这些主张不仅在学校里得到了很好的回应，推进了学校体育的实施，而且呼吁体育男女平等，倡导男女均享有体育锻炼的机会，并且把普及体育的主张融入国家政策里，得到了社会的积极地响应。

（五）吴蕴瑞的文理兼修观为提高学校体育的科学性提供思路

吴蕴瑞倾其一生于中国体育事业，为体育事业奉献出了毕生的心血，并编著了许多体育类的专业书籍，如《体育原理》《体育教学法》《运动学》《田径运动》等，他的这些书籍给后人留下了宝贵的财富。

他在《体育教学法》一书中认为，"学习"并不仅仅表示"技能"学习，还具有"附带学习"和"随同学习"的含义。其中，"附带的学习"指的是与身体认知相关知识的学习，包括营养、卫生、健康等与身体发展相关的知识；"随同的学习"指向于学习态度，属于学生心理发展领域中的非智力因素范围，主要表现在情感、意志、态度和价值观四个方面。

吴蕴瑞以上论述为提高体育教学的科学性提供了很好的思路，我们在实施学校体育教育过程中，让学生学习与掌握必要的运动技能是基础，是目标之一，但有关营养、卫生、健康等知识学习对于青少年学生而言也是十分必要的，同时，还要关注学生的学习态度与动机，这直接关乎体育教学的效果与质量。

---

① 刘鹏，顾渊彦. 国立中央大学体育教育之研究［J］. 中国体育科技，2008（5）：87-91.

② 吴蕴瑞. 普及体育之意见［J］. 体育杂志，1929（2）.

③ 吴蕴瑞. 普及体育之意见［J］. 体育杂志，1929（2）.

另外，吴蕴瑞早在几十年前就意识到科学对于体育的发展有着重要的作用，于是他编写了《运动学》，在书中提出："体育学术化的主张，希望通过科学解决体育上的疑难问题。"① 吴蕴瑞认为应用力学研究体育问题是非常重要的，他说："故应用力学之于运动，犹工程学之于建筑，土壤及肥料学之于耕稼，其重要可知。"②

世界上的各种学科是相互联系的，任何一门学科、一种知识都不能单独的存在。体育也一样，它的发展依赖于其他学科的指导。目前我国虽然也比较重视其他学科在体育运动中的应用，但运动技术水平还是落后其他国家很多。对于运动员的培养除了先天遗传因素之外，就是科学技术的应用。因此，作为体育教师，一方面，应该学习与掌握有关运动的科学知识与原理，以在教学实践中能够运用科学知识与原理指导学生；另一方面，学校体育在对学生进行运动技术训练的同时也要进行运动理论知识的传授，提高受教育者的文化素养，提升他们的运动技术水平，深化学生对运动理论知识与科学知识的了解。

五、结语

吴蕴瑞体育观对中国从事体育教育研究的学者、教育管理者和教育实施者的影响是非常大的，为中国近代体育事业的发展做出了卓越贡献。本研究通过研读吴蕴瑞先生的原著、论文，对其体育观进行了全面的梳理，总结了吴蕴瑞体育观：身、心兼修的一元论体育哲学观；提出了体育"社会之贡献"观；注重青少年体育道德与社会品德的培养；提倡"普及"体育教育；游戏是实施自然主义教育最好的途径；提倡"文理兼修"，提高体育专业学生的文化素养。其中，吴蕴瑞体育观的哲学基础与核心内容为身心一元论。以上吴蕴瑞体育观对我国学校体育改革发展的借鉴有：吴蕴瑞的身心一元论为学校体育"身心和谐发展"提供依据，吴蕴瑞的"体育社会之贡献"观为开拓学校体育价值提供思路，吴蕴瑞注重"体育道德与社会品德"理念对于学校体育育人提供支撑，吴蕴瑞的普及体育观为学校体育普及的问题提供思路，吴蕴瑞的文理兼修观为提高体育教育的科学性提供思路。

虽然吴蕴瑞体育观在中国近代体育事业发展中做出了突出贡献，但是出于其体育教育主张距今已有近百年的历史，因此他的观点中确实有一些不足之处，如吴蕴瑞在《运动学》中仅仅谈到力学知识解决体育问题，但是关于解剖问题

① 吴蕴瑞. 吴蕴瑞文集［M］. 哈尔滨：黑龙江科学技术出版社，2006：258.
② 吴蕴瑞. 吴蕴瑞文集［M］. 哈尔滨：黑龙江科学技术出版社，2006：260.

却避而不谈；人类运动动作与人体各环节的质量、质心、转动惯量等有关，而且肌力和肌肉的扭转力矩也不同于机械力与力矩。这些都是要用到解剖学的，但是吴蕴瑞在《运动学》中的力学却局限于机械力学范畴之内。

第十九章

体者为知识之载而为道德之寓：毛泽东体育观

一、毛泽东简介

毛泽东（1893—1976），字润之，笔名子任，出身于湖南省长沙府湘潭县韶山冲的一个农民家庭，是我国伟大的无产阶级革命家、马克思主义理论家、政治家、军事家、思想家、教育家，是中华人民共和国的开创者和领导人，被视为现代世界历史中最重要的人物之一。他不仅在政治、军事方面有卓越的才能，而且在教育方面也有自己的真知灼见，他的很多教育思想曾一度影响着整个中华民族。

毛泽东从青少年时代就不仅酷爱读书，还能积极参与各种体育活动。1902—1907 年在家乡私塾学校接受儒家文化思想教育期间，他学会了游泳，这是他一生热爱的体育运动。1907 年他辍学回家自学，1909 年秋天毛泽东重新回到学校里接触到一些新的书籍，了解到当下的一些国情和时政，意识到了国家的兴盛和发达，是每一个人的责任。由于鸦片战争的危害，国民体质水平下滑，毛泽东立志高远，关心国家的命运和民族的安危，他认为要想国家繁荣兴盛，就应该首先增强国民的体质。1917 年，毛泽东就读于湖南省第一师范学校，同年 4 月 1 日，在新青年的杂志上以"二十八画生"为笔名，发表了人生的第一篇文章《体育之研究》，这个首作是体育教育著作，是中国历史上第一篇全面系统论述体育教育的文章。作为一名教育倡导者，他倡导"德智体"三育并重，体育为先的发展战略，完善人格培养策略。随着毛泽东在中国政坛上的地位逐渐凸显，他高瞻远瞩，立志高远，时刻不忘体育的重要价值，提出了很多倡导体育运动的言论和观点。他一生是体育运动的倡导者和追随者，是"体育人"鲜明的写照。

二、毛泽东体育观的前期研究

输入"毛泽东+体育"篇名，在中国知网检索，获得有关体育的研究论文

430 篇，以毛泽东《体育之研究》为选题的论文有 185 余篇。一方面由于他地位的特殊性和文章的价值所在，另一方面由于他一生是体育运动的实践者，关于毛泽东体育思想的研究一直是学者研究的热点。

通过对以上有关毛泽东体育思想的研究文献进行梳理与分析发现，刊发在体育类核心期刊论文较少，大多文章刊发在非核心期刊，说明刊发文章期刊的层次不高。另外，纵观文献及其观点发现，文章内容重复较多；一些文章对毛泽东的《体育之研究》一文进行了简单的翻译，缺乏深化分析；一些文章缺乏主线等。综上所述，笔者认为，关于毛泽东体育观的研究还有很大挖掘空间。

三、毛泽东体育观

（一）强调"德智体"三育并重，体育为首

毛泽东的学校体育思想中最鲜明、最重视、最突出、提到最多的一点就是"德智体"三育并重，体育为先的观点。毛泽东对如何培养和教育青少年，有着认真的思考，他的体育思想受马克思、恩格斯的影响，认为体育教育是青少年教育的第一位。因此，他提出了"德智体"三育并重、体育为先的教育观。

1916 年 12 月 9 日，毛泽东在给黎锦熙写的信中说道"古称三达德、智、仁与勇并举，今之教育学者，以为可配德智体之三者，诚以德智所寄，不外于身，智仁体也，非勇无以为用"①。古时候的人认为"智、仁、勇"为三大德，"诚以德治所寄，不外于身""一旦身不存，德智则随之隳矣"。现在的教育学者也提出了德、智、体同时发展的观点。他自己也很认同这个观点，认为："心身可以并完。"② 他结合自身的实践，在信中说到自己身体不强，但因为加强了运动，虚弱的身体也变得强壮起来了。斯图尔特·R. 施拉姆（Stuart R. Schram）是美国著名的研究毛泽东的专家。他对毛泽东的《致信黎锦熙》做过分析。他认为毛泽东的这一思想既来源于古代，又因接触了近代西方的文化受到了影响。这也是毛泽东在写《体育之研究》一文时已经明确彰显了他的"德智体"三育并重的体育思想。

1917 年 4 月 1 日，毛泽东在新青年杂志上发表《体育之研究》，他在本文中强调："体育一道，配德育与智育，而德智皆寄于体。无体是无德智也。……体

---

① SCHRAM S R. The Thought of Mao Tse-tung［M］. 田松年，杨德等，译. 北京：中国人民大学出版社，2013：5.
② 中共中央文献研究室. 毛泽东年谱（1893—1949）：上卷［M］. 北京：中央文献出版社，2013：12.

者，为知识之载而为道德之寓者也。其载知识也如车，其寓道德也如舍。体者，载知识之车而寓道德之舍也。……中学及中学以上，宜三育并重，今人则多偏于智。"①

在《体育之研究》中，毛泽东强调："儿童及年入小学，小学之时，宜专注重于身体之发育，而知识之增进道德之养成次之。……中学及中学以上，宜三育并重，今人则多偏于智。"② 孩子刚进入小学阶段，应该先重视体育的锻炼。到了中学阶段应该注重"德、智、体"三个方面共同发展。"善其身无过于体育。体育于吾人实占第一之位置。体强壮而后学问道德之进修勇而收效远。于吾人研究之中，宜视为重要之部。"③ 由此可知，在"德智体全面发展"的基础上，毛泽东是赞成"体育第一"的原则的。毛泽东深知健康第一的重要性，主张"人独患无身耳，他复何患？"并突出体育的位置即"善其身无过于体育"，要想使身体得到发展，最有效的途径就是体育运动了。可见体育对促进学生全面健康成长的重要性。

毛泽东在《体育之研究》中还讲道："三育并重，然昔之为学者，详德智而略于体。及其弊也。偻身俯首，纤纤素手，登山则气迫，涉水则足痉。故有颜子而短命，有贾生而早夭，王勃卢照邻或幼伤或坐废。此皆有甚高之德与智也，一旦身不存，德智则从之而隳矣。"④ 强调了德高望重、知识渊博的人也只有在健康的身体基础上，才会更有价值和意义，才会更长久。由此可见，体育锻炼的培养比德育和智育的培养更重要。

(二) 倡导"健康第一""学习第二"

新中国成立以后，国民的教育问题亟待发展，曾一度出现了重视学习而忽视体育锻炼的情况。学生的学习压力过大，身体素质水平下滑，针对这一问题，毛泽东于 1950 年曾在上半年两次致信教育部部长马叙伦，他重点强调"此事宜速解决，要各校注意健康第一、学习第二。营养不足，宜酌增经费"。要求马叙伦重视学生身体健康问题，增加体质发展的经费投入，把身体健康放在第一位。

1951 年，毛泽东接见几位教育界人士，语重心长地告诫他们："我们需要坚强的青年，身体意志都坚强的青年。"⑤ 不能够把学生培养成林黛玉那样体质柔弱的人，我们的国家不需要身体柔弱的人才。

---

① 毛泽东.体育之研究［J］.新青年，1917（2）.
② 毛泽东.体育之研究［J］.新青年，1917（2）.
③ 毛泽东.体育之研究［J］.新青年，1917（2）.
④ 毛泽东.体育之研究［J］.新青年，1917（2）.
⑤ 王燕晓.毛泽东教育思想研究［D］.北京：中国人民大学，2003.

1951 年 8 月，政务院通过《关于改善各级学校学生健康状况的决定》，其中明确指出："增进学生身体健康，乃是保证学生完成学习任务，并培养出有强健体魄的现代青年的重大任务之一。"同年，毛泽东针对当时学生体质较差的情况，提出："要各学校注意健康第一、学习第二。"

1952 年 6 月 10 日，《为中华全国体育总会第二届代表大会题词》中毛泽东讲道："发展体育运动，增强人民体质。"① 这一句话是 20 世纪的我们从小听着的宣传语。这一题词是毛泽东体育思想的精髓和核心，它是引领学校体育运动发展的旗帜。正是毛泽东对体育的深度重视和多次的强调，引起了政府对体育的重视，随着相关政策的颁布和实施，人民体质发展得到了重视，国民体质不断增强，中国体育事业蓬勃发展，群众体育得到了进一步普及，2008 年的奥运会上也见证了我国竞技体育的辉煌。"发展体育运动，增强人民体质"指引着我国由体育弱国，逐渐走向了体育大国的道路，我们相信，最终我们也能够实现体育强国的目标。

1953 年，毛泽东在中共中央讨论体育工作时指出："体育是关系六亿人民健康的大事。"同年，毛泽东在青年团第二次全国代表大会期间指示："十四岁至二十五岁是人们长身体的时间（二十五岁以上就不长了），又是工作的时间，又是学习的时间，如果对长身体不重视，是很危险的。"

1953 年 6 月 30 日，毛泽东在接见青年团第二次全国代表大会主席团时讲道："我给青年们讲几句话：一、祝贺他们身体好；二、祝贺他们学习好；三、祝贺他们工作好。……青年们要学习、要工作，但青年时期是长身体的时期，因此，要充分兼顾青年的工作、学习和娱乐、体育、休息两个方面。"② 还有在当时有一个人人都很熟悉的口号："人人都锻炼，天天上操场，为祖国健康工作 50 年。"

1957 年，在《关于正确处理人民内部矛盾的问题》一文中，毛泽东又明确提出："我们的教育方针，应该使受教育者在德育、智育、体育几方面都得到发展，成为社会主义觉悟的有文化的劳动者。"这一年，毛泽东在莫斯科会见我国留学生和实习生时对他们说道："祝你们身体好、学习好，将来工作好。"

---

① 毛泽东体育思想主线：体育关系国家民族盛衰兴亡［EB/OL］.（2012-06-11）. https://www.chinanews.com.cn/cul/2012/06-11/3954666.shtml

② 毛泽东论教育：不要看重分数［EB/OL］.2006-03-08.http://news.sohu.com/20060308/n242183164.shtml.

（三）主张"终身体育"观

毛泽东主张"终身体育"运动的观点，是终身体育运动的倡导者。他的这一观点和他自身实践有着密切的关系。毛泽东小的时候，他的身体柔弱，身体素质较差，家人也特别关照他的身体健康状况，这让他从小就认识到了身体素质的重要性。他喜欢到大自然中锻炼身体、磨炼意志、陶冶情操，感受大自然带给他的快乐，在他73岁高龄时还能够去长江游泳。

毛泽东一生都在坚持运动，在《体育之研究》中他认为："人之身盖日日变易者：新陈代谢之作用不绝行于各部组织之间，目不明可以明，耳不聪可以聪，虽六七十之人犹有改易官骸之效，事盖有必至者。又闻弱者难以转而为强，今亦知其非是。"① 他认为运动可以改变人的身体素质，只要坚持体育运动，不好的身体也会逐渐变好，如果不运动，哪怕生下来身体素质很好，久而久之也会变得不好。

"坚实在于锻炼，锻炼在于自觉""勤自锻炼，增益其所不能……勤体育则强筋骨，强筋骨则体质日变，弱可转强，身心可以并完……"体育运动需要长期坚持，它不是一朝一夕的事情，只要长久地坚持运动，每天把身体锻炼当成一件重要的事情去做，可以有效地改善身体柔弱的部分，慢慢地坚持，增强筋骨，身体就越来越强壮了，时间久了，身体和精神都可以达到完善。就算是身体很好，但是后来忽略了它的锻炼，身体也会变得越来越差。从这里，我们可以看出，毛泽东主张体育运动是一个长期坚持和持久锻炼的事情，即"终身体育锻炼"的观点。

毛泽东对体育的热爱、坚持和肯定，不仅仅是纸上谈兵，他用一生的实践诠释了"终身体育"。20岁自创了"六段运动"的锻炼方式；24岁发表体育历史之先河的佳作《体育之研究》；45岁提出"开展体育运动，增强人民体质"；还有那无数次游湘江、长江的经历，乃至73岁高龄时仍然畅游长江。他一生都重视体育运动，他不仅爱运动还善于在体育运动的实践中总结，他认为善于发现规律，能够去更快更好地征服大自然，并且他觉得征服大自然是一件非常有乐趣的事情："与天奋斗，其乐无穷！与地奋斗，其乐无穷！与人奋斗，其乐无穷！"② 他的顽强的意志、善思的意识、勇敢的胆识在他一生追逐体育精神时淋漓地呈现。

---

① 毛泽东. 体育之研究 [J]. 新青年，1917（2）.
② 中共中央文献研究室. 毛泽东年谱（1893—1949）：上卷 [M]. 北京：中央文献出版社，2013：12.

在古稀年迈之时还能够有胆量、体力去征服长江，毛泽东是"终身体育"的实践者，这充分体现了他的"终身体育"价值观。

（四）推崇"尚武"精神

毛泽东主张推崇"尚武"精神。在《体育之研究》一文中开篇就提道："国力茶弱，武风不振，民族之体质，日趋轻细。……体不坚实，则见兵而畏之，何有于命中，何有于致远？坚实在于锻炼。"① 对于这句话的理解，Stuart R. Schram 认为："一是民族主义或爱国主义，二是对尚武精神的赞美。这两点贯穿了他以后的一生。"这句开篇提到的话就充分体现了毛泽东推崇"尚武"精神的思想。在这篇文章中，为了强调"尚武"精神的重要性，毛泽东引证了我国古代颜渊谴责朱熹"重文轻武"的故事。毛泽东主张民族主义、推崇爱国主义、"尚武"精神，反对传统的儒家"重文轻武"的思想。

随着毛泽东在中国的政治舞台上崭露头角，他的"尚武"精神也逐渐与其军事思想紧密地联系起来。1927 年，在中央苏区艰苦的战争环境中，他也不忘记鼓励红军士兵，"你们要加强训练，打好野操。要锻炼好身体，才能打敌人"。这一时期国情动荡，毛泽东强调要加强野操的训练，以便攻坚克敌。这里的野操也就是战斗时的技击技能训练，还有在与敌人和外界抗争的时候，有不怕、不服输的精气神，这也是对中国传统武术技击技能和顽强斗争不服输精神的推崇。

1942 年 9 月 9 日，毛泽东在《新华日报》题词："锻炼身体，好打日本。"当时的环境就是，中国的统一和完整，由于国家军事力量的薄弱而受到了日本帝国主义的威胁。随着日本帝国主义的侵略，毛泽东提出的著名一言论是当时客观环境的反映。只有强健的体魄，我们在斗争中才会多一份胜利；只有卓越的技击斗争能力，我们才能有能力驱除鞑虏。

（五）强调体育的"多元化功能"

毛泽东对体育功能的认识是非常深刻和全面的。他认为体育运动具有多元化的功能，他认为体育运动可以达到强身健体、保卫国家、增进知识、调节感情、增强意志的目的，还能够使人感受到快乐。

1915 年 5 月 23 日，毛泽东为悼念湖南一师同班同学易昌陶书写挽联："为何死了七位同学，只因不习十分间操。"② 由于当时国力屡弱，生活条件艰苦，经济薄弱，青年在求学时忽略了身体锻炼，学校也没有重视体育锻炼，导致许

① 毛泽东. 体育之研究 [J]. 新青年，1917（2）.
② 申伟华，尹华丁. 毛泽东体育思想概论 [M]. 长沙：湖南人民出版社，2009：203.

多人因疾病而死。1915 年 11 月，毛泽东被选为湖南省第一师范学校学友会文牍，负责起草报告，会议速记。当时学友会的宗旨是："砥砺道德，研究教育，增进学识，养成职业，锻炼身体，联络感情。"① 1916 年 12 月 9 日，毛泽东写给其朋友黎锦熙的信中说："心身可以并玩""自己身体不强，近因运动之故，受益颇多""至弱之人可以进于至强。"② 在《体育之研究》中说："愚自伤体弱，因欲研究卫生之术""自养其生之道，使身体平均发达，而有规则次序之可言者""前既言之，体育之效，则强筋骨也。"毛泽东认为要加强锻炼身体，身体锻炼可以提高我们身体的抵抗力，可以弥补身体的短板，如果不重视锻炼，就算身体再强壮，身体素质也会日益下降。"发展体育运动，增强人民体质。"这些都是强调了体育锻炼强身健体的功能。

"何贵乎此有道之动邪？动以营生也，此浅言之也；动以卫国也，此大言之也。皆非本义。动也者，盖养乎吾生乐乎吾心而已。"③ 乌贝罗·帕特里夏（Uberoi Patricia）认为，毛泽东在写《体育之研究》这篇文章时，体现的观点主线是：只要人人都坚持体育锻炼，就可以通过体育强身来实现救国强国的目的了，意思是体育锻炼的价值最直接的体现是能够提高身体素质，从高层次角度来看能够保家卫国。但是运动的根本目的，是养护我们的生命，从而使我们精神快乐。"体育之效，至于强筋骨，因而增知识，因而调感情，因而强意志。"④ 在这里，他认为体育运动的功能是在育体、启智的基础之上能够提高意志力，它们之间的功效是相互联系，层层递进。他在《体育之研究》一文中反复强调："'强意志'是'体育之大效'，武勇是'体育之主旨'，意志也者，固人生事业之先驱也。"在这里不仅体现了运动可以健身、保卫国家的功能，还有体育运动可以完善人格、增强意志、陶冶情操，可以保养我们的生命，使我们的精神快乐，充分发挥体育的价值和功能。

综上所述，毛泽东认为：体育运动可以达到强身健体、保卫国家、增知识、调感情、强意志的目的，并能从中感受到快乐。

---

① 申伟华，尹华丁. 毛泽东体育思想概论［M］. 长沙：湖南人民出版社，2009：203.

② 中共中央文献研究室. 毛泽东年谱（1893—1949）：上卷［M］. 北京：中央文献出版社，2013：12.

③ 毛泽东. 体育之研究［J］. 新青年，1917（2）.

④ 毛泽东. 体育之研究［J］. 新青年，1917（2）.

四、毛泽东学校体育观当代启示

（一）毛泽东的"健康第一、学习第二"思想对当下体育教育的意义

毛泽东提倡的"健康第一、学习第二"的学校体育观，是我国体育教育史上率先提出来的，对当下学校体育教育来说有非常深刻的教育意义，引领新中国体育教育事业的发展。

我们在告别了旧时代后成立了新中国，但是"东亚病夫"这一侮辱性称号仍然笼罩在中华人民的头上。随着相关体育部门的成立，我们的体育意识逐渐增强。但是在20世纪末，孩子接受应试教育，重视学习成绩忽视身体健康的现象普遍呈现出来。孩子学习压力大，运动时间少，随着生活水平的提高孩子营养过剩，我们国家小孩的肥胖率、近视率逐年递增。我国教育部门相关的领导人也意识到了问题的严重性，认识到了学校体育的重要性，提出了加强学校体育的改革和创新。

21世纪初，国家也越来越重视学生的体育锻炼了。随着阳光体育运动的开展，体育教育的意识在不断增强。近年来，在发达地区，小学阶段的体育课堂已经达到了每个班一周四节课的常态，体育课成为除语文、数学这两大学科以外，课时量最多的学科了，而且相关的教育部门也明确提出，不允许其他学科占用体育课，也增加了体育经费、体育设施等相关的投入。体育从教人员也逐渐地消除了非专业人员兼职的现象，体育从教人员的质量也在不断提高，每学年各种体育学科的教科研、教研活动的工作量也在不断提高。各种体育活动与其他学科的协同开展争先绽放，各地区、各学校体育活动的创新百花齐放。

学生只有锻炼好健康的身体，才能够更好地投入学习和创造中去，也只有强健体魄的人才能在社会中拥有更多发展机会，才会有好的精神面貌来面对学习的压力，才能担任起强壮祖国，为祖国革命的重任。虽然现在偏远地区或者是某些学校还存在一些重成绩忽视体育锻炼的填鸭式的教学现象，但是现在不仅是教育部门，还有家长也逐渐认识到了孩子身体锻炼的重要性。相信随着体育课程改革的热浪袭来，对体育教育的重视和投入一定会持续深化。

（二）毛泽东"终身体育"观有助于落实"终身体育"意识与习惯培养

终身体育是指一个人具有进行终身体育锻炼的态度和习惯。毛泽东根据青少年身体发展的自然状况，认为人的身体需要不断加强锻炼，才能越来越强壮，提出了终身体育的观点。毛泽东73岁高龄时还能畅游长江，他的一生都在践行终身体育，他用行动告诉我们"终身体育"意识与习惯的重要性。在2022年新课标改革中就明确提出了培养孩子的"终身体育"观。

近些年，随着教育部门加强了对体育教育的重视，推出了很多监测学生体质健康的方法和措施。比如，幼儿园阶段非常重视幼儿特色体育项目的发展；小学阶段每学年都会对学生的体质健康测试项目进行上报，每学期教育局会对学生的体育项目技能进行抽测；中学阶段的中考、高考也提高了体育分数的比重。还有学校、区级等运动会的开展。学校老师也加强了相关项目的教授和练习。这些相关的措施确实有效让孩子动起来了，降低了孩子的肥胖率、近视率。但是在 2022 年新课标改革中有两点重要的变化，其中有一点提出体育老师为什么教？教孩子什么？并且明确提出了孩子的"终身体育"观念的培养。

那么在上述情况下，我们的教育工作者要深刻反思：我们在发展幼儿体育特色项目时有没有从孩子的内心出发？有些学校开设的特色项目为了能够呈现壮观的表演效果，让孩子进行机械式的训练。我们的小学为了提高体质健康测试的成绩，让学生为了突破成绩而进行项目式练习。我们的中考、高考体育也为了提高成绩而进行针对性的训练。小学、中学、高中之间的学校体育教育存在断层的现象，有些是课程没有连续性，有些是到了后期体育课基本很少上了。那么这些填鸭式的训练、断层式的教育，孩子是否喜欢？他们从学校毕业后是否还会进行这些练习？他们是否还会坚持运动？目前来看，答案不明。这些都不利于孩子"终身体育"意识的培养。

从实践角度来讲，我们的一线体育教育老师在教授体育课的时候要多考虑孩子的身心发展情况。从孩子的角度出发，先培养他们热爱运动的兴趣，再提升他们的运动技能，引导孩子们养成"终身体育"的意识。

时隔几十年，毛泽东的终身体育观被专家们着重提出来。虽然我国的学校体育教育在培养学生终身体育锻炼的行为和习惯上还有很多问题，有待进一步提高，但是随着国家越来越重视学生的学校体育教育，颁布了一系列的措施和方案，相信"终身体育"意识的教育在不久的将来也会走进课堂，也相信我们的孩子在以后走出校园、走向社会、回到家庭后，都能有至少一项自己喜欢的运动项目并坚持经常练习。

（三）毛泽东强调体育"多元化功能"观有助于开发学校体育多元功能

毛泽东认为，体育运动可以达到强身健体、保卫国家、增进知识、调节感情、增强意志的目的和从中能够感受到快乐。毛泽东强调体育的"多元化功能"观点有助于拓展学校体育教育的思路，发挥学校体育的多元功能。在现代社会，体育带给人们的价值更加多元化。对于学校而言，要加强体育运动多功能特点的开发。

在义务教育阶段，一些发达地区的学校有开设社团课、开展校园体育活动比赛，比如，体育周、吉尼斯挑战赛、校园足球赛等。学校会开设各种活动，让各班级去 PK，不仅能培养孩子的团结意识，还能培养孩子对班级的热爱，激发孩子对体育活动的兴趣。多元化的运动组织形式让孩子多角度了解不同的运动，体验不同的价值感。

对于现今高校教育阶段，公共体育课开展的常见体育运动课程有：乒乓球、篮排球、网球、羽毛球等球类运动，健美操、体育舞蹈类项目，武术、跆拳道、散打等身体技能类项目，田径类项目等。这些运动项目能够锻炼学生不同的运动技能，在促进学生身体素质发展的同时，会有不同的侧重。比如，小球类项目可以很好地锻炼学生的灵敏反应，舞蹈类项目可以提升学生的审美，大球类项目可以很好地培养学生团结意识，武术、散打类可以教会学生防御和对抗能力，培养勇敢坚毅的品质。还有一些学校会开展运动康复类课程教会学生学会身体的治疗和康复。运动营养类课程教会学生怎样根据需求进行饮食。多种形式的课程让学生根据自身的爱好、特长进行选课，虽然现在高校中的体育项目的开展越来越好了，但是我们应该继续努力，拓展培养学生全面发展的途径。

现代的校园教育也更要从多方面去入手，应该通过学校体育教育与其他教育相结合，有计划、效率、目的地使学生的心理素质、身体素质得到全面强化，提高学生的社会适应能力，培养有幸福感、健康体魄的新一代青年。相信未来的青年作为国家后备人才和力量，必将是多元化全面发展的素质型人才，为祖国建设付出高效的力量。

（四）毛泽东提倡的"自觉心"对学校体育落实以学生为中心的政策具有指导意义

毛泽东在《体育之研究》中反复强调"自觉心"在体育锻炼中的重要作用。从自身角度来讲，体育运动的长久坚持是内驱力发挥作用的过程，如果自己不愿意行动，别人就算是说得再多，也无能为力，但是培养学生内心驱动力和主观能动性也是有方法可寻的。

幼儿体育教育阶段存在填鸭式的教学方式，老师说什么学生就做什么。中学阶段，虽然现在体育有中高考，但很多学校还存在很多不重视体育的现象，认为体育成绩可以随意修改。有些学习较好的同学，但其体质测试的成绩不合格，教师会特意允许这类学生成绩合格。有即使平常有安排体育课程，但是学校为了提高升学率，其他科目的老师会占用体育课的时间去补习其他课程。这些重学习轻体育、填鸭式的教学模式都不利于孩子体育锻炼自觉心的培养。

那么当下如何培养孩子的体育锻炼自觉心？如何激发学生的主观能动性？这就要我们的体育教育从孩子的本心出发，落实以学生为中心的教育方针。幼儿教育阶段和小学教育阶段孩子的知识储备较少，小孩子体育运动兴趣的培养还需要一线老师日常教学能够多进行引导。这一阶段的教学对孩子今后是否能够主动参与体育运动非常重要。强迫性的体育锻炼、机械式的体育练习都不利于孩子今后主动参与体育活动意愿的培养。那么老师在日常的教学中应该怎样做呢？应该以孩子的发展为中心，提升孩子的能力和兴趣。在课堂上应该要更多地教会孩子运动的目的是什么，达到这一目的有哪些方法，可以让孩子讨论运动的方法，分享他们的方法等，在体育教与学的过程中，教师起主要、积极、引导作用，与学生之间密切交流，协调合作解决问题，将学来的东西和疑问反馈给老师，突出对能力、知识的培养，对解决问题能力的培养，还有创新的思维意识培养。这样学生在锻炼的过程中才会有兴致、想法，在运动中创新，要充分挖掘和发挥学生的主观能动性，使其积极主动地投入体育锻炼中，并坚持体育锻炼，培养终身体育锻炼意识。在高中、大学阶段，学校体育课程的开展可以采取自主选择的模式进行。这一阶段学生已经具备判断的能力，他们可以选择自己喜欢的项目去学习。这样可以很好地促进学生体育学习积极性的增强。

正如俗话说：兴趣是最好的老师、兴趣是学习动力的源泉。毛泽东提倡的"自觉心"告诉我们，学校体育应关注学生的兴趣，调动学生的体育学习的自觉性，学校体育才能够良好有序地发展下去。

五、结语

毛泽东从 20 岁自创"六段运动"，24 岁就发表了举世佳作《体育之研究》，45 岁提出"开展体育运动，增强人民体质"的体育运动之精髓，57 岁的时候提出了多年来的认识即"健康第一、学习第二"的问题，乃至 73 岁高龄时仍然畅游长江。体育锻炼使毛泽东不断地思考，让他在各个方面的才能得以卓越地展现。毛泽东用其一生诠释了体育的价值、功能和作用等。总结毛泽东体育观，主要体现了：主张"德智体"三育并重，体育为首的观点；主张"终身体育"观；主张推崇尚武精神；强调体育的"多元化功能"等观点。其中，"德智体"三育并重，体育为首是其观点的核心内容。以上观点对中国学校体育改革的借鉴价值是：毛泽东的"健康第一、学习第二"思想对当下的学校体育教育具有指导价值，毛泽东"终身体育"观有助于落实"终身体育"意识与习惯培养，毛泽东强调体育"多元化功能"观有助于开发学校体育开拓多元功能，毛泽东提倡的体育活动"自觉心"对学校体育落实以学生为中心具有深刻的指导意义。

第二十章

体格、体质、体力与气力是体育的要素：杨贤江体育观

一、杨贤江简介

杨贤江（1895—1931）又名李浩吾，字英父，浙江慈溪（原为余姚）人，是我国著名的无产阶级革命家和早期马克思教育理论的重要奠基人，是我国现代教育史和青年运动史上的杰出人物。他在 1917 年于第一师范学校毕业后到南京高等师范学校（南京大学前身）工作。1921 年，被商务印书馆聘为《青少年学生杂志》主编。其代表性的教育著作有《教育史 ABC》《新教育大纲》等。在他的这些著名教育论著中，不乏《养心与强身》《莫忘了体育》《青年对于体育的自觉》《健康第一》《课外活动与实际生活》等关于青少年体育运动与青少年学生身心健康的文章，从中表现了其对学校体育的理论认知、价值倾向与实践行为。尤其是他从当时中国的具体国情出发，不断吸收并引进国外先进的教育思想和理念，积极倡导学校体育在教育中的重要作用，并对学校体育的意义、目标、内容、路径等进行了全面深入的思考。因此，如今我们重新研读、学习、分析杨贤江的学校体育思想和经典论断，更深地理解其对学校体育的先见和启示，无疑可以为当今我国学校体育工作提供有益的理论参考。

二、杨贤江体育观前期研究评述

输入"杨贤江+体育"篇名，获得有关体育选题的文章 25 篇，其中核心期刊论文 10 篇，通过阅读以上文献，对本研究具有一定借鉴价值的观点主要有以下内容。

罗时铭等认为："就思想内容而言，杨贤江不仅对学校体育的发展进行了详细的阐述，同时对运动会的举办也有相应的认识。此外，他还对中国近代体育发展与民族传统体育等问题颇有见解。就思想特色而言，杨贤江自始至终紧密围绕着'健康第一'的理念探讨学校体育，例如青年人对待体育的态度以及体

育习惯的养成等问题。"① 律海涛认为："杨贤江所提倡的体育具有身心两健、健全人格的独特价值；在德、智、体三者的关系问题上，他主张三育并重，健康第一；在健康教育方法的层面上，他积极倡导体育应与卫生相结合。在体育实践层面，他重视体育自然属性，主张在大自然里进行自然的身体活动。"② 王晓东等认为："杨贤江极力倡导学校体育改革，其体育思想以马克思主义为指导，强调体育在教育中的独特作用；此外，他深刻地阐述了竞技体育的价值，主张正视竞技体育所起到的作用。"③ 徐家杰认为，"杨贤江的体育思想是：体育能够造就强壮、健美的体格和体质；缺少体育生活的人生，是缺陷的、不完全的人生；体育之四大要素：体格、体质、体力和气力。体育与卫生保健工作相结合；提倡多种多样体育活动；对青少年的游戏活动十分重视；关于养心与强身相结合"。④ 冯青山认为："杨贤江重视体育，倡导德、智、体三育并重；注重运动，强调体格、体质；强调身体、心理健全发达真正做到'健康第一'，体格、体质、体力、气力四大要素健全发达。"⑤ 吴庆华认为："杨贤江体育的真义就在于能使人身心两健，而健全的身心是践履人生责任的凭借。为了实现体育的真义，他主张人向自然回归；强调精神卫生和物质卫生并重，从而建构了一套较为完整的自然体育理论体系。"⑥ 刘雪松认为："杨贤江的学校体育思想其一是建立以德、智、体三育为主要内容，以健全人生为指导；其二是以确保学生身心健康生活为主要目的，开展普及性体育活动；其三是开展适合于学生生理、心理的体育活动。"⑦

综上所述，以上研究成果暴露的不足为：（1）杨贤江体育观的主线并不十分清晰，导致了杨贤江体育观较为散乱的现象；（2）对杨贤江体育观的深度研究、比较研究等较少，重复性研究较多。基于上述现象，笔者认为，对杨贤江体育观的深化研究仍具有重要意义。

---

① 罗时铭，苏肖晴. 杨贤江体育思想研究［J］. 体育文化导刊，2008（2）：113-115.
② 律海涛. 陶行知与杨贤江体育思想之异同［J］. 湖南社会科学，2010（9）：203-205.
③ 王晓东，余万予，周宝芽. 小原国芳与杨贤江体育思想的比较［J］. 首都体育学院学报，2010（05）：37-39.
④ 徐家杰. 杨贤江体育思想研究［J］. 武汉体育学院学报，1998（6）：1-4.
⑤ 冯青山. 简论杨贤江的体育思想［J］. 体育文化导刊，2003（12）：22-24.
⑥ 吴庆华. 体育的真义：杨贤江体育教育思想［J］. 武汉体育学院学报，1992（6）：15-17.
⑦ 刘雪松. 杨贤江学校体育思想初探［J］. 西安体育学院学报，1989（5）：64-65.

三、杨贤江体育观核心要旨

杨贤江体育观的形成具有三个方面背景。首先，杨贤江体育观受到当时中国社会动荡不安、急剧变化的特殊背景的影响。一方面，国际形势极端恶劣，英国、法国、日本等列强不断侵害中国；另一方面，国内社会发展矛盾重重，在教育层面，当时的民国北洋军阀政府实行奴化教育，在学校里大力推行"军国民主义"体育，教学理念陈旧，教学水平落后。其次，杨贤江体育观的形成受到其教育背景的影响。杨贤江从小就接受了儒家教育思想的熏陶，对王阳明、朱熹的哲学理论，更是细心揣摩。而且他积极关注国外教育的新动态，广泛吸纳詹姆士、巴格莱等国外教育家的先进思想。这些教育思想中的可取部分，被吸收进杨贤江学校体育思想之中。再次，杨贤江体育观的形成受到工作经历的影响。杨贤江作为青年教育工作者，长期的教育实践积累，使其深刻认识到学校体育的重要性。因此，如何通过学校体育引导青年走上健康成长的人生道路，成了他毕生努力想解决的大问题。最后，杨贤江体育观的形成受到历史唯物主义的影响。他从历史唯物主义的角度出发，实事求是，注重调查研究，致力于从中国实际出发思考和解决学校体育问题，为其问题导向的学校体育思想奠定了基础，形成了自己的体育思想特色。

（一）提出体育是青少年学生"完全人格"与"健全人生"的重要组成部分

杨贤江在其所写的《论修养宜与教育并行》一文中提出：教育的目的是"造就完全之人格"。而完全人格的涵盖面应是以下三个方面："德育，旨在造就良好的习惯；智育，旨在造就清楚的头脑；体育，旨在造就健康的体质。"所以青少年学生发展是为了"学成完全之人格"。其学成的路径是修养，修养的内容则是自治、自学与自强。"自治就是指学成良好的习惯""自学就是指学成清楚的头脑""自强就是指学成健康的体质"。① 杨贤江《近代教育上之需要》中进一步指出："学校宜注重男女学生的体育锻炼，以补救文明社会缺乏肌肉练习之劣点。"在此基础上，他主张"德育、智育、体育这三者不可以偏重或偏废，而必须德智体三育并重，精通融会，才能够成为完人"。这些观点充分体现了他的德育、智育和体育相互融合与渗透的教育主张。

杨贤江认为德智体三者不可偏废，"修业之地，莫如学校。凡德性之涵养，知识之启发，身体之发育均于此短促十余年中，培其根、建其基"。他具体分析

---

① 罗时铭，苏肖晴．杨贤江体育思想研究［J］．体育文化导刊，2008（2）：64-65.

了德、智、体三育的关系，"学问以使心思道德日趋于完善为旨"。倘若只重视体育，只会造就战国时期秦国力士孟贲和乌获；只关注德育，就会偏向理学家程朱的自我修养；倾心于智育，则犹如春秋时期纵横家张仪、苏秦般机巧之士。① 同时，杨贤江还认为："青少年们应懂得体育运动的真正意义……否则，纵是无病，纵是强健，乃于真实的人生无补。"② 他进一步强调："缺少体育的人生，绝不是具足的人生。"换言之，缺少体育运动乐趣的人生并不是完满人生。③ 对此，杨贤江是这么说也是这么做的，很好地践行了自己的体育理念。他本人长期坚持体育锻炼，以亲身经历和体会鼓励青少年学生重视体育运动，热爱体育运动。因此，在学校体育方面，杨贤江知行合一，不仅在体育教育理论上颇有建树，还是一位躬身力行的体育实践者，对青少年学生起到良好的表率作用。

（二）提出体育是学生成长成才的物质基础，是增强体质的重要手段

杨贤江认为"无论是为自己的人生考虑，还是为了大众的人生考虑，每个人都应当注意身体健康，加强体育运动，使自己的身体变得更为强健。唯有强健体格的人，才能够运用精神，以成就学问与事业"。④ 换句话而言，如果青少年学生精神萎靡不振、生理机能出现障碍，就会影响他的学习和工作。因此，他指出"无论为自身计，为群生计，应该个个注意身体，使更强健"。⑤ 然而，在中国，"人多不信运动之有益于身"的现实情况令他十分失望和悲哀。他形象地指出："我每次见到乡间小学的儿童，他们的父母都是很不喜欢自己的孩子练习体育，如果知道孩子在兴高采烈地练习体育，孩子的父母竟然刻意想办法让孩子的体育爱好变得冷淡；或者专门在他的孩子练习体育的时候，想办法将孩子叫回到家里，使孩子不能正常地参加体育练习。""然而这些父母并不知道，少年儿童的身体发育，都在这短促的十几年中，培其根，建其基。"

促进身体健康的重要途径就是体育锻炼。他向青年人大声疾呼："莫忘了体育！""日常生活要有学业的、有服务的、有社交的，但更要有健康的。体育生活就是使你保持健康、增进健康的"。总之，"缺少体育的人生，绝不是具足的

① 任钟印. 杨贤江全集：第 1 卷 [M]. 郑州：河南教育出版社，1995：35-38.
② 罗时铭，苏肖晴. 杨贤江体育思想研究 [J]. 体育文化导刊，2008（2）：69.
③ 牛利华，李艳梅. 重塑教育生活与涵养健全人格：谈杨贤江的生活教育思想及其现代启示 [J]. 教育探索，2010（10）：3-5.
④ 任钟印. 杨贤江全集：第 1 卷 [M]. 郑州：河南教育出版社，1995：38.
⑤ 任钟印. 杨贤江全集：第 1 卷 [M]. 郑州：河南教育出版社，1995：67.

人生。"①

由于近代中国的人种在西方列强眼中的形象是矮小、病态的代表，甚至被他们讽刺为"东亚病夫"，这深深刺激了当时每一个爱国的中国人。杨贤江也不例外，他热切希望通过体育运动塑造青少年的良好体格。他指出任何人都可以通过体育锻炼使胸围、体重和身高比例协调，成为一个身材匀称、体格优美的人。在此基础上，他又特别指出："体质和体格是不同的，而当时学校对青少年学生所作的体检，只注意了体格方面而忽视了体质，因此各个青少年学生的身体有何缺陷，应该做何种运动，便无从知道。"即杨贤江主张通过精细深入的体检，找出青少年学生体质方面的具体问题，然后通过针对性地进行体育锻炼来改善青少年学生体质。

（三）提出"体格、体质、体力、气力"是体育发展的四大要素

1. 体格要素

旧时代的中国人在西方列强眼中的形象是矮小、病态的代表，这深深刺痛了每一位中国人的内心。杨贤江极其希望通过体育运动塑造青年人的体格，他认为体格是身体外部可以看得出的形态特征，例如，身高、体重、胸围、姿势等，这四项也是体格最关键的部分。之所以强调这四个方面，是因为"它们都是体格上的要端……得到体格上各部都均匀调和的效果，庶几可以算得实施体育有成绩了"。② 对于身长，要与胸围、体重相称，"才能得到体格上的判断价值"。③ 也就是说，任何人都可以通过体育锻炼使身高、体重与胸围的比例协调，成为身材匀称、体格优美的人。胸围对于个人健康也有极其重要的作用。衡量一个人能力的大小与持久的程度，需要观察、测评肺和胸廓发达的程度。"胸围甚狭、胸廓甚窄之人，必是体格甚劣之人。"④ 对于体重，他认同日本学者佐佐木吉三郎的观点，"像牛一般的迟重固然不好，而像狮子一般的奋迅也是不好"，体重应该适当，然而当时的青年学生体重普遍偏轻。他强调："像我国所称'弱不禁风'的人，那是一定要设法矫正的。"⑤ 对于姿势，"乃是包括身长、胸围、脊椎等主要身体结构和行动方式的一种综合外显效果"。他痛心疾首地指出，国人由于缺乏锻炼和有意识的训练，结果普遍体态丑陋，到处都是"伛偻""蹒跚"的人，为了改变这种面貌，他提出的纠正方法是：头必正，发

---

① 任钟印. 杨贤江全集：第1卷 [M]. 郑州：河南教育出版社，1995：845.

② 任钟印. 杨贤江全集：第1卷 [M]. 郑州：河南教育出版社，1995：287.

③ 任钟印. 杨贤江全集：第1卷 [M]. 郑州：河南教育出版社，1995：285.

④ 任钟印. 杨贤江全集：第1卷 [M]. 郑州：河南教育出版社，1995：286.

⑤ 任钟印. 杨贤江全集：第1卷 [M]. 郑州：河南教育出版社，1995：286.

必短，胸必挺，背必直，身必洁，衣必整。

2. 体质要素

杨贤江指出，遗传和营养是学生体质生理基础最重要的两个方面。增强学生体质，一方面通过加强营养、普及遗传和优生知识，另一方面注重日常的体育锻炼来增强体质。他着重强调体质与体格具有不同的含义，然而当时学校的体检仅注重学生的体格，却忽视了学生的体质。学生的身体存在哪些缺陷，应该从事哪些运动，都并未明确标识。① 他认为学校与社会层面应该从各个方面去考察儿童的体质，关注儿童的皮肤、骨骼、肌肉、内脏器官等生理部位以及是否存在病症进而决定采取何种方法来处理。②

3. 体力要素

杨贤江提出，人的体力主要分为两种，即绝对力量与利用力量。③ "绝对力量" 是指一个人最大能举起的重量。"利用力量" 分为三类：一类与速度相关，另一类表现为耐力，还有一类则体现为技巧的熟练程度。由于遗传的原因，不同人种的绝对力量差别较大，并且这种差距几乎是无法改变的。然而，相对于"绝对力量"，"利用力量"却存在着较大的可塑性。因此，杨贤江旨在强调通过合理的训练增加"利用力量"。他还引用了心理学原理分析了身体练习与体质发展的区别，强调"人生的各种活动，都要练习才能发达，倘不练习，就有本能，也要衰退"④。

4. 气力要素

"气力"这一具有中国传统文化色彩的概念在杨贤江学校体育理论中颇有特色。他说道："照东方体育家的意见，以为不讲气力，就不能看出体育的结果。"⑤ "气力"这一概念源于中国传统体育项目，例如，中国的武术、搏击以及气功。"气力"在西方人的视野中是充满神秘色彩的概念，但却一直被中国传统体育所重视。杨贤江将其赋予了现代意义，并应用于体育理论之中。他认为，所谓的"气力"，不是肉体之力，而应当是精神之力，甚至可称为"意志之力"。⑥ 一个人若气力饱满充沛，那么在气质上就会刚健、充满勇气，能够制欲刻苦。

---

① 任钟印. 杨贤江全集：第 1 卷 [M]. 郑州：河南教育出版社，1995：286.
② 任钟印. 杨贤江全集：第 1 卷 [M]. 郑州：河南教育出版社，1995：288.
③ 任钟印. 杨贤江全集：第 1 卷 [M]. 郑州：河南教育出版社，1995：289.
④ 任钟印. 杨贤江全集：第 1 卷 [M]. 郑州：河南教育出版社，1995：290.
⑤ 任钟印. 杨贤江全集：第 1 卷 [M]. 郑州：河南教育出版社，1995：290.
⑥ 任钟印. 杨贤江全集：第 1 卷 [M]. 郑州：河南教育出版社，1995：290.

1921 年，杨贤江发表了《体育之四大要素》，他在此文中以遗传学、生理学等相关学科为依据指出体育发展的任务为：提高体格、增强体质、增加体力、磨炼气力。他开拓性地将"气力"融入学校体育的内容之中，并提出所谓的"气力"，并不是肉体之力，而是精神之力，更可谓是意志之力。实质上，这就是通过体育运动或锻炼，培养积极进取的健康心态和勇于拼搏的意志品质，这与新时代我国学校体育所提倡的"立德树人"的理念不谋而合。

（四）提出体育是推动社会发展的必要基础

杨贤江认为："一个人的身体如果体弱多病或者不够强健，那么不仅不能成就伟大的事业，反而会加大社会的负担。"① 所以无论是个体还是群体，都应该要注意身体，使自己身体尽可能健康。在《莫忘了体育》一文中，杨贤江又进一步提道：一个身体虚弱不堪的"书生"，如果没有健康的身体作为基础，那么即使他有真诚和良好的人生愿望和志向，也做不到为他人谋福利，甚至本人都会成为他人和社会的负担。事实上，只有那些经过长期艰苦卓绝的体育锻炼，并因此具备了健康的体质和顽强的意志的人，才能够真正胜任这种"人生的责任"。杨贤江由此得出一个正确的结论："积极地参与体育运动，不仅是每个青少年学生应有的态度，同时也是每个青少年学生应尽的学习义务。"

同时，杨贤江认为："青少年学生要清除一直以来的萎靡怯弱、烦闷无聊，重新展现活泼、快乐、勇敢、爱群等本来面目以及养成耐劳、守法、奉公、节俭等习惯。"换言之，青少年学生应通过参与体育运动改变以往人们印象中萎靡不振的形象，重建积极进取、奋斗向上的精神风貌。这无疑是为了改造中国人的精神面貌而提出的学校体育目标。这对于当时中国所处的社会环境来说，无疑是一剂良药，具有特别重要的意义。

（五）提出学校体育应避免功利化

杨贤江一直以来都非常重视体育在教育中所起的作用，不过他也坚决反对方式、方法不当和目的不纯的"体育运动"，更反对"体育的营业化"。他所提出的"体育的营业化"是丧失了体育的教育功能，体育成为争名逐利的工具。② 他曾明确表示："对一般人来说，死读书的，我们不赞成；拼命练习激烈运动的，我们也不赞成……为出风头的那种体育政策，是我们所反对的，是我们轻视的。"③ 总之，开展一切体育活动的准则是"健康第一"，体育运动的真正意

---

① 罗时铭，苏肖晴. 杨贤江体育思想研究 ［J］. 体育文化导刊，2008（2）：69.

② 任钟印. 杨贤江全集：第 1 卷 ［M］. 郑州：河南教育出版社，1995：420.

③ 任钟印. 杨贤江全集：第 1 卷 ［M］. 郑州：河南教育出版社，1995：66.

义在于培养具有坚强意志与强健体魄的新青年，绝不是以搏荣耀为目的的运动家。①

四、杨贤江体育观当代启示

（一）杨贤江"完全人格"论为改变当前我国教育领域应试教育现状提供理论依据

杨贤江提出了教育的目的是造就"完全之人格"。所谓的"完全人格"包含旨在造就良好习惯的德育、旨在造就清醒头脑的智育、旨在造就健康体魄的体育等三个方面。因此，学校教育应秉持德、智、体三育并重，相互融合与渗透，才能够造就"完全人格"。

杨贤江指出："体育就是为了让你保持和促进健康的，经常参加体育活动的人生才是健全人生。那种平时不参加或较少参加体育活动的生活方式的人生，一定不是完满的人生。""青少年应懂得体育运动的真正意义……否则，纵是无病，纵是强健，乃于真实的人生无补。"② 而且杨贤江本人以亲身的体育经历和体会鼓励青少年学生热爱体育运动。

基于杨贤江的"完全人格"论，全社会上下不应该继续宣扬"智育至上"，而应理性看待并努力降低我国长久以来的应试教育热度，这对于改变学校教育的现状具有理论支撑和指导意义。③ 这对当今全社会上下不重视体育、把体育运动当作可有可无的东西，无疑具有重要的启示作用。④

（二）杨贤江反对"学校体育功利化"为反对"学校体育竞技化"补充理论依据

杨贤江认为："青少年学生在竞技运动场上奋力夺得各种锦标并在大众面前获得好名声，并不是坏事，但是如果，一味地为了学校和个人出风头的那种宣扬锦标主义的学校体育，在很大程度上削弱甚至丧失学校体育的核心功能即教育功能，我们坚决反对和鄙视这种功利化的学校体育政策。"

当前我国学校体育竞技化倾向较为严重，杨贤江的这种"反对学校体育功利化"的观点，在当时具有一定的合理性，也为反对"学校体育竞技化"补充了理论依据。提高学校体育业余运动水平是学校体育的目标之一，它的主要目

---

① 任钟印．杨贤江全集：第1卷［M］．郑州：河南教育出版社，1995：66．
② 罗时铭，苏肖晴．杨贤江体育思想研究［J］．体育文化导刊，2008（2）：69．
③ 吕宜情．杨贤江德育思想初探［J］．改革与开放，2009（7）：22-24．
④ 吴洪成，方家峰．现代教育家杨贤江论学校体育［J］．内蒙古师范大学学报，2013（10）：25-27．

的在于为部分具有天赋的优秀学生运动员提供体育训练与提升运动成绩的机会，同时也是完成我国竞技体育基础性工作的重要举措，这是普及与提高之中的"提高"之工作。但这个工作一是不能搞扩大化，因为普及工作是学校体育的重中之重，学校业余训练只是起到了辅助之用，我们不能本末倒置；二是不能把业余运动训练搞成竞技体育，因为青少年学生的身体素质、运动能力、训练条件等基础较差。因此，青少年学生的运动训练要根据青少年学生的身心特点，以发展学生身体机能、打好训练基础为主要，不要揠苗助长，否则必将受到自然规律的惩罚。

当然，我们对杨贤江的这一观点要从当时的时代角度去看，不能单纯地将其理解为：为了名次和相关荣誉而在学校开展的竞技体育或者运动训练都是应当被摒弃和禁止的。如前所述，杨贤江并不是完全反对学校开展运动训练，他反对的是以竞技训练取代体育教学和课外锻炼。

（三）杨贤江"体育德育相互依存"观为学校体育渗透"德育"提供理论依据

杨贤江认为，德育寓于体育之中，体育与德育具有相互依存、相互促进的关系。体育除了具有使青少年学生变得肌肉发达、心情舒畅的功能以外，还具有非常重要的德育功能。体育富含真理和美善，学校体育中理应渗透德育的重要内容。他还进一步指出："真正的体育价值并不只属于身体方面，更重要的是能培养学生的道德精神。"

他的这种"体育德育相互依存"论为学校体育渗透"德育"提供了理论依据，对于我国学校体育贯彻落实"立德树人"任务具有非常积极的现实意义。根据党的十八大基本"立德树人"的精神，学校体育学科是学校教育的一个重要组成部分，一方面要发挥学科特点，在传习运动技术的同时，体育学科要落实"育人"功能，发展学生的体育道德与品德；另一方面体育学科也要配合其他学科教育，共同完成学校的整体育人功能。基于以上认识，在实施学校体育教育过程中，不仅要通过体育学科教学，有效促进学生对运动技术、技能的掌握，发展学生的身体、增强体质，还应关注与发挥体育学科特点，对青少年学生进行运动育人，培养学生的道德与品德。

（四）杨贤江提出的体育发展四大要素为学生体育学习指明方向

杨贤江认为，"体格、体质、体力、气力"是体育发展的四大要素，其中"体格、体质、体力"要素直接与体育相关，它们与体育之功能之间产生关联，其中最为关键的是与"体质"产生联系。通过体育活动促进学生体质增强，其中之"体质"内涵到底是指什么？这个问题一直以来是我国学校体育界人士困惑的问题。首先，杨贤江特别指出，体质和体格是不同的，但当时学校的体检，只注意了体格方面而忽视了体质。其次，杨贤江认为，人的体力可以分为两种：一种是人的绝对力量，一种是利用力量。所谓"利用力量"又分为三类：一类和速度有关，一类表现为耐力，另一类体现在技巧的熟练程度上。基于杨贤江的以上认识，这对于我们进一步理解"体质"提供了新思路，同时，为准确处理"体质、体格、体力、体能、身体素质"等各个因素提供帮助。

另外，"气力"是杨贤江理论中另一个重要概念。他所指的"气力"不是肉体之力，乃是精神之力，而且简直是意志之力。因此，我们把它理解为与心理相关的素质。这也正是我们在体育教学过程中需要培育的目标，因此，我们在着力于发展学生运动技术、提高体质体能的同时，培养学生勇敢顽强的心理素质，这对于促进学生心理健康、提升学生抗挫折能力具有重要作用。

五、结语

杨贤江是在国际形势严峻、国内矛盾突出、民族危机深重、国人头戴"东亚病夫"耻辱帽子的特殊时代下，成长起来的著名无产阶级革命家和教育家。他在不同时期所写的很多教育论著中全面详尽地论述了他对于青少年体育和学生身心健康的思想，深刻地反映了他对于学校体育的认知、意识和态度。杨贤江是我国著名的无产阶级革命家和教育家，是早期马克思教育理论的重要奠基人，也是我国现代教育史和青年运动史上的杰出人物。在他的教育论著中，具有很多有关青少年学生体育的论述，对于当前我国学校体育发展仍具有较大的理论借鉴价值。本研究运用文献资料、理性分析、历史分析等研究方法，对杨贤江的学校体育思想进行了全面深入的研究。研究结果认为，杨贤江的体育观主要表现为：提出体育是青少年学生"完全人格"与"健全人生"的重要组成部分；提出体育是学生成长成才的物质基础，是增强体质的重要手段；提出"体格、体质、体力、气力"是体育发展的四大要素；提出体育是推动社会发展的必要基础；提出学校体育应避免功利化。其中，"体育是青少年学生'完全人格'与'健全人生'的重要组成部分"的观点是核心观点。在此基础上提出了其对学校体育改革的启示：杨贤江"完全人格"论为改变当前我国教育领域应试教育现状供理论依据；杨贤江反对"学校体育功利化"为反对"学校体育竞技化"补充理论依据；杨贤江"体育德育相互依存"观为学校体育渗透"德育"提供理论依据；杨贤江提出的体育发展四大要素为学生体育学习指明方向。

当然，杨贤江教育观也存在一定的局限性，如他把教育看作一种"技巧"（以传授科学、哲学或艺术为内容的），却没有把教育看作一门独立科学，因此，容易导致我们对教育科学和教学活动两个概念产生不同理解。又如，杨贤江曾否定班级制的重要性，认为学校实施"班级"制度阻碍了学生的个性发展，这是不符合中国国情与实际的。

主要参考文献

[1] 汪浩寰. 严复体育思想研究 [D]. 长沙: 湖南师范大学, 2013.

[2] 王毅. 严复体育思想探析 [J]. 渭南师范学院学报, 2013 (6): 87-89.

[3] 张成云, 瞿静. 严复体育思想研究 [J]. 体育文化导刊, 2008 (4): 105-107.

[4] 盛克庆. 体育, 促进生命力的教育: 从严复的 "体育第一" 到当今的 "过度教育" [J]. 体育科学, 2005 (1): 83-86.

[5] 李力研. "尚力思潮" 第一人: 严复 (续): 中国近代第一个体育思想家 [J]. 天津体育学院学报, 1992 (2): 11-17.

[6] 刘秉果. 严复体育思想评述 [J]. 体育与科学, 1991 (3): 17-18.

[7] 谭华. 严复体育思想述评 [J]. 成都体育学院学报, 1986 (5): 24-26.

[8] 黄瑞霖. 严复思想与中国现代化 [M]. 福州: 海峡文艺出版社, 2008: 45.

[9] 严复. 原强 [M] // 王栻. 严复集. 北京: 中华书局社, 1986.

[10] 李斌, 郭成杰, 吕利平. 中国近代体育哲学的奠基人: 严复 [J]. 中国体育科技, 2006 (3): 30-32.

[11] 严复. 遗嘱 [M] // 王栻. 严复集: 第 2 册. 北京: 中华书局, 1986.

[12] 严复. 论教育与国家之关系 [M] // 王栻. 严复集: 第 1 册. 北京: 中华书局, 1986: 167.

[13] 张志建, 严复学术思想研究 [M]. 北京: 商务印书馆国际有限公司, 1995.

[14] 何叙. 康有为的学校体育思想 [J]. 体育科学, 2004 (3): 64-66.

[15] 蒋维震. 康有为体育思想研究 [D]. 长沙: 湖南师范大学, 2011.

[16] 蒙祖兵. 康有为体育思想略论 [J]. 成都大学学报 (社会科学版), 2009 (8): 103-104.

［17］苏肖晴．康有为的体育思想及其成因［J］．体育文史，1988（6）：49-52.

［18］魏彪．康有为的体育主张［J］．体育文史，2000（11）：19.

［19］康有为．康有为全集：第3集［M］．上海：上海古籍出版社，1987.

［20］钟贤培．康有为思想研究［M］．广州：广东高等教育出版社，1988.

［21］康有为．大同书［M］．北京：中国人民大学出版社，2010.

［22］李胜前．谭嗣同体育思想研究［D］．长沙：湖南大学，2009.

［23］孙佳，刘雪．浅论谭嗣同的体育强国思想［J］．赤峰学院学报（自然科学版），2014（11）：86-87.

［24］谢吉春．试析谭嗣同的体育思想精髓及对后人的启示［J］．青年文学家，2013（12）：119.

［25］仁学·十九［M］//谭嗣同令垡．北京：中华书局，1981.

［26］赵澜．谭嗣同仁学人生观研究［M］．厦门：厦门大学出版社，2011.

［27］仲叔四书义·自叙［M］//谭嗣同全集．北京：中华书局，1981.

［28］谭嗣同．谭嗣同全集［M］．北京：生活·读书·新知三联书店，1954.

［29］李胜前，张子沙．谭嗣同体育思想研究［D］．长沙：湖南大学，2009.

［30］孟子·尽心上［M］//四书五经．北京：中国书店，1985.

［31］王儒年．大家精要谭嗣同［M］．昆明：云南教育出版社，2009.

［32］孙中山．孙中山全集：第5卷［M］．北京：中华书局，1981.

［33］黄彦．孙文选集：下卷［M］．广州：广东人民出版社，2006.

［34］胡钢，刘卫国，等．孙中山思想概论［M］．天津：天津人民出版社，2006.

［35］沈先金．孙中山的足迹［M］．南京：南京出版社，2005.

［36］陈明杰．精武一百年纪念［M］．上海：上海三联书店，2010.

［37］孙中山全集：第1卷［M］．北京：中华书局，1981.

［38］孙中山．建国方略［M］．北京：中国长安出版社，2011.

［39］孙中山选集［M］．北京：人民出版社，1981.

［40］罗时铭．中国体育通史：第3卷［M］．北京：人民体育出版社，2008.

［41］罗时铭，苏肖晴．蔡元培体育思想研究［J］．体育学刊，2008（7）：28-32.

[42] 王玉立. 蔡元培的女子体育思想 [J]. 中国体育科技, 2002 (3)：29-31.

[43] 王增明. 试论蔡元培的体育思想 [J]. 体育文史, 1985 (2)：2-8.

[44] 孟昭容, 李德昌, 马世昌. 谈蔡元培体育教育思想 [J]. 中国学校体育, 1999 (1)：54-55.

[45] 张景, 黄亚飞. 蔡元培与蒋梦麟体育思想比较研究 [J]. 体育文化导刊, 2010 (9)：150-153.

[46] 李蕾, 张军. 蔡元培的体育教育思想及时代价值探要 [J]. 南京体育学院学报, 2005 (3)：36-39.

[47] 蔡元培. 蔡元培教育名篇 [M]. 北京：教育科学出版社, 2007.

[48] 蔡元培. 国民修养二种 [M]. 上海：上海文艺出版社, 1999.

[49] 蔡元培, 高平叔. 蔡元培教育论著选 [M]. 北京：人民教育出版社, 1991.

[50] 蔡元培. 蔡元培自述 [M]. 北京：人民日报出版社, 2011.

[51] 朱永新. 中国近代维新教育思想概观 [J]. 教育科学, 1994 (1)：50-51.

[52] 郭军, 张如珍. 章太炎"国粹"教育思想的独特性辨析 [J]. 兰州学刊, 2008 (9)：187-191.

[53] 刘春蕙. 为实现救国的抱负呕心沥血：章太炎的教育实践和教育思想 [J]. 教育发展研究, 2002 (5)：68-71.

[54] 纪宏茹, 张瑞庆. 简论章太炎的教育主张 [J]. 河北大学成人教育学院学报, 2008 (3)：63-64.

[55] 朱维铮, 姜义华. 章太炎选集：注释本 [M]. 上海：上海人民出版社, 1981.

[56] 章炳麟. 章炳麟论学手札 [M]. 北京：北京师范大学出版社, 2010.

[57] 章太炎. 庚戌会演说录 [J]. 教育今语杂志, 1910 (6)：45.

[58] 章太炎. 东京留学生欢迎会演说辞, 章太炎讲演集 [M]. 石家庄：河北人民出版社, 2004.

[59] 周作人. 知堂回想录：上册 [M]. 香港：三育图书有限公司, 1980.

[60] 李杰, 李龙洙. 简论梁启超的"尚武"体育思想 [J]. 湖北经济学院学报 (人文社会科学版), 2010 (4)：21-22.

[61] 梁启超. 饮冰室合集专集之四 [M]. 北京：中华书局, 1989.

[62] 梁启超. 变法通议 [M] //学校总论. 北京：华夏出版社, 2002.

［63］王俊奇.近现代二十家体育思想论稿［M］.北京：人民体育出版社,1993.

［64］梁启超的进化论世界观［N］.光明日报,2005-05-17.

［65］梁启超.白话译写本.新民说［M］.昆明：云南人民出版社,2013.

［66］梁启超.深味解读本.新民说［M］.北京：中国文史出版社,2013.

［67］梁启超.梁启超选集［M］.上海：上海人民出版社,1984.

［68］何叙.中国近现代体育思想的传承与演变［M］.北京：人民出版社,2013.

［69］李世宏.张伯苓学校体育思想研究［J］.体育文化导刊,2010（7）：128-131.

［70］马国震.张伯苓体育思想及其启示［D］.保定：河北大学,2010.

［71］王景丽.张伯苓学校体育思想及实践研究［D］.北京：首都体育学院,2010.

［72］刘婷.张伯苓学校体育思想研究［D］.武汉：华中师范大学,2011.

［73］邢纯贵.张伯苓体育思想研究［J］.体育学刊,1995（2）：50-55.

［74］周志刚.张伯苓体育价值观研究［J］.体育文化导刊,2013（9）：127-130.

［75］孙海麟.中国奥运先驱张伯苓［M］.北京：人民出版社,2007.

［76］侯杰,秦方.百年家族：张伯苓［M］.石家庄：河北教育出版社,2004.

［77］邢纯贵,江沛.爱国教育家张伯苓的体育思想及其实践［J］.南开学报,1996（3）：74-80.

［78］王文俊,等.张伯苓教育言论选集［M］.天津：南开大学出版社,1984.

［79］汤志钧.章太炎年谱长编：上册［M］.北京：中华书局,1979.

［80］梁吉生.张伯苓教育思想研究［M］.沈阳：辽宁教育出版社,1994.

［81］刘雪松.杨贤江学校体育思想初探［J］.西安体育学院学报,1989（2）：66-67,72.

［82］任钟印.杨贤江全集：第1卷［M］.郑州：河南教育出版社,1995.

［83］牛利华,李艳梅.重塑教育生活与涵养健全人格：谈杨贤江的生活教育思想及其现代启示［J］.教育探索,2010（10）：3-5.

［84］崔国良.张伯苓教育论著选［M］.北京：人民教育出版社,1997.

［85］沈卫星,贾宇,张伯苓.中国奥运的先驱者［N］.光明日报,2008-

07-29.

[86] 李峰. 试谈王国维《论教育之宗旨》[J]. 辽宁教育学院学报（社会科学版），1990（3）：24-28.

[87] 鲁西奇. 王国维教育思想浅析 [J]. 武汉大学学报（哲学社会科学版），1999（2）：119-123.

[88] 段彩屏. 论王国维的教育思想 [J]. 河西学院学报，2005（3）：49-52.

[89] 黄书光. 试论王国维的教育哲学观 [J]. 华东师范大学学报（教育科学版），1999（2）：68-76.

[90] 姚淦铭，王燕. 王国维文集：下部 [M]. 北京：中国文史出版社，2000.

[91] 刘虹. 王国维、蔡元培美育思想之比较：兼论王国维、蔡元培的人文教育精神 [J]. 教师教育研究，2003（6）：68-72.

[92] 钱剑平. 一代学人王国维 [M]. 上海：上海人民出版社，2002.

[93] 姚淦铭，王燕. 王国维文集：下部 [M]. 北京：中国文史出版社，2007.

[94] 王国维. 王国维教育学 [M]. 长春：吉林人民出版社，2013.

[95] 徐洪兴. 王国维文选 [M]. 上海：上海远东出版社，2011.

[96] 王国维，舒新城，钱亦石. 教育学·教育通论·现代教育原理 [M]. 北京：北京联合出版公司，2014.

[97] 王国维. 教育学 [M]. 福州：福建教育出版社，2008.

[98] 王国维，吴梅. 大师的国学课17：词的国度 [M]. 南昌：江西教育出版社，2014.

[99] 王国维. 中国人的境界 [M]. 北京：中国工人出版社，2013.

[100] 张宝强. 体育专业留学生与中国体育发展研究 [D]. 福州：福建师范大学，2011.

[101] 汤俊霞. 徐一冰思想研究 [J]. 山西师大体育学院学报，2009（6）：47-48.

[102] 钟瑞秋. 徐一冰体育思想初探 [J]. 上海体院学院学报，1985（4）：88-91.

[103] 郑志林. 我国近代体育教育家：徐一冰 [J]. 杭州大学学报（哲学社会科学版），1981（8）：104-108.

[104] 崔乐泉，杨向东. 中国体育思想史近代卷 [M]. 北京：首都师范大

学出版社，2008.

[105] 周谷平，朱绍英．马寅初的大学观：兼谈对当前高教改革的启示 [J]．高等农业教育，2004（1）：15-17.

[106] 马寅初．马寅初全集：第 14 卷 [M]．杭州：浙江人民出版社，1999.

[107] 孙大权，马大成．马寅初全集补集 [M]．上海：上海三联书店，2007.

[108] 陈友华．中国人口与发展：问题与反思 [M]．北京：中国社会科学出版社，2012.

[109] 戚谢美，邵祖德．陈独秀教育论著选 [M]．北京：人民教育出版社，1995.

[110] 何叙．新文化时期陈独秀体育思想寻脉 [J]．体育文化导刊，2006（10）：80-84.

[111] 邹政．新文化运动时期陈独秀的体育观 [J]．池州师专学报，2002（4）：85-87.

[112] 黄贵，苏永骏．陈独秀体育观探析 [J]．军事体育进修学院学报，2011（3）：5-7.

[113] 吕利平．陈独秀的早期体育观 [J]．安庆师范学院学报（社会科学版），2000（1）：68-69.

[114] 程大力．陈独秀早期体育观点及其发展阶段研究 [J]．体育文史，1992（3）：41-46.

[115] 周志俊．陈独秀前期体育思想探讨 [J]．体育文史，1988（4）：8-11.

[116] 林德时．陈独秀体育观之我见 [J]．体育科学研究，1990（2）：59-61.

[117] 任建树，张统模，吴信忠．陈独秀著作选：第 1 卷 [M]．上海：上海人民出版社，1984.

[118] 沈寂．陈独秀传论 [M]．合肥：安徽大学出版社，2007.

[119] 陈万妮．试论徐一冰对近代体育传播的贡献 [J]．四川体育科学，2008（5）：1-3.

[120] 中国近代体育史料 [M]．成都：四川教育出版社，1988.

[121] 吴庆华．体育的真义：杨贤江体育教育思想 [J]．武汉体育学院学报，1992（3）：75-78，92.

[122] 中国近代体育文选：体育史料第 17 辑 [M] . 北京：人民体育出版社，1992.

[123] 鲁牧 . 我国体育界的一面旗帜：马约翰教授 [J] . 北京体育大学学报，1985（2）：78-84.

[124] 马爱国，常璞 . 马约翰体育教育思想初探 [J] . 临沂师专学报，1994（6）：62-65.

[125] 谷晨 . 论马约翰的终身体育思想 [J] . 体育学刊，1998（3）：61-62.

[126] 罗时铭，苏肖晴 . 杨贤江体育思想研究 [J] . 体育文化导刊，2008（2）：113-115.

[127] 律海涛 . 陶行知与杨贤江体育思想之异同 [J] . 湖南社会科学，2010（9）：203-205.

[128] 吴洪成，方家峰 . 现代教育家杨贤江论学校体育 [J] . 内蒙古师范大学学报，2013（10）：141-144.

[129] 罗时铭，苏肖晴 . 杨贤江体育思想研究 [J] . 体育文化导刊，2008（2）：113-116.

[130] 杜威 . 学校与社会 . 明日之学校 [M] . 赵祥磷，译 . 北京：人民教育出版社，2005.

[131] 王晓东，余万予，周宝芽 . 小原国芳与杨贤江体育思想的比较 [J] . 首都体育学院学报，2010（4）：37-39.

[132] 江良规 . 体育学原理新论 [M] . 台北：台湾商务印书馆，1968.

[133] SCHRAM S R. The Thought of Mao Tse-tung [M] . 田松年，杨德，等译 . 北京：中国人民大学出版社，2013（10）：4-5.

[134] 徐家杰 . 杨贤江体育思想研究 [J] . 武汉体育学院学报，1998（6）：1-4.

[135] 张斌，谷晨 . 体育的迁移价值及影响它的教育因素：读马约翰《体育的迁移价值》[J] . 体育化导刊，2005（6）：62-63.

[136] 王俊奇，童立涛 . 马约翰的大学体育教育思想 [J] . 体育文化导刊，2002（1）：41-42.

[137] 马小燕 . 马约翰体育思想研究 [D] . 南京：南京师范大学，2007.

[138] 清华大学编辑组 . 马约翰纪念文集 [M] . 北京：中国文史出版社，1998.

[139] 汤俊霞 . 马约翰体育教育思想研究 [D] . 苏州：苏州大学，2010.

[140] 马约翰. 大学与体育 [J]. 时事月报, 1933 (9).

[141] 汤俊霞. 马约翰体育教育思想研究 [D]. 苏州: 苏州大学, 2010.

[142] 王俊奇, 童立涛. 马约翰的大学体育教育思想 [J]. 体育文化导刊, 2002 (2): 2.

[143] 黄延复. 马约翰体育言论集 [M]. 北京: 清华大学出版社, 1986.

[144] 马寅初. 新人口论 [M]. 长春: 吉林人民出版社, 1997.

[145] 蓝蕾, 金灿灿. 马寅初教育思想初探 [J]. 浙江大学学报 (人文社会科学版), 2010 (5): 191.

[146] 王显超. 马寅初女子教育思想初探 [J]. 重庆科技学院学报 (社会科学版), 2008 (12): 194-195.

[147] 吴文中. 体育史 [M]. 台北: 正中书局, 1995.

[148] 吴蕴瑞, 袁敦礼. 体育原理 [M]. 哈尔滨: 黑龙江科学技术出版社, 2005.

[149] 吴蕴瑞. 今后之国民体育问题之我见 [J]. 体育周报, 1931.

[150] 何叙. 中国近现代体育思想的传承与演变 [M]. 北京: 人民出版社, 2013.

[151] 韩立云. 蒋梦麟个性主义教育思想及其实践 [J]. 教育史研究, 2014 (4): 141.

[152] 张翼星. 蒋梦麟在中国现代教育史上的作用与贡献 [J]. 现代大学教育, 2011 (6): 47.

[153] 熊春文. 过渡时代的思想与教育: 蒋梦麟早期教育思想的社会学解读 [J]. 北京大学教育论, 2007 (2): 68.

[154] 张景, 黄亚飞. 蔡元培与蒋梦麟体育思想比较研究 [J]. 体育文化导刊, 2010 (9): 152.

[155] 蒋梦麟. 西潮 [M]. 天津: 天津教育出版社, 2008.

[156] 曲士培. 蒋梦麟教育论著选 [M]. 北京: 人民教育出版社, 1995.

[157] 蒋梦麟. 过渡时代之思想与教育 [M]. 上海: 商务印书馆, 1933.

[158] 清华大学编辑组. 马约翰纪念文集 [M]. 北京: 中国文史出版社, 1998.

[159] 崔晋静. 论梅贻琦之体育观 [J]. 体育文化导刊, 2003 (8): 71-72.

[160] 单婷. 梅贻琦体育教育思想探析 [J]. 教育与教学研究, 2014 (1): 63-65.

［161］冯青山．简论杨贤江的体育思想［J］．体育文化导刊，2003（12）：2.

［162］智效民．张伯苓与梅贻琦轶事［J］．晚报文萃，2010（10）：47.

［163］黄延复．梅贻琦教育思想研究［M］．沈阳：辽宁教育出版社，1994.

［164］吴泽霖．记教育家梅月涵先生［M］//文史资料选瞬：第18辑．北京：北京市政协．

［165］清华大学校史研究室．国立清华大学时期1928—1937［M］//清华大学史科选编：第2卷（上）．北京：清华大学出版社，1991.

［166］梅贻琦，文明国．梅贻琦自述［M］．合肥：安徽文艺出版社，2013.

［167］吴洪成．梅贻琦教育论著选［M］．北京：人民教育出版社，1994.

［168］吴洪成．生斯长斯 吾爱吾庐：清华大学校长梅贻琦［M］．济南：山东教育出版社，2004.

［169］胡适．四十自述：在上海［M］．北京：北京大学出版社，1998.

［170］李静波，田春阳．胡适体育思想探颐［J］．体育科学研究，2009（1）：51.

［171］牟艳．胡适的实用主义体育思想探析［J］．体育文化导刊，2004（8）：69.

［172］胡适．提高和普及，胡适文集［M］．北京：北京大学出版社，1998.

［173］胡适．领袖人才的来源，学问与人生［M］．北京：外语教学与研究出版社，2011：12.

［174］胡适．非留学篇，胡适学术文集［M］．北京：中华书局，1998.

［175］胡适．杜威之道的教育［J］．新教育杂志，1919（1）．

［176］胡适．胡适的日记：下册［M］．北京：中华书局，1985.

［177］胡适．吾之择业，胡适留学日记［M］．合肥：安徽教育出版社，1999.

［178］四川省陶行知研究会编．陶行知生活及其生活教育［M］．成都：四川教育出版社，2008.

［179］律海涛．陶行知与杨贤江体育思想之异同［J］．湖南社会科学，2010（5）：203.

［180］钟文正．陶行知体育思想对高校体育教学评价体系改革的启示

[J].体育与科学,2008(5):92.

[181]徐家杰.陶行知体育思想研究[J].武汉体育学院学报,1999(5):1-2.

[182]郭可雷,惠珍.胡适与陶行知体育思想之比较[J].体育文化导刊,2012(7):132.

[183]李宗堂.陶行知体育思想对成人体育改革的启示[J].成人教育,2011(3):99.

[184]陈秀玲.实践陶行知教育思想培养中学生体育骨干[J].体育学刊,2000(5):40.

[185]张建平.试论陶行知"健康第一"的学校体育思想[J].体育文化导刊,2002(5):57.

[186]陶克祥,周志俊,周坤.陶行知"健康第一"思想的理论与实践[J].中国体育科技,2005(1):18-19.

[187]杨望友,徐家杰.陶行知体育思想初探[J].武汉体育学院学报,1991(4):24.

[188]胡小明.陶行知与体育[J].成都体育学报,1989(4):26.

[189]陶行知.陶行知教育箴言[M].哈尔滨:哈尔滨出版社,2011.

[190]陶行知.中央教育科学研究所.陶行知教育文选[M].北京:教育科学出版社,1988.

[191]江苏省陶行知教育思想研究会,南京晓庄师范陶行知研究室.陶行知文集[M].南京:江苏人民出版社,1981.

[192]陶行知.中国教育改造[M].北京:东方出版社,1996.

[193]姚颂平,肖焕禹.身心一统 和谐发展:上海体育学院首任院长吴蕴瑞体育思想论释[J].上海体育学院学报,2005(5):1-5.

[194]徐本力.从"身心一统体育教育思想"到"全脑体育教育思想":兼论吴蕴瑞、袁敦礼"心身一统体育教育思想"的形成、内涵与价值[J].山东体育学院学报,2008(2):81-85.

[195]律海涛.吴蕴瑞体育思想及其核心价值[J].上海体育学院学报,2011(2):25-28.

[196]马向敏,吴蕴瑞.体育思想研究[D].苏州:苏州大学,2008.

[197]匡淑平,虞重干.吴蕴瑞之普及体育思想[J].上海体育学院学报,2009(1):38-42.

[198]吴贻刚,王瑞平.论吴蕴瑞体育思想的当代价值[J].上海体育学

院学报, 2008 (1): 13-15.

[199] 高宝龙, 彭杰. 科学与人文的和谐: 吴蕴瑞体育教育思想之渊源与特质 [J]. 体育与科学, 2008 (2): 92-93.

[200] 覃兴耀. 吴蕴瑞体育教育思想及其历史贡献 [D]. 南京: 南京师范大学, 2008.

[201] 舒盛芳. 论吴蕴瑞体育学术思想的历史地位和社会价值 [J]. 体育文化导刊, 2008 (1): 111-113.

[202] 毛泽东. 体育之研究 [J]. 新青年, 1917 (2).

[203] 李君文. 毛泽东的体育思想与实践 [M]. 长沙: 湖南出版社, 1993.

[204] 申伟华, 尹华丁, 等. 毛泽东体育思想概论 [M]. 长沙: 湖南人民出版社, 2009.

[205] 高秋萍, 张娜, 等. 论《体育之研究》的历史价值观: 兼论青年毛泽东体育思想 [J]. 北京体育大学学报, 2007 (4): 476-477.

[206] 吴在田. 德智体全面发展: 毛泽东学校体育思想的一个重要观点 [J]. 体育文化导刊, 1993 (6): 54.

[207] 张尚晏. 毛泽东学校体育思想研究 [J]. 湖南社会科学, 2007 (4): 180-182.

[208] 中共中央文献研究室. 毛泽东年谱 (1893—1949): 上卷 [M]. 北京: 中央文献出版社, 2013.

[209] DAVID D R. Sun Yat-sen and a Chess Game Record [J]. Cultural Dialogue, 2004 (05). BHANUPHOL HORAYANGURA. Dr. Sun Yat-sen: A Century After the 1911 Revolution. SOCIETY/LIFE: CHINA TODAY, OCTOBER 2011: 49.

[210] JONES, SHERIDAN C. Sun Yat-sen and the awakening of China [M]. New York: Fleming H. Revell Company, 1912.

[211] LATOURETTE K S. Their History and Culture, Fourth Edition The Macmillan Company, 1972: 66-663.

[212] WILLIAMS J F. The organization and administration of physical education [M]. New York: Macmillan, 1922: 10.

[213] MARX K. CAPITAL: CHAPTER 15 Machineny and Moder Industry [M]. Moore Samuel, Aveling Edward Translate. The World Book Publishing Company, 2010 (5): 409.

[214] YOUNIAN WU. On the Instructive Significance of Mao Zedong's Thoughts on Physical Education to National Fitness [J] . International Conference on Education Science and Management Engineering, 2011: 2052.

[215] WILLIAMS J F. Principles of physical education [M] . 2nd Ed. Philadelphia: W. Be Saunders Company, 1932.

[216] HU SHIH. English Wrightings of Hu Shih Chinese Literature and Society [M] . Ten - year Plan for China's Academic indenpendence. Beijing: Foreign Language Teaching and Research Press, 2012: 233-239.

[217] JOHN R. The self-image of effeteness: physical education and nationalism in nineteenth-century Bengal [J] . 1980 (1): 121-148.

[218] HU SHIH. The Personal Reminiscences Dr. Hu Shih [M] . Columbia University (1915—1917) . Beijing: Foreign Language Teaching and Research Press, 2012: 81.

[219] JINLI H, JONES D. Spirit-of-This-World Encounters Spirit-of-Tragedy [J] . Comparative & Continental Philosophy, 2014 (1): 68-83.

[220] TU C I. Conservatism in a Constructive Form: The Case of Wang Kuo-wei (1877—1927) [J] . Monumenta Serica, 1969: 188-214.

[221] CHAO A S. Chen Duxiu's early years: The importance of personal connections in the social and intellectual transformation of China (1895—1920) [J] . Asian History, 2009 (1): 392.

[222] WANG H. A regular column on the latest thinking of Chinese philosophers and social scientists Chen Duxiu: An Evaluation of His Life's Work [J] . 中国社会科学 (英文版), 1985 (4): 9-38.